Catalán

para dummies®

Ferran Alexandri

para dummies®

Edición publicada mediante acuerdo con Wiley Publishing, Inc.
...For Dummies, el señor Dummy y los logos de Wiley Publishing, Inc. son marcas registradas utilizadas con licencia exclusiva de Wiley Publishing, Inc.

Grupo Planeta
Avda. Diagonal, 662-664
08034 – Barcelona

ISBN: 978-84-329-0426-4
Depósito legal: B. 1.080-2018

Primera edición: junio 2010
Primera edición ampliada y revisada: enero 2016
Primera edición en esta presentación: febrero 2018
Primera reimpresión en esta presentación: noviembre 2018
Segunda reimpresión en esta presentación: mayo 2019
Tercera reimpresión en esta presentación: octubre de 2019
Cuarta reimpresión en esta presentación: enero de 2020

Preimpresión: Toni Clapés
Impresión: Book Print

Impreso en España - *Printed in Spain*
www.dummies.es
www.planetadelibros.com

Catalán para dummies®

¡La fórmula del éxito!

- Un tema de actualidad
- Un autor de prestigio
- Contenido útil
- Lenguaje sencillo
- Un diseño agradable, ágil y práctico
- Un toque de informalidad
- Una pizca de humor cuando viene al caso
- Respuestas que satisfacen la curiosidad del lector

¡Este es un libro *...para Dummies*!

Los libros de la colección *...para Dummies* están dirigidos a lectores de todas las edades y niveles de conocimiento interesados en encontrar una manera profesional, directa y a la vez entretenida de aproximarse a la información que necesitan.

Millones de lectores satisfechos en todo el mundo coinciden en afirmar que la colección *...para Dummies* ha revolucionado la forma de aproximarse al conocimiento mediante libros que ofrecen contenido serio y profundo con un toque de informalidad y un lenguaje sencillo.

Sumario

Sobre el autor

Ferran Alexandri es profesor de catalán desde 1990, fecha en que se licenció en Filología Catalana, en la Universidad de Barcelona. Hasta hace pocos años enseñaba lengua y literatura a estudiantes de bachillerato (como había hecho antes con alumnos de BUP y COU) y adultos; ahora se dedica a otros asuntos no menos interesantes, como escribir un libro de vez en cuando o publicar algún artículo relacionado con sus inquietudes y aficiones. Es autor de varios libros, como el que tienes en las manos, en esta nueva edición ahora revisada y ampliada: el exitoso *Catalán para Dummies* (2007), que ya lleva más de 10.000 ejemplares vendidos, obra que ha proseguido recientemente con una segunda parte, la *Ortografía y gramática catalanas para Dummies* (2014). Pero también es autor de obras de narrativa infantil y juvenil: *Me llamo William Shakespeare*, *Me llamo Agatha Christie* o *El gran libro de los seres fantásticos*... y algunas historias de aventuras. (Menos conocido es su interés por la cocina catalana, por lo que ha colaborado en obras enciclopédicas, redactando capítulos sobre gastronomía.)

Ferran Alexandri es un lector apasionado, un auténtico devorador de libros, especialmente de ficción. Por si fuera poco, también es montañero, espeleólogo y viajero, sus pasiones favoritas, como puede comprobarse en sus guías de excursionismo (*Turisme tranquil*) y de espeleología (*Excursions a l'interior de la terra*) e incluso sus intervenciones en radio y televisión. Desde 2004 edita y dirige la revista *Muntanya*, dedicada al alpinismo y los deportes de montaña; en ese ámbito de la prensa se ha especializado y ha publicado numerosos reportajes de sus viajes y excursiones, además de entrevistas a alpinistas de *élite* y personajes de lo más variopinto.

Vive en Barcelona, situada a orillas del Mediterráneo entre el mar y la montaña, la ciudad donde nació un buen día de agosto del año afortunado de 19...

C'est tout.

Catalán (Guía rápida)

Saludos comunes

Hola! (*ho*-la; ¡hola!)

Bon dia! (bon *di*-a; ¡buenos días!)

Bona tarda! (*bo*-na *tar*-da; ¡buenas tardes!)

Bona nit! (*bo*-na *nit*; ¡buenas noches!)

Adéu! (a- *deu*; ¡adiós!)

Passi-ho bé! (*pa*-siu bé; ¡que lo pase bien!)

Fins ara! (fins *a*-ra; ¡hasta ahora!)

Fins demà! (fins de-*ma*; ¡hasta mañana!)

Preguntas útiles

Com et dius? (com et dius; ¿cómo te llamas?)

Com estàs? (com es-*tas*; ¿cómo estás?)

D'on és vostè? (don es vus-*te*; ¿de dónde es usted?)

A què et dediques? (a *quet* de-*di*-ques; ¿a qué te dedicas?)

El puc ajudar? (el puc a-yu-*da*; ¿puedo ayudarle?)

Quant val? (quan val; ¿cuánto vale?)

On? (on; ¿dónde?)

Quan? (quan; ¿cuándo?)

Com? (com: ¿cómo?)

Qui? (qui; ¿quién?)

Què? (que; ¿qué?)

Frases corteses

Sisplau (sis-*plau*; por favor)

Gràcies! (*gra*-si-es; ¡gracias!)

Moltes gràcies! (*mol*-tes *gra*-si-es; ¡muchas gracias!)

Em permet? (em per-*met*; ¿me permite?)

Ho sento! (u *sen*-tu; lo siento)

Perdoni (per-*do*-ni; perdone)

Quin greu que em sap! (quin greu quem sap; me sabe mal, lo siento mucho)

Em podria dir...? (em pu-*dri*-a di; ¿me podría decir...?)

Pot indicar-me on és...? (pot in-di-*car*-me on es; ¿puede indicarme dónde está...?)

Parli més a poc a poc, sisplau (*par*-li mes a poc a poc sis-*plau*; hable más despacio, por favor)

Los meses del año

gener (ye-*ne*; enero)
febrer (fe-*bre*; febrero)
març (mars; marzo)
abril (a-*bril*; abril)
maig (mach; mayo)
juny (juñ; junio)
juliol (ju-li-*ol*; julio)
agost (a-*gost*; agosto)
setembre (se-*tem*-bre; septiembre)
octubre (uc-*tu*-bre; octubre)
novembre (nu-*vem*-bre; noviembre)
desembre (de-*sem*-bre; diciembre)

Números de uso frecuente

0 zero (*se*-ru)
1 u, un, una (u, un, *u*-na)
2 dos, dues (dos, *du*-es)
3 tres (tres)
4 quatre (*cua*-tre)
5 cinc (sinc)
6 sis (sis)
7 set (set)
8 vuit (vuit)
9 nou (nou)
10 deu (deu)
11 onze (*on*-se)
12 dotze (*dot*-se)
13 tretze (*tret*-se)
14 catorze (ca-*tor*-se)
15 quinze (*quin*-se)
16 setze (*set*-se)
17 disset (di-*set*)
18 divuit (di-*vuit*)
19 dinou (di-*nou*)
20 vint (vin)
21 vint-i-un (*vin*-ti-*un*)
22 vint-i-dos (vin-ti-*dos*)
30 trenta (*tren*-ta)
33 trenta-tres (*tren*-ta tres)
40 quaranta (cua-*ran*-ta)
50 cinquanta (sin-*cuan*-ta)
60 seixanta (se-*shan*-ta)
70 setanta (se-*tan*-ta)
80 vuitanta (vui-*tan*-ta)
90 noranta (nu-*ran*-ta)
100 cent (sen)
250 dos-cents cinquanta (*do-sens* sin-*cuan*-ta)

Los días de la semana

dilluns (di-*lluns*; lunes)
dimarts (di-*mars*; martes)
dimecres (di-*me*-cres; miércoles)
dijous (di-*yous*; jueves)
divendres (di-*ven*-dres; viernes)
dissabte (di-*sap*-te; sábado)
diumenge (diu-*men*-che; domingo)

Introducción

Aprender un idioma es algo más que saber una lengua: es conocer un país, su gente, su cultura. Es la manera de conectar con la identidad de un pueblo.

Aprender a comunicarte en catalán, aunque sea a nivel básico, solo te va a aportar beneficios.

Si bien el catalán es una lengua minoritaria, los territorios de habla catalana ocupan una superficie de casi 60.000 km², una extensión mayor que la de algunos estados europeos. Los datos recopilados por el Instituto de Estadística de Cataluña sobre el conocimiento del catalán constatan un aumento progresivo tanto en el habla como en la lectura y la escritura. Y esto parece no detenerse. Así que podemos afirmar que entiende el catalán el 95% de la población que vive en dicha superficie y lo hablan más de diez millones de personas, según los últimos informes (2012).

Hablar catalán es ya una realidad. Por eso conservarás en tu memoria cada frase que pronuncies. Cuando tengas la oportunidad, solo tienes que consultar ese "banco de datos personal" y seleccionar la frase adecuada para cada ocasión: para hacer preguntas, para contar tu vida, para expresar lo que te agrada o te disgusta...

Acerca de este libro

¿Por qué leer *Catalán para Dummies*? ¿Puedes imaginarte viajando, trabajando o viviendo en una región de habla catalana y al mismo tiempo conversando cómodamente con la gente de la localidad? ¿Hablar catalán es uno de tus objetivos? ¿Acaso un requisito para tu nuevo trabajo? Lo cierto es que el catalán puede ir siempre contigo... con tus amigos, tus compañeros del trabajo, cuando hablas, cuando viajas, cuando te vas de marcha...

Catalán para Dummies es una obra dirigida al público español y latinoamericano, así como a todas las personas de todas las nacionalidades que hablen castellano y que necesiten aprender el catalán de un modo rápido, bien sea porque van a residir en Cataluña o en algún lugar de los Países Catalanes.

Este libro está pensado para las personas que no saben nada de catalán o que han recibido unas pocas clases, sin muy buenos resultados. El objetivo es permitirte aprender catalán a tu ritmo, sin que tengas que someterte a la disciplina de las clases diarias. La información que presenta se limita a lo necesario, pues se trata de hacer agradable la lectura y de proporcionar el vocabulario básico para la construcción de frases sencillas en situaciones de la vida cotidiana.

No es este un libro de capítulos tediosos que uno debe memorizar, ni uno de esos cursillos adonde hay que arrastrarse dos o tres veces por semana durante un semestre. *Catalán para Dummies* es una experiencia diferente. Tú fijas el ritmo de aprendizaje leyendo tanto o tan poco como quieras; puedes hojear las páginas del libro y detenerte en las secciones que más llamen tu atención, sin que tengas que leer los capítulos en orden.

Catalán para Dummies es una clara invitación a que empieces a hablar catalán sin ningún tipo de vergüenza. Ten claro que no pasa nada si te equivocas, pues lo que cuenta es la voluntad: hablar, opinar y expresarse en catalán. Además, es más fácil de lo que parece... si sabes cómo. El libro te lo explica.

Puedo asegurarte que cuando termines este libro podrás saludar, hacer preguntas simples, dar pequeñas indicaciones e incluso explicar lo que te ocurre, usar el teléfono, pedir comida en los restaurantes, hacer compras en tiendas y mercados, resolver emergencias, invitar a alguien al cine... ¡Es la vida!

Nota: Si este es tu primer contacto con el catalán, te recomiendo que comiences con los capítulos de la parte I para que aprendas los fundamentos de la pronunciación y la gramática, antes de leer otras secciones. Pero como tú eres quien manda y ordena, empieza por donde te apetezca.

Convenciones usadas en este libro

Se han establecido las dos convenciones siguientes con el fin de facilitar la lectura del libro:

- Las letras **negritas** se usarán para hacer más llamativas y fáciles de localizar las frases o palabras en catalán.
- La letras *cursivas* se usarán para mostrarte la sílaba tónica (aquí va el acento, el énfasis) de las palabras o frases en catalán que se transcriben. Además, también las encontrarás para resaltar los conceptos que se definen.

Este libro te ofrece los mismos elementos utilizados en otros libros de idiomas de la colección *...para Dummies*. Busca los siguientes temas, que a buen seguro mejorarán tu habilidad con el catalán:

- **Los diálogos "Hablando se entiende la gente":** Encontrarás a lo largo del libro muchas conversaciones para que practiques hablando tal como se habla, en catalán, claro está. Estos diálogos van acompañados del AUDIO, que indica que se reproducen en los archivos de audio de www.paradummies.es. Escucha los diálogos mientras los lees.
- **Los juegos y ejercicios divertidos:** Los juegos son una forma excelente de reforzar el aprendizaje, así que realiza los ejercicios que se encuentran al final de casi todos los capítulos. Cuando los termines, consulta las respuestas en el apéndice E. ¡No hagas trampa!
- **Las pizarras con palabras que debes conocer:** Al igual que en la escuela, aquí encontrarás pizarras con el título "Palabras para recordar". He recogido palabras y frases importantes a lo largo de este libro y las he anotado en pizarras para que las memorices.

Puesto que dos idiomas pueden expresar la misma idea o concepto de manera diferente, las traducciones del catalán al castellano no siempre son literales. Hay circunstancias en las cuales mi intención es que captes la idea de lo que se ha dicho, más que el significado de cada palabra. Un ejemplo hipotético:

En Joan ha fet el préssec en l'acte de presentació (en yu-*an* a fet el *pre*-sec en *lac*-te de pre-sen-ta-si-*o*).

- **Traducción correcta:** Juan ha hecho el primo en el acto de presentación.
- **Traducción literal** (sin sentido): Juan ha hecho el melocotón en el acto de presentación.

¿Quién eres tú?

Para escribir este libro tuve que presuponer ciertas cosas sobre ti y sobre lo que esperas de un libro llamado *Catalán para Dummies*. Estas son algunas de mis conjeturas:

- No sabes nada de catalán o tomaste algún cursillo y se te ha olvidado la mayoría de lo que aprendiste. O quizás hablas catalán perfectamente y te encanta leer libros ...*para Dummies*.
- No quieres o no puedes pasar demasiadas horas en clase y por eso deseas aprender catalán a tu ritmo.
- Quieres un libro que sea agradable y rápido de leer, que te proporcione lo básico del vocabulario, la gramática y la información cultural, escrito en un estilo vivaz.
- No esperas fluidez inmediata, pero desde este mismo instante quisieras hacer uso de algunos términos y expresiones en catalán.
- Viste el título *Catalán para Dummies* y despertó tu curiosidad.
- Tienes sentido del humor.

Si alguna de estas conjeturas es correcta, ¡has encontrado el libro perfecto!

Cómo está organizado este libro

Este libro consta de siete partes, y cada parte comprende un cierto número de capítulos. A continuación tienes una breve explicación del contenido de cada una.

Parte I: Lo primero que hay que saber

Esta parte te ayudará de la siguiente manera a asentar las bases del catalán: El capítulo 1 te da algunas herramientas básicas (como la pronunciación de las vocales y consonantes que no existen en castellano) para ganar destreza con el catalán y varios consejos para cogerle el ritmo al idioma. En el capítulo 2 encontrarás los fundamentos de la gramática catalana e información esencial para construir frases, formar el plural o el femenino, hacer preguntas, usar los tiempos verbales... Te proporciona un montón de elementos útiles para tu caja de herramientas del catalán.

Parte II: Vamos a empezar a hablar en catalán

En esta parte encontrarás saludos y expresiones cotidianas que te ayudarán a conocer a la gente, empezar una conversación, dar las gracias, despedirte, etc. También te muestro cómo describir a las personas y a uno mismo, hablar del tiempo, preguntar qué hora es y comunicarte por teléfono. ¡Puedes empezar esta parte por donde te apetezca!

Parte III: Yo y mi circunstancia

Los capítulos de esta parte están diseñados para que puedas presentar a tu familia, los amigos y todo lo que te rodea. Aprenderás también a pedir direcciones para ir a tus lugares favoritos, podrás mostrar tu casa a tus invitados, resolver pequeños incidentes domésticos, buscar piso, etc. En pocas palabras, tu entorno. Esta parte dedica un par de capítulos a enseñarte cómo desenvolverte en el mundo de los negocios y a gastar tu dinero en las tiendas y los mercados... ¡para que no te den gato por liebre!

Parte IV: En la ciudad

Conocer la vida en la ciudad es importante si vas a residir o trabajar en ella, y es necesario que identifiques sus características. Esta parte te proporciona el catalán necesario para movilizarte con transportes urbanos y conocer otros servicios públicos. También descubrirás cómo se divierten los ciudadanos y pasan el tiempo libre con las ofertas de la ciudad: desde salir al cine hasta reservar mesa en un restaurante. Finalmente, presenta los servicios médicos, por si tienes que describir un síntoma al doctor o, simplemente, expresar tu estado de ánimo.

Parte V: Conocer los Países Catalanes a fondo

Esta parte te presenta dos capítulos que intentan satisfacer tu ansia de saber, conocer y saborear la cultura de los países de habla catalana. Te serán útiles cuando quieras viajar por estas tierras, desde Cataluña a Valencia o a las Islas Baleares, hablando siempre en catalán. Muestra algunas propuestas de ocio y turismo para que también puedas llevar tu catalán fuera de la ciudad, con indicaciones sobre cómo alojarse en un hotel, disfrutar del fin de semana o recorrer a pie un parque natural.

Parte VI: Los decálogos

Como todos los libros de la colección *...para Dummies*, la parte final recoge listas de diez elementos. En los capítulos 16 y 17 te doy dos listas que, sumadas, abarcan diez elementos. El capítulo 16 te presenta algunas tradiciones típicas pertenecientes al folklore catalán, y el 17 te da a conocer algunos de los personajes que se han destacado por su trabajo y han llegado a ser "catalanes universales".

Parte VII: Apéndices

Los apéndices te presentan una información útil de referencia. Trato de proporcionarte una pequeña lista práctica de los principales verbos irregulares del catalán (los que presentan alternancias y, por tanto, los más difíciles); un minidiccionario castellano-catalán y catalán-castellano que puedes usar como ayuda cada vez que te topes con una palabra que desconozcas; una lista de las grabaciones incluidas en el disco compacto; y, por supuesto, las respuestas a los juegos y ejercicios divertidos de este libro.

Iconos usados este libro

En este libro encontrarás iconos en el margen izquierdo de algunas páginas. Estos iconos señalan información importante o particularmente informativa. He aquí qué representa cada uno:

RECUERDA

Este icono destaca consejos que pueden ayudarte a hablar catalán con facilidad. También señala las diferencias más notorias entre el castellano y el catalán, para que no cometas errores que son fáciles de evitar.

FRASES HECHAS

Este icono te muestra frases de uso común que expresan una sentencia a modo de proverbio y cuyo significado no puede ser deducido del de sus componentes.

GRAMÁTICA

Este icono destaca los aspectos más significativos de la gramática catalana para que puedas estudiarlos con detenimiento.

VERBOS

Aunque los verbos son un aspecto de la gramática, destaco de manera particular a estos "diablitos" porque a veces dan mucha lata y porque debes aprenderlos.

CULTURA GENERAL

Este icono te brinda información cultural acerca de los Países Catalanes.

ESCUCHA

En el archivo de audio podrás escuchar diálogos entre hablantes nativos catalanes. Con este icono se señalan algunos de los diálogos de los apartados que tienen su correspondiente archivo de audio.

¿Y ahora qué?

Lo más importante: no tienes que leer este libro de principio a fin; léelo a tu gusto. Si prefieres la forma tradicional, empieza con el capítulo 1; pero si prefieres hojearlo primero y concentrarte después en lo que más te interese, ¡adelante! Tal vez se te ocurra empezar escuchando el disco compacto: ¡hazlo! ¿No sabes por dónde comenzar? Empieza con *Catalán para Dummies* y úsalo como pretexto para iniciar una conversación. Seguramente alguien te hará algún comentario sobre el libro, ¡y estarás hablando catalán antes de que te des cuenta! Cualquiera que sea tu método de lectura, te divertirás y a la vez aprenderás bastante.

1

Lo primero que hay que saber

EN ESTA PARTE . . .

En esta parte vas a aprender cómo empezar a hablar en catalán. Primero hay que conocer el alfabeto y oír cómo suena. En el capítulo 1 descubrirás cómo pronunciar las vocales y las consonantes que difieren del castellano. En el capítulo 2 encontrarás las partes fundamentales de la gramática catalana y la información necesaria para poder construir frases y hacer preguntas. No te creas que por saber más palabras sabes más de un idioma..., ¡lo importante es ser capaz de construir más oraciones! Esta es la verdad.

EN ESTE CAPÍTULO

- La lengua catalana en Europa
- El alfabeto catalán
- Sonidos diferentes del castellano
- Fonética: vocales y consonantes
- Los dialectos del catalán

Capítulo 1

Donde se explica cómo pronunciar el catalán

El catalán entre las lenguas románicas

El catalán proviene del latín hablado por los antiguos romanos. Por tanto, decimos que es una lengua románica, igual que el castellano, el portugués, el francés o el italiano. Pero se distingue del resto porque hubo otras lenguas que intervinieron en su formación y en su desarrollo. Estas lenguas influyentes fueron el ibero-vasco (antes de la llegada de los romanos a la península ibérica) y las lenguas arábigas y germánicas (entre los siglos V-VIII). Ni qué decir tiene que el castellano, como lengua vecina, también aportó más adelante su granito de arena.

En la figura 1-1 puedes ver la distribución actual de todas las lenguas románicas derivadas del latín. Observa que el dominio lingüístico del catalán (en gris) abarca un área muy significativa.

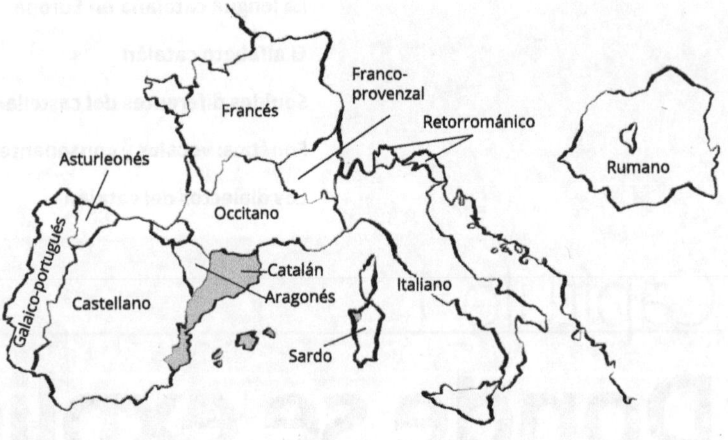

FIGURA 1-1: El dominio lingüístico del catalán entre las lenguas románicas

El dominio lingüístico actual del catalán

Actualmente se habla el catalán en cuatro estados de Europa, en un territorio de unos 60.000 km², con un número aproximado de hablantes que alcanza los diez millones:

- España:
  - Cataluña
  - País Valencià (llamado también Comunidad Valenciana)
  - Islas Baleares
  - Franja de Aragón (tierras de Huesca, Zaragoza y Teruel limítrofes con Cataluña)
  - El Carche (Murcia)
- Andorra
- Francia:
  - Cataluña del Norte (comarcas del Rosellón, Vallespir, Alta Cerdaña, Conflent, Fenolleda y Capcir)
- Italia:
  - La ciudad de Alguer, en la isla de Cerdeña

El alfabeto catalán

El **alfabet** (al-fa-*bet*; alfabeto) catalán tiene 26 **lletres** (*lle*-tres; letras):

a (a)

b (be)

c (se)

d (de)

e (e)

f (*e*-fa)

g (ye)

h (ac)

i (i lla-*ti*-na)

j (*yo*-ta)

k (ca)

l (*e*-la)

m (*e*-ma)

n (*e*-na)

o (o)

p (pe)

q (cu)

r (*e*-rra)

s (*e*-sa)

t (te)

u (u)

v (ve *ba*-sha)

w (ve *do*-bble)

x (ics o shesh)

y (i *gre*-ga)

z (*se*-ta)

CULTURA GENERAL

EL PRINCIPIO: HABLAR CATALÁN, ESCRIBIR CATALÁN

Los lingüistas dan por sentado que el catalán era ya una lengua hablada entre los siglos VIII y IX. Pero lo más curioso es que los primeros textos escritos en catalán no se documentan hasta el siglo XII. Son textos que forman parte de libros sobre leyes o asuntos religiosos, como por ejemplo el *Llibre jutge* o *Liber iudiciorum* (traducción catalana de un libro de leyes visigodo) o las *Homilies d'Organyà* (donde se explican y comentan en catalán algunos pasajes de los Evangelios). Estos documentos ponen de manifiesto que en esa época se utilizaba el catalán para cuestiones importantes, pues el latín se había convertido ya en una lengua no entendida por el pueblo llano.

HISTORIA DEL CATALÁN

CULTURA GENERAL

En el territorio que más o menos hoy corresponde a la actual Cataluña, el catalán era ya una realidad y una lengua distinta del latín entre los siglos VIII y IX; pero no empezó a escribirse hasta el siglo XII, según dan muestra de ello los primeros textos hallados en catalán en esa centuria. La lengua catalana adquirió prestigio en el siglo XIII con las obras del escritor, filósofo y místico Ramon Llull, considerado como el creador del catalán culto, que lo llevó no solo al terreno de la literatura sino también al de la ciencia. Posteriormente, el catalán fue la lengua oficial de la Corona de Cataluña y Aragón, una potencia en expansión constante desde el siglo XIII hasta el XV, periodo en que la literatura catalana gozó de una gran fama en Europa, con novelas caballerescas tan importantes como *Tirant lo Blanc*, de Joanot Martorell, o el anónimo *Curial e Güelfa*. En esta época de expansión también se llevó el catalán a otros estados, como Mallorca, Valencia, Cerdeña, Sicilia, Nápoles y Grecia. Aunque a partir del siglo XVI la lengua catalana sufrió una decadencia literaria, nunca dejó de hablarse, y en el siglo XIX experimentó un verdadero renacimiento patriótico y cultural. Fue a principios del siglo XX cuando el catalán inició su normalización y normativización, bajo las reglas del profesor y lingüista Pompeu Fabra, hasta que adquirió el perfil que muestra hoy día, y que es el que puedes aprender en este libro.

RECUERDA

También hay que tener en cuenta una variante de la *c*, la ***c* trencada** (se tren-*ca*-da; *c* cedilla): *ç*.

El alfabeto catalán es muy parecido al castellano. En la tabla 1-1 solo te voy a presentar ejemplos de los sonidos que son realmente distintos entre ambos idiomas.

TABLA 1-1 **Sonidos del alfabeto que difieren entre el catalán y el castellano**

Letra	Nombre	Sonido en catalán	Sonido en castellano
a	**vocal neutra**	cos**a**	No existe; es un sonido intermedio entre la *e* y la *a*, y en libro la representamos con *a*.
c	**ce** delante de *e*, *i*	**c**el **c**im	Suena como *s*: sel / sim.
ç	**ce trencada** delante de *a*, *o*, *u*	pe**ç**a	Suena como *s*: pesa.
e	**e abierta**	p**è**l	No existe, es una *e* muy abierta y prolongada, y en el libro la representamos con una *e*.
	vocal neutra	mar**e**	No existe, es un sonido intermedio entre la *e* y la *a*, y la representamos con *e*.
g	**g** delante de *e*, *i*	**g**erra **g**irona	No existe; es parecido al sonido de *lluvia* o *yegua*, y en el libro lo representamos con *y*: yerra / yirona.
j	**jota**	**J**ordi	No existe; es parecido al sonido de *lluvia* o *yegua*, y lo representamos con *y*: yordi.
n	**ena** delante de *f*	co**n**fessar	Suena como una *m*: cumfesar.
o	**o abierta**	h**o**me	No existe, es una *o* muy abierta y prolongada y la representamos con *o*.
	o átona	cant**o**	La representamos con *u* en las sílabas átonas: cantu.
r	**erra final**	cla**r**	No suena: cla.
s	**essa sonora**	ro**s**a	No existe, es una *s* sonora y vibrante, y en el libro la ponemos con *s*.
t	**te** final	can**t**	No suena: can.
w	**ve doble**	**w**aterpolo	Suena como una *b*: baterpolu.
x	**xeix**	**X**avier	No existe, y la representamos con una *sh*.
	ics	e**x**amen	No existe, es un sonido sonoro, como una *egz*, y lo representamos con *x*.
z	**zeta**	**z**ona	No existe, suena como una *s* sonora que representamos con una *s*.

Los dígrafos, más sonidos nuevos

ESCUCHA

Hay varios pares de letras que representan un solo sonido: son los *dígrafos* o letras compuestas. Algunos son nuevos para ti, ya que no existen en castellano. La tabla 1-2 te presenta los más frecuentes.

TABLA 1-2 Los dígrafos más frecuentes

Dígrafo	Ejemplo
ig	**lleig** (llech; feo)
ix	**caixa** (*ca*-sha; caja)
l·l	**novel·la** (nu-*vel*-la; novela)
-ll	**Sabadell** (sa-ba-*dey*)
ny	**canya** (*ca*-ña; caña)
ss	**massa** (*ma*-sa; masa)
tg	**fetge** (*fe*-che; hígado)
tx	**cotxe** (*co*-che; coche)
tz	**dotze** (*dot*-se; doce)

Sonidos que no existen en castellano

La *j* y la *g* (delante de *e*, *i*) producen un sonido que no existe en castellano, pero que puedes encontrar en la *j* inglesa. Si sabes inglés, te puede ser útil a la hora de pronunciar estas palabras; escucha su pronunciación en el audio de nuestra página web `www.paradummies.es`.

ESCUCHA

- **just** (yust; justo)
- **germànic** (yer-*ma*-nic; germánico)

La *s* tiene dos sonidos, uno igual al del castellano y otro totalmente diferente, parecido a la *z* inglesa:

ESCUCHA

- **zombi** (*som*-bi; zombi)
- **casa** (*ca*-sa; casa)
- **alzina** (al-*si*-na; encima)

Este sonido se escribe con una sola *s* si va entre vocales (**casa**); pero en el resto de los casos se escribe con *z* (**alzina**).

La verdad es que recurrir a otros idiomas conocidos va muy bien para explicarte algunos sonidos propios del catalán. Aquí te muestro otro ejemplo. Una de las reproducciones de la *x* catalana es idéntica al dígrafo inglés *sh*: *she* (ella) y *flesh* (carne):

ESCUCHA

» **Xavier** (sha-vi-*e*; Javier)

» **coix** (cosh; cojo)

RECUERDA

Recuerda que las **negritas** se usan para las frases o palabras en catalán y las *cursivas* se usan para mostrar la sílaba tónica (donde va el acento, el énfasis).

Las vocales: a, e, i, o, u

Las vocales se producen con la salida del aire libremente, sin obstrucción y con vibración de las cuerdas vocales; por lo tanto, decimos que son *sonoras*. Pon tu mano en la nuez del cuello y pronuncia la *a*; notarás como un cosquilleo, lo que significa que tus cuerdas vocales están vibrando.

RECUERDA

Estas cinco letras sirven para representar ocho sonidos vocálicos del catalán. La pronunciación de las vocales es muy clara pero, ¡cuidado!, existen sonidos nuevos que solo el oído y la práctica te ayudarán a distinguir. Escucha los siguientes ejemplos:

ESCUCHA

» **a: mà** (ma; mano)

» **e abierta: mel** (mel; miel)

» **a / e (vocal neutra): casa, home** (*ca*-sa *o*-me; casa, hombre)

» **e cerrada: bé** (be; bien)

» **o abierta: dona** (*do*-na; mujer)

» **o cerrada: cançó** (can-*so*; canción)

» **i: camí** (ca-*mi*; camino)

» **u: ungla** (*un*-gla; uña)

A continuación te presento las vocales que ofrecen diferencias con el castellano.

La e abierta y la e cerrada

La letra *e* puede pronunciarse en posición tónica de una manera más abierta o más cerrada, estrechando el paso del aire. Te será muy fácil reproducir la cerrazón de esta vocal ya que su sonido coincide con el de la *e* castellana.

Pero la *e* abierta es totalmente distinta: su pronunciación requiere una mayor abertura de la boca y su realización se produce en su parte más anterior, con lo cual, si esta letra lleva acento, este será grave (`):

» la *e* de **cafè** (ca-*fe*; café) es ABIERTA

Es muy importante que distingas claramente la *e* abierta de la *e* cerrada, ya que si no lo hicieras podrías confundir palabras como:

ESCUCHA

» **deu** (deu; diez): ABIERTA

» **déu** (deu; dios): CERRADA

Fíjate que el acento grave o agudo va muy bien para distinguirlas. Es más difícil cuando no hay acento, con lo cual tienes que ayudarte de la práctica y escuchar su pronunciación:

ESCUCHA

» **Pere** (como la *e* de Pedro): CERRADA

» **pera** (*pe*-ra; pera): ABIERTA

La o cerrada y la o abierta

También es necesario distinguir entre la *o* abierta y la *o* cerrada. De no hacerlo, existe el peligro de confundir palabras como:

ESCUCHA

» **son** (son; sueño): ABIERTA

» **són** (son; son, del verbo ser): CERRADA

De igual modo, el acento sirve de ayuda. En los casos de palabras sin acento puedes guiarte por el oído:

ESCUCHA

» **dolç** (dols; dulce): CERRADA

» **dols** (dols; dueles, del verbo **doldre**: doler): ABIERTA

La vocal neutra: ni a ni e

Solo en la variedad de catalán oriental (al final de este capítulo te explico los diferentes dialectos que existen en catalán) las vocales *a* y *e* en posición átona (sin acento fonético) se pronuncian con un mismo sonido, denominado *vocal neutra*, que no es ni *a* ni *e*, sino una vocal intermedia entre ambos sonidos.

ESCUCHA

» **palet** (pa-*let*; palito)

» **melós** (me-*los*; meloso)

La transformación de la o en u

Asimismo, cuando la vocal *o* es átona, y por lo tanto pierde su acento o énfasis, se pronuncia con un sonido débil y se transforma en *u*:

ESCUCHA

» **posar** (pu-*sa*; poner)

Escucha y repite estas palabras haciendo una clara distinción entre *o* / *e* (abierta y cerrada), vocal neutra y transformación de la *o* en *u*:

» **bé** (be; bien)

» **mel** (mel; miel)

» **coll** (coll; cuello)

» **cançó** (can-*so*; canción)

» **pomera** (pu-*me*-ra; manzano)

» **colom** (cu-*lom*; paloma)

» **febre** (*fe*-bre; fiebre)

» **caseta** (ca-*se*-ta; casita)

La pronunciación de las consonantes

Las consonantes se producen por obstrucción o constricción del aire espirado en algún punto de la boca. En catalán no suenan exactamente igual que en castellano. En los siguientes apartados voy a mostrarte solo las consonantes que presentan diferencias.

Entre las principales características de las consonantes tenemos:

- **Oposición entre sonoras y sordas: casa / caça** (*casa / caza*).
- **Presencia de muchas palabras con *ll*: llaç, dilluns, badall** (*lazo, lunes, bostezo*).
- **Presencia de consonantes y grupos consonánticos con fuerte articulación al final de las palabras: mar, cuc, fam, fluix, verd, falç, índex** (*mar, gusano, hambre, flojo, verde, hoz, índice*).
- **Algunas consonantes son mudas (no se pronuncian): fer, camp, malalt** (fe, cam, ma-*lal*; hacer, campo, enfermo).

Consonantes sordas y sonoras

Las consonantes catalanas pueden ser *sonoras* (cuando hay vibración de las cuerdas vocales) o *sordas* (ausencia de vibración). Muchas consonantes sordas tienen su pareja sonora, y ambas se forman de la misma manera pero se distinguen por la vibración de las cuerdas vocales. La tabla 1-3 te muestra un ejemplo.

TABLA 1-3 Consonantes sordas y sonoras

Sorda	Se forma...	Sonora	Se forma...
p	Juntando los labios y luego expulsando el aire de golpe.	**b**	De igual modo, pero expulsando el aire más suavemente, con vibración de las cuerdas vocales.

Algo similar ocurriría con otras parejas de consonantes sordas y sonoras: *t / d*, *s / z*, *k / g*.

Las tres bes: b, v, w

En la mayoría de dialectos catalanes las letras *b* (be alta) y *v* (ve baixa; ve baja o uve) representan el mismo sonido, igual que en castellano.

- **blau, pobre** (blau; azul / *po*-bre; pobre)
- **canvi, invent** (*cam*-vi; cambio / im-*ven*; invento). La *n* delante de la *v* se transforma en *m*.

La letra *w* solo se encuentra en palabras provenientes de otras lenguas y en nombres propios de origen extranjero. Conserva su pronunciación original, aunque muchas palabras se han catalanizado y en esos casos la *w* se ha convertido en *v*:

» **vàter** (*va*-ter; váter)

» **watt, waterpolo** (vat, *va*-ter-*po*-lu)

Los grupos b / p, t / d, c / g

ESCUCHA

» *p* y *b* suenan como *p*: **sap, club, dissabte** (sap, clup, di-*sap*-te; sabe, club, sábado)

» *t* y *d* suenan como *t*: **ràpid, embut** (*ra*-pit, em-*but*; rápido, embudo)

» *c* y *g* suenan como *k*: **sac, càstig** (sac, *cas*-tic; saco, castigo)

La *b* y la *g* en las combinaciones *bl* y *gl* pueden duplicarse:

» **poble** (*po*-bble; pueblo)

» **segle** (*se*-ggle; siglo)

Esto es diferente: la s sorda y la s sonora (s, ss, c, ç, z)

ESCUCHA

En catalán la letra *s* representa dos sonidos: la *s* sorda (equivalente al sonido de la *s* castellana) y la *s* sonora (producida mediante la vibración de las cuerdas vocales). No son iguales:

TABLA 1-4 **La s sorda y la s sonora**

s sorda	s sonora
caça (*ca*-sa; caza)	**casa** (*ca*-sa; casa)
rossa (*ro*-sa; rubia)	**rosa** (*ro*-sa; rosa)
els savis (els *sa*-vis; los sabios)	**els avis** (els *a*-vis; los abuelos)

Si no puedes diferenciar ambos sonidos confundirás las siguientes frases y, probablemente, te encontrarás en una situación bastante cómica:

ESCUCHA

» **Me'n vaig de casa** (men vach de *ca*-ça; me voy de caza): ¡mala pronunciación!

» **Me'n vaig de casa** (men vach de *ca*-sa; me voy de casa): ¡buena pronunciación!

La *s* sonora no existe en castellano. Se puede escribir con las siguientes letras:

ESCUCHA

» **s** (entre vocales)**: bellesa** (be-*lle*-sa; belleza)

» **z: zona** (*so*-na; zona)

La *s* sorda se puede escribir con las siguientes letras:

» **s: sol** (sol; sol)

» **ss** (entre vocales)**: tassa** (*ta*-sa; taza)

» **c: cera, cirera** (*se*-ra, si-*re*-ra; cera, cereza)

» **ç: feliç, maça** (fe-*lis*, *ma*-sa; feliz, maza)

La c cedilla o c trencada

ESCUCHA

La *ç* o ***c* trencada** (se tren-*ca*-da; ce "rota") es una variante de la *c*; ante las vocales *a*, *o*, *u* tiene la misma pronunciación que tiene la *c* ante las vocales *e*, *i*:

ç	**a: plaça** (*pla*-sa; plaza)	c	**e: ceba** (*se*-ba; cebolla)
	o: cançó (can-*so*; canción)		**i: ciment** (si-*men*; cemento)
	u: forçut (fur-*sut*; forzudo)		

Lo más fuerte del alfabeto... no es tan difícil: x / ix, g / j, ig / tx

Estos sonidos son diferentes en el catalán y debes distinguirlos. Los sonidos *x* / *ix* y *tx* son sordos, mientras que los de las letras *j* / *g*, *tg* / *tj* son sonoros.

ESCUCHA

» La letra *x* puede representar tres sonidos diferentes:

- **xinès** (shi-*nes*; chino): como la *sh* inglesa.
- **taxi** (*tac*-si; taxi): este sonido es idéntico al del castellano.
- **exèrcit** (ec-*ser*-sit; ejército): el prefijo *ex*– seguido de vocal suena más suave, como *egz*–.

El dígrafo *ix* suena como la *x* (*sh*) inglesa (aunque en algunos dialectos se pronuncia la *i*):

ESCUCHA

» **caixa** (*ca*-sha; caja)

Para que te acostumbres a estos sonidos, escucha esta tonadilla de un conocido trabalenguas y luego practícalo tú mismo cantando:

ESCUCHA

En Panxo li diu a en Pinxo: (en *pan*-chu li diu an *pin*-chu; Pancho le dice a Pincho)
Vols que et punxi amb un punxó? (vols quet *pun*-chi am-*bun* pun-*cho*; ¿quieres que te pinche con un punzón?)
I en Pinxo li diu a en Panxo: (i en *pin*-chu li diu an *pan*-chu; Pancho le dice a Pincho)
Punxa'm, però a la panxa no. (*pun*-cham pe-*ro* a la *pan*-cha no; pínchame, pero en la panza no)

ESCUCHA

Ya te he dicho que la *g* (delante de *e*, *i*) y la *j* suenan igual en catalán, y que su pronunciación no existe en castellano (suenan como una *j* inglesa).

TABLA 1-5 **Los sonidos de la g y la j en catalán**

Delante de e, i se escribe g	Delante de a, o, u se escribe j
gerani (ye-*ra*-ni; geranio)	**esponja** (es-*pon*-cha; esponja)
girafa (yi-*ra*-fa; jirafa)	**jove** (*yo*-va; joven)
	ajudar (a-yu-*da*)

ESCUCHA

Para que no te quedes corto en la práctica, escucha otro trabalenguas y repítelo... ¡si puedes!

Setze jutges d'un jutjat mengen fetge d'un penjat, si el jutjat es despengés es menjaria els setze fetges dels setze jutges que l'han jutjat (*set*-se *yu*-*ches dun* yu-*chat men*-chen *fe*-che dun pen-*chat* si el yu-*chat* es des-pen-*ches* es men-*cha*-ri-a els *set*-se *fe*-ches dels *set*-se *yu*-ches que lan yu-*chat*; dieciséis jueces de un juzgado comen hígado de un ahorcado; si el ahorcado se descolgara, se comería los dieciséis hígados de los dieciséis jueces que le juzgaron).

Los dígrafos *tx* / *ig* suenan igual que la *ch* de "coche". Por tanto, te serán muy fáciles de pronunciar:

ESCUCHA

- **txec** (chec; cheque)
- **butxaca** (bu-*cha*-ca; bolsillo)
- **despatx** (des-*pach*; despacho)
- **lleig** (llech; feo)

La ñ catalana (ny) y la y

La letra *y* ya no se utiliza en catalán moderno, a no ser que usemos palabras de otras lenguas (**whisky**) o nombres propios (**Nova York**). En cambio, la puedes encontrar en el dígrafo *ny* con el mismo sonido de la *ñ* castellana:

ESCUCHA

- **any** (añ; año)
- **castanya** (cas-*ta*-ña; castaña)
- **nyanyo** (*ña*-ñu; chichón)

La fastidiosa -ll final

Debes tener en cuenta que también se pronuncia la *-ll* final. Al principio cuesta porque no estás acostumbrado a pronunciar ese sonido. Pero con un poco de práctica verás que es un sonido fácil de realizar: si sabes pronunciar "llave" también puedes pronunciar **ball**, ¡pero no digas nunca "bal"!

ESCUCHA

- **ball** (bay; baile)
- **pell** (pey; piel)
- **mill** (miy; mijo)
- **bull** (buy; hervor)
- **El passeig Maragall** (el pa-*sech* ma-ra-*gay*; el paseo Maragall)

La curiosa l geminada: l·l

En catalán son numerosas las palabras que tienen una *l* repetida, que llamamos *geminada*. Pronunciarla es muy fácil: solo tienes que pronunciarla como si fuera una *l* doble, ¡pero no una *ll*!

ESCUCHA

- **xarel·lo** (sha-*rel*-lu; xarelo)

CULTURA GENERAL

EL XARELO ES UN BUEN VINO, PERO NO UN PERFUME

El xarelo es un tipo de uva blanca dulce, importado a las comarcas de El Camp de Tarragona y El Penedés, del cual se obtiene un excelente vino. Que no se te ocurra decir, como le sucedió a una locutora de TVE que, interpretando mal la *l* geminada, leyó en un programa "Xarel 10" en lugar de **xarel·lo**, pensando en el famoso perfume n.º 5 de Chanel. Un despiste que, como te puedes imaginar, supuso comentarios de toda clase.

Más ejemplos:

ESCUCHA

» **til·la** (*til*-la; tila)

» **pel·lícula** (pel-*li*-cu-la; película)

Pillar el ritmo y la acentuación

ESCUCHA

El ritmo del catalán viene determinado por el énfasis que damos a cada sílaba de cada palabra; además, tiene el mismo acento que el castellano, con palabras agudas, llanas y esdrújulas. Sin embargo, en algunos casos la acentuación de palabras equivalentes en castellano no coincide con la catalana:

TABLA 1-6 **Acentuación distinta de algunas palabras en catalán**

Son agudas	Son llanas	Son esdrújulas
esperit (es-pe-*rit*; espíritu)	**rèptil** (*rep*-til; reptil)	**diòptria** (di-*op*-tri-a; dioptría)
oceà (u-se-*a*; océano)	**míssil** (*mi*-sil; misil)	**aurèola** (au-*re*-u-la; aureola)
xofer (shu-*fe*; chófer)	**medul·la** (me-*dul*-la; médula)	**olimpíada** (u-lim-*pi*-a-da; olimpiada)

Hay que anotar que el acento de algunos nombres de países y de personas tampoco coincide con la acentuación del castellano:

- **Munic** (mu-*nic*; Munich)
- **Etiòpia** (e-ti-*o*-pi-a; Etiopía)
- **el Tibet** (el ti-*bet*; el Tíbet)
- **Arquimedes** (ar-qui-*me*-des; Arquímedes)
- **Cleòpatra** (cle-*o*-pa-tra; Cleopatra)

Dime dónde vives y te diré cómo hablas

Como te he dicho, el catalán se habla en diversos estados y regiones. Por eso, al igual que en el castellano, se producen variedades lingüísticas o dialectos. Te habrás dado cuenta de que no es igual el castellano que se habla en Segovia, Granada y Buenos Aires, aunque el idioma es el mismo: el castellano o español. Asimismo ocurre con el catalán: un mallorquín habla un catalán distinto del que habla un valenciano, un leridano o un gerundense. Por consiguiente, los lingüistas han establecido dos grandes bloques dialectales: el oriental y el occidental.

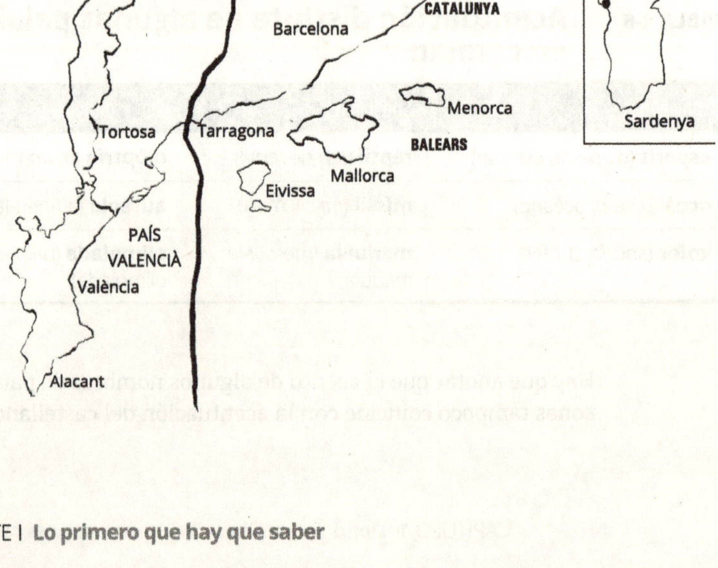

FIGURA 1-2: Los bloques dialectales del catalán

» Dialectos del bloque oriental:

- **Rossellonès** (ru-se-llu-*nes*; rosellonés). Hablado en la región francesa del Rossellón (Cataluña del Norte).
- **Central** (sen-*tral*; central). Hablado en la parte nororiental de Cataluña.
- **Balear** (ba-le-*ar*; baleárico). Hablado en las Islas Baleares.
- **Alguerès** (al-gue-*rès*). Hablado en la ciudad de Alguer (Cerdeña).

» Dialectos del bloque occidental:

- **Nord-occidental** (*nort*-uc-si-den-*tal*; noroccidental). Hablado en la parte noroccidental de Cataluña, la Ribagorza, el bajo Cinca y las comarcas de la Litera y del Matarraña.
- **Valencià** (va-len-si-*a*; valenciano). Hablado en la Comunidad Valenciana o País Valencià.

RECUERDA

Este libro te enseñará la variedad central (donde vive el 80% de la población total de Cataluña), pero no quiere dejar de lado los otros dialectos; señala qué los distingue y, en algunos casos, lo ilustra con ejemplos.

ESCUCHA

Por ejemplo, una de las diferencias más evidentes entre las hablas catalanas reside en la conjugación de la primera persona del presente de indicativo (**yo canto**). Escucha la pronunciación de este verbo y de otras palabras en todos los dialectos catalanes. Enseguida notarás la diferencia:

» **jo canto** (yo *can*-to)	nord-occidental
» **jo cante** (yo *can*-te)	valencià
» **jo canto** (yo *can*-tu)	central
» **jo canti** (yo *can*-ti)	rossellonès
» **jo cant** (yo cant)	balear
» **jo cant** (yo cant)	alguerès

ESCUCHA

Y estas son algunas palabras corrientes, que significan lo mismo pero tienen nombres distintos:

Dialectos occidentales	**Dialectos orientales**
espill (es-*piy*; espejo)	**mirall** (mi-*ray*; espejo)
xic (shic; muchacho)	**noi** (noi; muchacho)
melic (me-*lic*; ombligo)	**llombrígol** (llum-*bri*-gul; ombligo)
corder (cor-*de*; cordero)	**xai / be** (shai / be; cordero)

Encontramos otra diferencia en el dígrafo *ix*. En catalán oriental suena como la *x* (*sh*), pero en los dialectos occidentales se pronuncia la *i*. Observa la diferencia:

» **caixa** (*ca*-sha; caja): dialectos orientales

» **caixa** (*cai*-sha; caja): dialectos occidentales

EN ESTE CAPÍTULO

Categorías de palabras

Uso de sustantivos, verbos y adjetivos

Los pronombres y la formación de preguntas

Construcción de oraciones simples

Capítulo 2

Directo al grano de la gramática básica del catalán

Es muy posible que la palabra "gramática" te produzca terror y estés convencido de que cualquier libro que hable de gramática será incomprensible y aburrido, solo para profesores. Te comprendo muy bien, pero no dejes que esta idea se interponga en tu decisión de aprender catalán, pues en este capítulo te lo voy a poner muy fácil. No pretendo agobiarte con reglas gramaticales y listas interminables de excepciones. Todo lo contrario, te mostraré elementos para comprender el catalán de una manera simple y clara, pues solamente te voy a enseñar lo básico, mediante explicaciones cortas y sencillas.

RECUERDA

Además tienes otra ventaja: muchos aspectos de la gramática catalana son semejantes a los del castellano. Solo debes fijarte en las diferencias. Este es el consejo que doy: no te aprendas este capítulo de memoria, úsalo tan solo como información de consulta mientras te diviertes con el resto del libro.

Las pequeñas palabras para las grandes frases

Empezaremos con las palabras más cortas, como los *determinantes*, que sirven para precisar mejor los nombres o términos que acompañan y son necesarios para nombrar las cosas y comenzar a construir oraciones sencillas.

Los artículos

En primer lugar voy a presentarte **els articles** (els ar-*ti*-cles; los artículos), que identifican el género y el número de los sustantivos. Como puedes ver en la tabla 2-1, los artículos son de dos clases, definidos o indefinidos, según expresen cosas determinadas o indeterminadas.

TABLA 2-1 Los artículos

	Artículo definido	Artículo indefinido
Masculino singular	**el** (el; el)	**un** (un; un)
Delante de vocal o *h*	**l'** (el)	
Femenino singular	**la** (la; la)	**una** (*u*-na; una)
Delante de vocal o *h*	**l'** (la)	
Masculino plural	**els** (els; los)	**uns** (uns; unos)
Femenino plural	**les** (les; las)	**unes** (*u*-nes; unas)

- **el cotxe** (el *co*-che; el coche). Expresa una cosa determinada (ese coche).
- **un cotxe** (un *co*-che; un coche). Expresa una cosa indeterminada (un coche cualquiera).

Los artículos **el** y **la** se apostrofan delante de las palabras que empiezan por vocal o *h*, por lo que tienes que pronunciar el artículo junto con la palabra:

- **l'home** (*lo*-me; el hombre)
- **l'illa** (*li*-lla; la isla)

RECUERDA

Los artículos también pueden usarse delante de los nombres de persona (innecesario en castellano), como ves en la tabla 2-2:

TABLA 2-2 **Uso de artículos y nombres de persona**

	Masculino	Femenino
el / l'	**en / n'**	**la / l'**
el Joan (el yu-*an*; Juan) **l'Andreu** (lan-*dreu*; Andrés)	**en Joan** (en ju-*an*; Juan) **en Pere** (en *pe*-re; Pedro) **n'Hug** (nuc; Hugo)	**la Mercè** (la mer-*se*; Mercedes) **l'Anna** (*lan*-na; Ana)

Las contracciones

Cuando dos palabras se juntan para formar una sola decimos que se forma una *contracción*. Esto ocurre cuando se encuentran los artículos **el** y **els** delante de las preposiciones **a**, **de**, **per**, **per a** y la partícula **ca** (apócope de **casa**). Observa algunos ejemplos en la tabla 2-3.

TABLA 2-3 **Las contracciones**

Formación	Resultado	Ejemplo
a + el	**al**	**Va al cinema** (val si-*ne*-ma; va al cine).
de + el	**del**	**El Gegant del Pi** (el ye-*gan* del Pi; el Gigante del Pino).
per + el	**pel**	**Passa pel pont** (*pa*-sa pel *pon*; pasa por el puente).
a + els	**als**	**Vaig als jardins del parc** (*vach* als yar-*dins* del parc; voy a los jardines del parque).
de + els	**dels**	**És un disc dels Gossos** (es un disc dels *go*-sus; es un disco de Els Gossos).
per + els	**pels**	**Passejar pels voltants** (pa-se-*ya* pels vul-*tans*; pasear por los alrededores).
ca + el	**cal**	**Va a cal Pep** (va a cal pep; va a casa de Pepe).
ca + els	**cals**	**Vaig a cals Pujol** (vach a cals pu-*yol*; voy a casa de los Pujol).

Los demostrativos

Otras palabras muy útiles son **els demostratius** (els de-mus-tra-*tius*; los demostrativos), que te presento en la tabla 2-4. Sirven para indicar la proximidad o lejanía en el espacio o en el tiempo de la cosa de que se habla respecto al emisor.

TABLA 2-4 **Los demostrativos**

Proximidad	Lejanía
aquest (a-*quet*; este)	**aquell** (a-*quey*; aquel)
aquesta (a-*ques*-ta; esta)	**aquella** (a-*que*-lla; aquella)
aquests (a-*quets*; estos)	**aquells** (a- *queys*; aquellos)
aquestes (a-*ques*-tes; estas)	**aquelles** (a-*que*-lles; aquellas)
això (a-*sho*; esto)	**allò** (a-*llo*; aquello)

RECUERDA

La *s* de **aquest** no suena si la palabra siguiente empieza por consonante, pero si empieza por vocal sí que debes pronunciarla:

» **aquest mes** (a-*quet* mes; este mes)

» **aquest any** (a-*ques-tañ*; este año)

Los posesivos

Y ahora **els possessius** (els pu-se-*sius*; los posesivos), para que puedas apropiarte sin problemas del catalán. Los *posesivos* te indican la posesión o pertenencia, o una simple relación de correspondencia de alguien o algo con respecto al nombre que determinan. La tabla 2-5 te los presenta.

TABLA 2-5 **Los posesivos**

Un solo poseedor	Ejemplos
meu (meu; mi)	**El meu pare** (el meu *pa*-re; mi padre)
meva (*me*-va; mi)	**La meva mare** (la *me*-va *ma*-re; mi madre)
meus (meus; mis)	**Els meus avis** (els meus *a*-vis; mis abuelos)
meves (*me*-ves; mis)	**Les meves àvies** (les *me*-ves *a*-vi-es; mis abuelas)

(continúa)

(continuación)

Un solo poseedor	Ejemplos
teu (teu; tu)	**El teu germà** (el teu yer-*ma*; tu hermano)
teva (*te*-va; tu)	**La teva germana** (la *te*-va yer-*ma*-na; tu hermana)
teus (teus; tus)	**Els teus amics** (els teus a-*mics*; tus amigos)
teves (*te*-ves; tus)	**Les teves amigues** (les *te*-ves a-*mi*-gues; tus amigas)
seu (seu; su)	**El seu home** (el seu *ho*-me; su marido)
seva (*se*-va; su)	**La seva dona** (la *se*-va *do*-na; su mujer)
seus (seus; sus)	**Els seus cosins** (els seus cu-*sins*; sus primos)
seves (*se*-ves; sus)	**Les seves cosines** (les *se*-ves cu-*si*-nes; sus primas)
Varios poseedores	**Ejemplos**
nostre (*nos*-tre; nuestro)	**El nostre cotxe** (el *nos*-tre *co*-che; nuestro coche)
nostra (*nos*-tra; nuestra)	**La nostra maleta** (la *nos*-tra ma-*le*-ta; nuestra maleta)
nostres (*nos*-tres; nuestros / nuestras)	**Els nostres llibres** (els *nos*-tres *lli*-bres; nuestros libros)
	Les nostres llibretes (les *nos*-tres lli-*bre*-tes; nuestras libretas)
vostre (*vos*-tre; vuestro)	**El vostre ordinador** (el *vos*-tre ur-di-na-*do*; vuestro ordenador)
vostra (*vos*-tra; vuestra)	**La vostra casa** (la *vos*-tra *ca*-sa; vuestra casa)
vostres (*vos*-tres; vuestros / vuestras)	**Els vostres bitllets** (els *vos*-tres bit-*llets*; vuestros billetes)
	Les vostres coses (les *vos*-tres *co*-ses; vuestras cosas)

Los cuantitativos

Els quantitatius (els quan-ti-ta-*tius*; los cuantitativos), que te presento en la tabla 2-6, sirven para indicar de manera global una cantidad. Los hay que no varían y siempre tienen la misma forma, y en cambio hay otros que se modifican de acuerdo con el género y el número.

TABLA 2-6 **Los cuantitativos**

Invariables	**massa** (*ma*-sa; demasiado) **força** (*for*-sa; bastante) **prou** (prou; suficiente, bastante) **més** (mes; más) **menys** (meñs; menos)	**Aquí hi ha massa coses** (a-*qui* ia *ma*-sa *co*-ses; aquí hay demasiadas cosas). **Té força diners** (te *for*-sa di-*nes*; tiene bastante dinero). **No tinc prou diners** (no tinc prou di-*nes*; no tengo suficiente dinero).
Variables	**tant, tanta, tants, tantes** (tan, *tan*-ta, tans, *tan*-tes; tanto, tanta, tantos, tantas)	**No mengis tant** (no *men*-chis tan; no comas tanto).
	molt, molta, molts, moltes (mol, *mol*-ta, mols, *mol*-tes; mucho, mucha, muchos, muchas)	Igual que en castellano.
	poc, poca, pocs, poques (poc, *po*-ca, pocs, *po*-ques; poco, poca, pocos, pocas)	Igual que en castellano.
	bastant, bastants (bas-*tan*, bas-*tans*; bastante, bastantes)	**Encara queden bastants pomes** (en-*ca*-ra *que*-den bas-*tans* *po*-mes; aún quedan bastantes manzanas).
	gaire, gaires (*gai*-re, *gai*-res; mucho, mucha, muchos, muchas)	**No tinc gaire temps** (no tinc *gai*-re tems; no tengo mucho tiempo).

Existe también un buen número de locuciones cuantitativas muy usuales en la lengua oral. Si quieres lucirte con tus interlocutores, usa de vez en cuando alguna de estas frases de ejemplo:

- **una mica de sal** (*u*-na *mi*-ca de sal; un poco de sal)
- **un munt d'anys** (un mun dañs; un montón de años)
- **una colla de lladres** (*u*- na *co*-lla de *lla*-dres; una pandilla de ladrones)
- **no té gens de paciència** (no te yens de pa-si-*en*-si-a; no tiene ni pizca de paciencia)

Los indefinidos

Els indefinits (els in-de-fi-*nits*; los indefinidos) determinan el nombre con el mínimo de precisión. Como ves en la tabla 2-7, pueden ser adjetivos o pronombres:

TABLA 2-7 Los indefinidos

Adjetivos	En castellano
algun, alguna, alguns, algunes (al-*gun*, al-*gu*-na, al-*guns*, al-*gu*-nes)	alguno, alguna, algunos, algunas
cada (*ca*-da)	cada
cada un, cada una, cadascun, cadascuna (*ca*-da un, *ca*-da *u*-na, *ca*-das-*cun*, *ca*-das-*cu*-na)	cada uno, cada una
altre, altra, altres (*al*-tre, *al*-tra, *al*-tres)	otro, otra, otros, otras
qualsevol, qualssevol (*qual*-se-*vol*)	cualquiera, cualesquiera
tot, tota, tots, totes (tot, *to*-ta, tots, *to*-tes)	todo, toda, todos, todas
tal, tals (tal, tals)	tal, tales
Pronombres	En castellano
algú (al-*gu*)	alguien
alguna cosa (al-*gu*-na *co*-sa)	algo
res (res)	nada, algo
cadascú (*ca*-das-*cu*)	cada uno
ningú (nin-*gu*)	nadie
tot (tot)	todo
tothom (tu-*tom*)	todos, todo el mundo

Los numerales

Para que te salgan las cuentas debes aprender **els numerals** (els nu-me-*rals*; los numerales). Si indican una cantidad exacta se llaman *cardinales*; si indican un orden se llaman *ordinales*.

TABLA 2-8 Los numerales cardinales

0 zero (*se*-ru)	**11 onze** (*on*-se)	**22 vint-i-dos** (*vin*-ti-*dos*)
1 u, un, una (u, un, *u*-na)	**12 dotze** (*dot*-se)	**30 trenta** (*tren*-ta)
2 dos, dues (dos, *du*-es)	**13 tretze** (*tret*-se)	**33 trenta-tres** (*tren*-ta tres)
3 tres (tres)	**14 catorze** (ca-*tor*-se)	**40 quaranta** (cua-*ran*-ta)
4 quatre (*cua*-tre)	**15 quinze** (*quin*-se)	**50 cinquanta** (sin-*cuan*-ta)
5 cinc (sinc)	**16 setze** (*set*-se)	**60 seixanta** (sa-*shan*-ta)
6 sis (sis)	**17 disset** (di-*set*)	**70 setanta** (se-*tan*-ta)
7 set (set)	**18 divuit** (di-*vuit*)	**80 vuitanta** (vui-*tan*-ta)
8 vuit (vuit)	**19 dinou** (di-*nou*)	**90 noranta** (nu-*ran*-ta)
9 nou (nou)	**20 vint** (vin)	**100 cent** (sen)
10 deu (deu)	**21 vint-i-un** (*vin*-ti-*un*)	**250 dos-cents cinquanta** (*do-sens* sin-*cuan*-ta)

Aprende cifras mayores, por si te toca la lotería:

- **927: nou-cents vint-i-set** (nou-*sens vin*-ti-*set*)
- **1.000: mil** (mil)
- **5.000: cinc mil** (sinc mil)
- **62.721: seixanta-dos mil set-cents vint-i-ú** (se-*shan*-ta dos mil set-*sens vin*-ti-*u*)
- **1.000.000: un milió** (un mi-li-*o*)
- **18.000.000: divuit milions** (di-*vuit* mi-li-*ons*)

TABLA 2-9 **Los numerales ordinales**

Abreviatura	Numeral
1r / 1a	**primer, primera** (pri-*me*, pri-*me*-ra)
2n / 2a	**segon, segona** (se-*gon*, se-*go*-na)
3r / 3a	**tercer, tercera** (ter-*se*, ter-*se*-ra)
4t / 4a	**quart, quarta** (cuart, *cuar*-ta)
5è / 5a	**cinquè, cinquena** (sin-*que*, sin-*que*-na)
6è / 6a	**sisè, sisena** (si-*se*, si-*se*-na)
7è / 7a	**setè, setena** (se-*te*, se-*te*-na)
8è / 8a	**vuitè, vuitena** (vui-*te*, vui-*te*-na)
9è / 9a	**novè, novena** (nu-*ve*, nu-*ve*-na)
10è / 10a	**desè, desena** (de-*se*, de-*se*-na)

Lo que tienes que saber sobre los sustantivos

Els substantius (els subs-tan-*tius*; los sustantivos) o **noms** (noms; nombres) designan personas, animales, cosas e ideas.

» Para formar el femenino hay que tener en cuenta lo siguiente:

- Si se refiere a personas y animales se le añade *-a* al masculino:

TABLA 2-10A **El género de los sustantivos**

Masculino	(+ a) Femenino
nen (nen; niño)	**nena** (*ne*-na; niña)

- A veces el hecho de añadir *-a* exige modificar la última consonante:

TABLA 2-10B El género de los sustantivos

Masculino	(+ a) Femenino	Cambio
llop (llop; lobo)	**lloba** (*llo*-ba; loba)	p → b
amic (a-*mic*; amigo)	**amiga** (a-*mi*-ga; amiga)	c → g
nebot (ne-*bot*; sobrino)	**neboda** (ne-*bo*-da; sobrina)	t → d

- Si el masculino acaba en *-e*, *-o*, *-u*, se cambia esta vocal por *-a*:

TABLA 2-10C El género de los sustantivos

Masculino	(+ a) Femenino	Cambio
alumne (a-*lum*-ne; alumno)	**alumna** (a-*lum*-na; alumna)	e → a
monjo (*mon*-chu; monje)	**monja** (*mon*-cha; monja)	o → a
Andreu (an-*dreu*; Andrés)	**Andrea** (an-*drea*; Andrea)	t → d

- A veces hay que añadir las terminaciones *-na*, *-ina*, *-essa*:

TABLA 2-10D El género de los sustantivos

Masculino	Femenino
cosí (cu-*si*; primo)	**cosina** (cu-*si*-na; prima)
heroi (e-*roi*; héroe)	**heroïna** (e-ru-*i*-na; heroína)
abat (a-*bat*; abad)	**abadessa** (a-ba-*de*-sa; abadesa)

- Algunos son muy diferentes:

TABLA 2-10E El género de los sustantivos

Masculino	Femenino	Cambio
actor (ac-*to*; actor)	**actriu** (ac-*triu*; actriz)	-or → -riu
espeleòleg (es-pe-le-*o*-leg; espeleólogo)	**espeleòloga** (es-pe-le-*o*-lu-ga; espeleóloga)	-òleg → -òloga

- Y otros tienen palabras distintas para cada género:

TABLA 2-10F **El género de los sustantivos**

Masculino	Femenino
amo (*a*-mu; amo)	**mestressa** (mes-*tre*-sa; ama)
home (*o*-me; hombre)	**dona** (*do*-na; mujer)
cavall (ca-*vay*; caballo)	**euga** (*eu*-ga; yegua)

- Otras veces la misma forma sirve para designar los dos géneros:

TABLA 2-10G **El género de los sustantivos**

Masculino	Femenino	Terminación
el cantaire (el can-*tai*-re; el cantor)	**la cantaire** (la can-*tai*-re; la cantora)	**-aire**
el ciclista (el si-*clis*-ta; el ciclista)	**la ciclista** (la si-*clis*-ta; la ciclista)	**-ista**

» Para formar el plural hay que tener en cuenta lo siguiente:

- Solo hay que añadir una *-s* al singular:

TABLA 2-11A **El plural de los sustantivos**

Singular	(+ s) Plural
home (*o*-me; hombre)	**homes** (*o*-mes; hombres)

- Si acaban en *-a* (átona) se añade *-es*:

TABLA 2-11B **El plural de los sustantivos**

Masculino	(+ es) Femenino
dia (*di*-a; día)	**dies** (*di*-es; días)
roca (*ro*-ca; rocas)	**roques** (*ro*-ques; rocas)

- Si acaban en vocal tónica se añaden las letras *-ns*:

TABLA 2-11C El plural de los sustantivos

Masculino	(+ ns) Femenino
mà (ma; mano)	**mans** (mans; manos)
carbó (car-*bo*; carbón)	**carbons** (car-*bons*; carbones)
pi (pi; pino)	**pins** (pins; pinos)

- Y algunos terminan en *-os*:

TABLA 2-11D El plural de los sustantivos

Terminación	Singular	(+ os) Plural
-s	**gas** (gas; gas)	**gasos** (*ga*-sus; gases)
-ç	**lluç** (llus; merluza)	**lluços** (*llu*-sus; merluzas)
-x	**sufix** (su-*fix*; sufijo)	**sufixos** (su-*fic*-sus; sufijos)
-tx	**despatx** (des-*pach*; despacho)	**despatxos** (des-*pa*-chus; despachos)

Lo que tienes que saber sobre los adjetivos

En catalán la mayoría de adjetivos coinciden con el castellano. La mayoría tienen una forma para el masculino y otra para el femenino, y también para el plural y el singular, lo cual a menudo implica que se produzcan modificaciones en algunas consonantes. Observa las modificaciones en las tablas 2-12a, 2-12b y 2-12c.

TABLA 2-12A **Los adjetivos**

Masculino	Femenino	Masculino	Femenino
prim (prim; delgado)	**prima** (*pri*-ma; delgada)	**prims** (prims; delgados)	**primes** (*pri*-mes; delgadas)
llarg (llarc; largo)	**larga** (*llar*-ga; larga)	**llargs** (llarcs; largos)	**llargues** (*llar*-gues; largas)
nul (nul; nulo)	**nul·la** (*nul*-la; nula)	**nuls** (nuls; nulos)	**nul·les** (*nul*-les; nulas)
pagès (pa-*yes*; payés, campesino)	**pagesa** (pa-*ye*-sa; payesa, campesina)	**pagesos** (pa-*ye*-sus; payeses, campesinos)	**pageses** (pa-*ye*-ses; payesas, campesinas)

Pero también hay algunos adjetivos que tienen la misma forma para el masculino y el femenino, como te muestra la tabla 2-12b:

TABLA 2-12B **Los adjetivos**

Acabados en…	Masculino / Femenino singular	Masculino / Femenino plural
-ble	**amable** (a-*ma*-bble; amable)	**amables** (a-*ma*-bbles; amables)
-al	**igual** (i-*gual*; igual)	**iguals** (i-*guals*; iguales)
-ant	**amargant** (a-mar-*gan*; amargo)	**amargants** (a-mar-*gans*; amargos)
-e	**alegre** (a-*le*-gre; alegre)	**alegres** (a-*le*-gre; alegres)

Hay un grupito que tiene una forma para el singular y dos para el plural, como puedes ver en la tabla 2-12c.

TABLA 2-12C **Los adjetivos**

	Singular	Plural	
Acabados en...	Masculino y femenino	Masculino	Femenino
-aç	**capaç** (ca-*pas*; capaz)	**capaços** (ca-*pa*-sus; capaces)	**capaces** (ca-*pa*-ses; capaces)
-iç	**feliç** (fe-*lis*; feliz)	**feliços** (fe-*li*-sus; felices)	**felices** (fe-*li*-ses; felices)
-oç	**veloç** (ve-*los*; veloz)	**veloços** (ve-*lo*-sus; veloces)	**veloces** (ve-*lo*-ses; veloces)

Ponles buena cara a los pronombres

El catalán es una lengua con muchos **pronoms** (pru-*noms*; pronombres) distintos. Sirven todos para sustituir algún nombre enunciado anteriormente. Como no quiero agobiarte con pesadas normas, solo te presentaré los pronombres que seguramente vas a utilizar en tus primeras conversaciones.

Los pronombres fuertes, entre tú y yo

Los *pronombres personales* se denominan también fuertes, y te serán de gran utilidad no solo para sustituir al sujeto, sino también para conjugar los verbos. Te los presenta la tabla 2-13:

TABLA 2-13 **Los pronombres personales**

Pronombre	Sirve para...
jo (jo; yo)	1.ª persona del singular
mi (mi; mí)	Sustituye a "yo" detrás de preposición: **a mi, per mi** (a mi, per mi; a mí, por mí)
tu (tu; tú)	2.ª persona del singular

(continúa)

(continuación)

Pronombre	Sirve para...
vostè (vus-*te*; usted)	2.ª persona del singular, sustituye a "tú"
ell (ey; él)	3.ª persona del singular
ella (*e*-lla; ella)	3.ª persona del singular
nosaltres (nu-*sal*-tres; nosotros)	1.ª persona del plural
vosaltres (vu-*sal*-tres; vosotros)	2.ª persona del plural
vostès (vus-*tes*; ustedes)	2.ª persona del plural, sustituye a "vosotros"
ells (eys; ellos)	3.ª persona del plural
elles (*e*-lles; ellas)	3.ª persona del plural
si (si; sí)	Tiene sentido reflexivo o recíproco, y puede referirse tanto a cosas como a personas: **Es preocupa de si mateix** (es pre-u-*cu*-pa de si ma-*tesh*; se preocupa de sí mismo)

Los pronombres átonos o débiles

A menudo el verbo va acompañado de nombres o grupos nominales:

Beure aigua (*beu*-re *ai*-gua; beber agua)

V + N

El nombre *aigua* puede sustituirse por un pronombre:

Beure'n (*beu*-ren; beber, el agua)

V + pronombre (en)

Estos son los *pronombres átonos* o débiles. Se llaman así porque no tienen acento fónico (no tienen una pronunciación tónica); pueden ir delante o detrás del verbo:

» **Ens estima** (ens es-*ti*-ma; nos quiere).

» **Estima'm** (es-*ti*-mam; quiéreme).

Normalmente se colocan delante del verbo, pero también se colocan detrás cuando el verbo está en imperativo, infinitivo o gerundio:

- **Dóna-li un llapis** (*do*-na-li un *lla*-pis; dale un lápiz) → imperativo
- **Van donar-li un llapis** (van du-*nar*-li un *lla*-pis; le dieron un lápiz) → infinitivo
- **Van acabar donant-li un llapis** (van a-ca-*ba* du-*nan*-li un *lla*-pis; acabaron dándole un lápiz) → gerundio

RECUERDA

Delante del verbo, si este comienza con consonante, los pronombres se escriben separados, pero si empieza con vocal, los pronombres **em**, **et**, **el**, **la**, **es**, **en** se apostrofan en **m'**, **t'**, **l'**, **l'**, **s'**, **n'**:

- **m'agafen, t'atrapo, l'enganya, l'ha treta, s'enfila, n'havia vist**

Si los pronombres **em**, **et**, **es**, **el**, **ens**, **els**, **en** se escriben detrás del verbo, y este acaba en vocal, quedan así: **'m**, **'t**, **'s**, **'l**, **'ns**, **'ls**, **'n**:

- **estima'm, pentina't, tregui's, mira'l, agafa'ns, busca'ls, porta'n**

Por lo tanto, según la colocación respecto al verbo y a otros pronombres, la mayoría de pronombres tienen cuatro formas:

TABLA 2-14 Las formas de los pronombres

Forma	Ejemplo	Traducción
Plena	**dir-te** (dir-te)	decirte
Reducida	**digui'm** (*di*-guim)	dígame
Reforzada	**ens agrada** (ens a-*gra*-da)	nos gusta
Elidida	**t'agraden** (ta-*gra*-den)	te gustan

RECUERDA

Los pronombres átonos son los más numerosos... y fastidiosos que existen en catalán, de modo que a medida que sean necesarios para aprender el idioma te los iré mostrando y explicando en las diferentes unidades de este libro.

Los pronombres interrogativos, para hacer preguntas

Si eres un visitante de nuestro país, seguramente tendrás que hacer muchas preguntas. Como hacer una pregunta en un idioma nuevo parece difícil, aquí te mostraré solo ejemplos sencillos.

Igual que en castellano, muchas de las preguntas del catalán se hacen con **els pronoms interrogatius** (els pru-*noms* in-te-rru-ga-*tius*; los pronombres interrogativos), que sirven para construir oraciones interrogativas, pero también exclamativas y admirativas. En la tabla 2-15 te presento estos pronombres.

TABLA 2-15 Los pronombres interrogativos

En catalán		En castellano
Delante de sustantivo	**quin** (quin)	qué
	quina (*qui*-na)	
	quins (quins)	
	quines (*qui*-nes)	
	quant (quan)	cuánto
	quanta (*quan*-ta)	cuánta
	quants (quans)	cuántos
	quantes (*quan*-tes)	cuántas
Para las personas	**qui** (qui)	quién
Para las cosas	**què** (que)	qué
Pronombres adverbiales	**on** (on)	dónde
	quan (quan)	cuándo
	com (com)	cómo

- **Qui vindrà avui?** (qui vin-*dra* a-*vui*; ¿quién vendrá hoy?)
- **Quina rosa vols?** (*qui*-na *ro*-sa vols; ¿qué rosa prefieres?)
- **Quantes models es presenten a la prova?** (*quan*-tes mu-*dels* es pre-*sen*-ten a la pro-va; ¿cuántas modelos se presentan a la prueba?)

» **On menjarem avui?** (on men-cha-*rem* a-*vui*; ¿dónde comeremos hoy?)

Primero fue el verbo

Un **verb** (verp; verbo) expresa ideas y pensamientos, y designa acciones, procesos o estados de un sujeto. Dicho de otro modo: añade acción a la frase, le da marcha.

RECUERDA

En catalán existen tres conjugaciones verbales (solo la segunda difiere del castellano, ya que tiene dos posibles terminaciones).

» **Primera conjugación:** Verbos acabados en **-ar: cantar** (can-*ta*; cantar). La mayoría son regulares y se conjugan como el verbo modelo **cantar**. Solo los verbos **anar** (a-*na*; ir) y **estar** (es-*ta*; estar) son irregulares.

» **Segunda conjugación:** Verbos acabados en **-er / -re: témer** (*te*-me; temer) / **perdre** (*per*-dre; perder). Casi todos son irregulares.

» **Tercera conjugación:** Verbos acabados en **-ir: cosir** (cu-*si*; coser). Se conjugan como **dormir** (dur-*mi*; dormir) y **servir** (ser-*vi*; servir). La mayoría se conjugan con el modelo de **servir**, por lo que son incoativos (te los explico más adelante) y llevan el incremento *eix*.

Verbos regulares

Los *verbos regulares* no presentan cambios en la raíz de la palabra ni en sus desinencias; por lo tanto, son más fáciles de aprender que los verbos irregulares. Se consideran regulares todos los verbos que siguen el modelo de **cantar** (can-*ta*; cantar), **batre** (*ba*-tre; batir) o **témer** (*te*-me; temer), y **dormir** (dur-*mi*; dormir) o **servir** (ser-*vi*; servir) para cada conjugación respectivamente. Las tablas 2-16, 2-17 y 2-18 te los presentan.

TABLA 2-16
Modelo de los tiempos verbales más corrientes de la 1.ª conjugación

VERBO CANTAR		
Presente	Pasado (imperfecto)	Futuro
canto (*can*-tu; canto)	**cantava** (can-*ta*-va; cantaba)	**cantaré** (can-ta-*re*; cantaré)
cantes (*can*-tes; cantas)	**cantaves** (can-*ta*-ves; cantabas)	**cantaràs** (can-ta-*ras*; cantarás)
canta (*can*-ta; canta)	**cantava** (can-*ta*-va; cantaba)	**cantarà** (can-ta-*ra*; cantará)
cantem (can-*tem*; cantamos)	**cantàvem** (can-*ta*-vem; cantábamos)	**cantarem** (can-ta-*rem*; cantaremos)
canteu (can-*teu:* cantáis)	**cantàveu** (can-*ta*-veu; cantabais)	**cantareu** (can-ta-*reu*; cantaréis)
canten (*can*-ten; cantan)	**cantaven** (can-*ta*-ven; cantaban)	**cantaran** (can-ta-*ran*; cantarán)

TABLA 2-17
Modelo de los tiempos verbales más corrientes de la 2.ª conjugación

VERBO TÉMER		
Presente	Pasado (imperfecto)	Futuro
temo (*te*-mu; temo)	**temia** (te-*mi*-a; temía)	**temeré** (te-me-*re*; temeré)
tems (tems; temes)	**temies** (te-*mi*-es; temías)	**temeràs** (te-me-*ras*; temerás)
tem (tem; teme)	**temia** (te-*mi*-a; temía)	**temerà** (te-me-*ra*; temerá)
temem (te-*mem*; tememos)	**temíem** (te-*mi*-em; temíamos)	**temerem** (te-me-*rem*; temeremos)
temeu (te-*meu*; teméis)	**temíeu** (te-*mi*-eu; temíais)	**temereu** (te-me-*reu*; temeréis)
temen (*te*-men; temen)	**temien** (te-*mi*-en; temían)	**temeran** (te-me-*ran*; temerán)

TABLA 2-18 **Modelo de los tiempos verbales más corrientes de la 3.ª conjugación**

VERBOS DORMIR Y SERVIR	
Presente	Presente
dormo (*dor*-mu; duermo)	**serveixo** (ser-*ve*-shu; sirvo)
dorms (dorms; duermes)	**serveixes** (ser-*ve*-shes; sirves)
dorm (dorm; duerme)	**serveix** (ser-*vesh*; sirve)
dormim (dur-*mim*; dormimos)	**servim** (ser-*vim*; servimos)
dormiu (dur-*miu*; dormís)	**serviu** (ser-*viu*; servís)
dormen (*dor*-men: duermen)	**serveixen** (ser-*ve*-shen; sirven)
Pasado (imperfecto)	Futuro
dormia (dur-*mi*-a; dormía)	**dormiré** (dur-mi-*re*; dormiré)
dormies (dur-*mi*-es; dormías)	**dormiràs** (dur-mi-*ras*; dormirás)
dormia (dur-*mi*-a; dormía)	**dormirà** (dur-mi-*ra*; dormirá)
dormíem (dur-*mi*-em; dormíamos)	**dormirem** (dur-mi-*rem*; dormiremos)
dormíeu (dur-*mi*-eu; dormíais)	**dormireu** (dur-mi-*reu*; dormiréis)
dormien (dur-*mi*-en; durmían)	**dormiran** (dur-mi-*ran*; dormirán)

Los verbos incoativos

RECUERDA

La mayoría de verbos de la tercera conjugación (acabados en *-ir*) presentan el incremento *eix* en algunas personas del presente de indicativo, del presente de subjuntivo y del imperativo. Estos verbos se llaman *incoativos*, y tienen como modelo el verbo **servir** (ser-*vi*; servir). Los verbos que no tienen este incremento *eix* se llaman "puros" y tienen como modelo el verbo **dormir**.

Verbos irregulares

Hay que aprenderse los verbos irregulares con un poco más de cariño pues no siguen los paradigmas de los considerados "verbos modelos" y tienen la molestia de presentar alteraciones en la raíz de la palabra o de conjugarse modificando la terminación.

Aquí te pongo un modelo para cada conjugación (en el apéndice A puedes ver una lista más completa).

TABLA 2-19 Los verbos irregulares

Conjugación	Infinitivo	Presente
1.ª	**anar** (a-*na*; ir)	**vaig** (vach; voy) **vas** (vas; vas) **va** (va; va) **anem** (a-*nem*; vamos) **aneu** (a-*neu*; vais) **van** (van; van)
2.ª	**haver** (a-*ve*; haber)	**he** (e; he) **has** (as; has) **ha** (a; ha o hay) **hem** (em; hemos) **heu** (eu; habéis) **han** (an; han)
3.ª	**viure** (*viu*-re; vivir)	**visc** (visc; vivo) **vius** (vius; vives) **viu** (viu; vive) **vivim** (vi-*vim*; vivimos) **viviu** (vi-*viu*; vivís) **viuen** (*vi*-uen; viven)

Tiempos compuestos de pasado

Para expresar el pasado se parte de un verbo principal que va unido a otro llamado "auxiliar". Solo intervienen el infinitivo y el participio. Te voy a mostrar dos ejemplos, que se forman con un verbo auxiliar + infinitivo o participio:

Passat perifràstic d'indicatiu

vaig vas va vam vau van	+ infinitivo

Ejemplos:

- » **Ahir vaig anar al teatre** (a-*i* vach a-*na* al te-*a*-tre; ayer fui al teatro).
- » **Van avisar la grua** (van a-vi-*sa* la *gru*-a; avisaron a la grúa).

Perfet d'indicatiu

he has ha hem heu han	+ participio

Ejemplos:

- » **La gallina ha fet un ou** (la ga-*lli*-na a fet un ou; la gallina ha puesto un huevo).
- » **Aquest matí he regat el jardí** (a-*quet* ma-*ti* e re-*gat* el yar-*di*; esta mañana he regado el jardín).

Ser o estar: he ahí el dilema

Los verbos **ser** (se; ser), o la forma sinónima **ésser** o (*e*-se; ser), y **estar** (es-*ta*; estar) actúan como verdaderos comodines, pues sirven para expresar una gran cantidad de conceptos; pero hay que tener en cuenta algunas consideraciones en su uso y "abuso". Aquí te muestro solo los casos que no coinciden con el castellano.

RECUERDA

En catalán usa siempre ser...

» Para expresar una mera localización:

- **On és el llibre?** (on es el *lli*-bre?; ¿dónde está el libro?)
- **És al tercer prestatge** (es al ter-*se* pres-*ta*-che; está en el tercer estante).

» Para expresar cualidades definitorias o estados permanentes de una persona:

- **En Joan és mort** (en yu-*an* es mort; Juan está muerto).

RECUERDA

Usa ser o estar cuando tú quieras...

» En participios de pasado que indican cualidades transitorias:

- **obert** (u-*bert*; abierto)
- **tancat** (tan-*cat*; cerrado)
- **encès** (en-*ses*; encendido)

Ejemplos:

» **La finestra és oberta** (la fi-*nes*-tra es u-*ber*-ta; la ventana está abierta).

» **La finestra està oberta** (la fi-*nes*-tra es-*ta* u-*ber*-ta; la ventana está abierta).

RECUERDA

Ni ser ni estar: otro verbo has de utilizar...

En estos casos, a diferencia del castellano, es mejor utilizar otras formas verbales:

» **Vaig coix** (vach cosh; estoy cojo).

» **Vas molt elegant** (vas mol e-le-*gan*; estás muy elegante).

» **Em sento molt feliç** (em *sen*-tu mol fe-*lis*; soy muy feliz).

Otras palabrejas la mar de útiles: preposiciones, conjunciones y adverbios

Aquí te muestro las preposiciones más habituales:

- **a** (a; a)
- **amb** (am; con)
- **de** (de; de)
- **en** (en; en)
- **per** (per; por)
- **per a** (per a; para)
- **contra** (*con*-tra; contra)
- **entre** (*en*-tre; entre)
- **malgrat** (mal-*grat*; a pesar de)
- **segons** (se-*gons*; según)
- **sense** (*sen*-se; sin)
- **cap a** (cap a; hacia)
- **des de** (des de; desde)
- **fins a** (fins a; hasta)
- **sota** (*so*-ta; bajo)

RECUERDA

Las *conjunciones* sirven para relacionar dos palabras o frases. Las siguientes no se escriben como en castellano:

- **i** (i; y)
- **doncs** (dons; pues)
- **perquè** (per-*que*; porque)
- **encara que** (en-*ca*-ra que; aunque)

Cuando la conjunción **i** precede una palabra también empezada en *i*, esta **i** no se cambia por *e*, como en castellano. Por tanto, debes decir **geografia i història** (ge-u-gra-*fi*-a i is-*to*-ri-a; geografía e historia).

La conjunción **o** tampoco se sustituye por *u* delante de otra *o*, con lo cual has de decir: **tanques o obres** (*tan*-ques o *o*-bres; ¿cierras o abres?).

Los *adverbios* amplían, precisan o matizan el significado de la palabra que acompañan. Aquí tienes los principales:

TABLA 2-20 **Los adverbios**

De manera	De lugar	De tiempo	Otros
be (be; bien) **millor** (mi-*llo*; mejor) **pitjor** (pi-*cho*; peor) **així** (a-*shi*; así) **gairebé** (*gai*-re-*be*; casi)	**on** (on; donde) **darrere** (da-*rre*-re; detrás) **davant** (da-*van*; delante) **amunt** (a-*mun*; arriba) **avall** (a-*vay*; abajo) **damunt** (da-*mun*; encima)	**ara** (*a*-ra; ahora) **aleshores** (a-les-*o*-res; entonces) **mai** (mai; nunca) **abans** (a-*bans*; antes) **aviat** (a-vi-*at*; pronto)	**també** (tam-*be*; también) **de debò** (de de-*bo*; de verdad) **potser** (put-*se*; quizás)

Cómo construir oraciones

Para construir oraciones sencillas debes tener en cuenta la posición del sujeto, del verbo y de sus complementos.

Construir una oración en catalán es tan sencillo como seguir este orden:

1. **subjecte** (sub-*yec*-te; sujeto): **S**

2. **verb** (verp; verbo): **V**

3. **complements** (cum-ple-*mens*; complementos): **C**

El *sujeto* de una oración puede ser un nombre o un pronombre; el *verbo* puede estar en presente, pasado o futuro, siendo simple o compuesto; los *complementos* afectan al verbo. Además, el sujeto concuerda siempre en persona y número con el verbo:

El català **és** **fàcil** (el ca-ta-*la* es *fa*-sil; el catalán es fácil).

S + V + C

Generalmente el sujeto se sitúa delante del verbo, aunque en catalán a veces se puede omitir.

Para construir una oración, normalmente debes colocar el adjetivo después del sustantivo:

» **Una casa petita** (*u*-na *ca*-sa pe-*ti*-ta; una casa pequeña).

Además, tiene que concordar en género y número con el sustantivo:

» **Un amic català / una amiga catalana** (un a-*mic* ca-ta-*la* / *u*-na a-*mi*-ga ca-ta-*la*-na; un amigo catalán / una amiga catalana).

2

Vamos a empezar a hablar en catalán

EN ESTA PARTE . . .

¡Con solo un poco de catalán puedes ganar mucho! Los capítulos de esta parte pretenden hacerte conocer el catalán básico con el fin de facilitarte tu estancia en los Países Catalanes, tierras de acogida. Con unas cuantas expresiones, que aprenderás fácilmente, podrás presentarte y conocer a la gente, empezar una conversación sencilla o bien describir a las personas, decir la hora, pedir y dar pequeñas indicaciones y hablar por teléfono. En una palabra: ¡a ganar amigos! Empieza por donde quieras y comienza a hablar.

EN ESTE CAPÍTULO

- **El saludo y la despedida**
- **Interacción formal e informal**
- **Expresiones de cortesía**
- **Descripción de una persona**

Capítulo 3
Conociendo a la gente

Hablar un poquito de catalán es muy reconfortante. El hecho de decir un simple **bon dia** (bon *di*-a; buenos días) puede abrirte muchas puertas. En este capítulo te muestro algunas frases simples que te ayudarán a conocer a la gente. Aprenderás a presentar a tus amigos y a presentarte a ti mismo; a dar las gracias, a pedir disculpas; qué decir después del saludo; cómo ser cortés, y cómo describir a las personas.

El saludo

Para saludar a la gente basta con un simple **hola, bon dia!**, pero también puedes escoger expresiones más concretas según la ocasión:

» **Hola!** (*o*-la; hola). Usa esta expresión cuando quieras saludar a alguien de manera familiar.

» **Bon dia!** (bon *di*-a; ¡buenos días!) o **bon dia i bona hora!** (bon *di*-a i *bo*-*no*-ra; ¡buenos días y buena hora!) Usa esta expresión durante todo el día, pero especialmente por la mañana.

- **Bona tarda!** (*bo*-na *tar*-da; ¡buenas tardes!) Usa esta expresión desde el mediodía (preferiblemente a partir de las 14:00) hasta las 19:00.
- **Bon vespre!** (bon *ves*-pre; ¡buenas tardes! o ¡buenas noches!) Usa esta expresión desde las 19:00 hasta las 22:00).
- **Bona nit!** (*bo*-na *nit*; ¡buenas noches!) Puedes usar esta expresión desde las 22:00 hasta las 02:00 de la madrugada.

FRASES HECHAS

- **Salut i peles!** (sa-*lut* i *pe*-les; ¡salud y pesetas!) Esta es una manera muy familiar de saludarse, con una buena dosis de humor. La palabra **pela** o su plural **peles** es el nombre con que popularmente se conocían las antiguas pesetas, antes de implantarse el euro en Europa.

Cuando es hora de despedirte, en catalán existen muchas maneras de acabar con una conversación. Fíjate en los siguientes ejemplos:

- **Adéu!** (a-*deu*; ¡adiós!) Usa siempre esta expresión para despedirte, especialmente de una persona a quien tratas de tú.
- **Adéu-siau!** (a-*deu* si-*au*; adiós, ¡vaya con Dios!) Usa esta expresión para despedirte, especialmente de una persona que trates de usted o de dos personas o más que trates de tú.
- **Passi-ho bé!** (*pa*-siu *be*; ¡que usted lo pase bien!) Esta expresión se utiliza para despedirse de alguien, pero con un poco más de cortesía.
- **Fins ara!** (fins *a*-ra; hasta ahora) Para despedirte de alguien a quien vas a volver a ver pronto. Expresión muy popular y corriente.
- **Fins demà!** (fins de-*ma*; ¡hasta mañana!) Otra expresión popular para despedirte de los amigos, los compañeros del trabajo... a los que verás prontamente.
- **A reveure!** (a rre-*veu*-re; ¡hasta la vista!, ¡hasta más ver!) Usa esta fórmula de despedida cuando te separes por poco tiempo de una persona.
- **Bon cap de setmana!** (bon cap de sem-*ma*-na; ¡buen fin de semana!) Esta expresión se utiliza para desear un buen fin de semana cuando te despides un viernes de alguien a quien no volverás a ver hasta la próxima semana.

Hablando se entiende la gente

ESCUCHA

Aquí tienes un ejemplo de saludos y despedidas entre dos personas. Juan va a salir un viernes de su oficina y a la salida cruza unas palabras con Arturo, el recepcionista.

Joan:	**Hola!** (*o*-la; ¡hola!)
Artur:	**Hola, bon vespre!** (*o*-la bon *ves*-pre; ¡hola, buenas tardes!)
Joan:	**Què tal?** (que tal; ¿qué tal?)
Artur:	**Bé, i vostè?** (be i vus-*te*; bien, ¿y usted?)
Joan:	**Molt bé, gràcies. Com sempre** (mol be *gra*-si-es com *sem*-pre; muy bien, gracias. Como siempre).
Artur:	**Fins demà, doncs** (fins de-*ma* dons; hasta mañana, pues).
Joan:	**No, fins dilluns, que demà és festa!** (no fins di-*lluns* que de-*ma* es *fes*-ta; no, hasta el lunes, que mañana es festivo).
Artur:	**És veritat! Fins dilluns!** (es ve-ri-*tat* fins di-*lluns*; ¡es verdad! ¡Hasta el lunes!)
Joan:	**Bon cap de setmana!** (bon cap de sem-*ma*-na; ¡buen fin de semana!)
Artur:	**Adéu-siau!** (a-*deu* si-*au*; ¡vaya con Dios!)

Cómo presentarse

Es muy importante que sepas lo que debes decir para preguntar el nombre de alguien y presentarte a ti mismo. Conocer a la gente es la manera más práctica y divertida de practicar el catalán. En este apartado te presento las fórmulas y expresiones más usuales para hacer las presentaciones.

Presentarse uno mismo

La mejor manera de lanzarse a hablar en catalán consiste en dirigirse a los demás y presentarse uno mismo. Imagínate que te encuentras en una recepción, en una fiesta, en una reunión importante o... en cualquier parte: acércate a las personas y diles cómo te llamas y quién eres. A continuación te presento dos maneras de hacerlo:

» **Hola, em dic Mireia** (*o*-la em dic mi-*re*-ia; hola, me llamo Mireya).

» **Hola, sóc la Mireia** (*o*-la soc la mi-*re*-ia; hola, soy Mireya).

El interlocutor te responderá con su nombre, pero si no lo hiciera, puedes añadir a tu presentación: **Com et dius?** (com et dius; ¿cómo te llamas?), **Qui ets tu?** (qui ets tu; ¿tú quién eres?). O si lo tratas de usted, puedes decir: **Com es diu, vostè?** (com es diu vus-*te*; ¿cómo se llama usted?)

Una presentación un poco más completa, indicando además de dónde eres, dónde vives y la edad que tienes, podría hacerse así:

» **Em dic Ferran. Sóc de Vilanova i visc a Barcelona, al carrer València, número 48. Tinc 25 anys** (em dic fe-*rran* soc de vi-la-*no*-va i visc a bar-se-*lo*-na al ca-*rre* va-*len*-si-a *nu*-me-ru cua-*ran*-ta vuit tinc *vin*-ti-*sinc* añs; me llamo Fernando. Soy de Vilanova y vivo en Barcelona, en la calle Valencia, número 48. Tengo 25 años).

» **Em dic Mercè Vilada. Tinc 32 anys. Sóc de Mallorca i ara visc a Catalunya. El que més m'agrada és viatjar. I tu, d'on ets?** (em dic mer-*se* vi-*la*-da tinc *tren*-ta dos añs soc de ma-*llor*-ca *ia*-ra visc a ca-ta-*lu*-ña el que mes ma-*gra*-da es vi-a-*cha* i tu don ets; me llamo Mercedes Vilada. Tengo 32 años. Soy de Mallorca, pero ahora vivo en Cataluña. Lo que más me gusta es viajar. Y tú, ¿de dónde eres?)

Cómo presentar a los demás

A veces es necesario presentar otras personas a los amigos o los compañeros de la oficina. La tabla 3-1 y las siguientes fórmulas te servirán de modelo:

» **Ella és la Lola / aquest és l'Ernest** (*e*-lla es la *lo*-la / a-*quet* es ler-*nest*; ella se llama Lola / este es Ernesto).

» **Aquell noi és en Bernat / aquestes noies són la Judit i la Susanna** (a-*quey* noi es en ber-*nat* / a-*ques*-tes *no*-ies son la ju-*dit* i la su-*san*-na; aquel chico se llama Bernat / estas chicas se llaman Judit y Susana).

» **Et presento l'August, és un bon amic / Et presento la Laia, és una antiga companya de l'escola** (et pre-*sen*-tu lau-*gust* es un bon a-*mic* / et pre-*sen*-tu la *la*-ia es *u*-nan-*ti*-ga a-*mi*-ga da les-*co*-la; te presento a Augusto, es un buen amigo / te presento a Laia, es una antigua compañera del colegio).

TABLA 3-1

Algunos verbos para presentarse y presentar a los demás (en presente)

Pronombre	ser	dir-se (llamarse)	viure (vivir)	tenir (tener)
jo	**sóc** (soc; soy)	**em dic** (em dic; me llamo)	**visc** (visc; vivo)	**tinc** (tinc; tengo)
tu	**ets** (ets; eres)	**et dius** (et dius; te llamas)	**vius** (vius; vives)	**tens** (tens; tienes)
ell / ella / vostè	**és** (es; es)	**es diu** (es diu; se llama)	**viu** (viu; vive)	**té** (te; tiene)
nosaltres	**som** (som; somos)	**ens diem** (ens diem; nos llamamos)	**vivim** (vi-*vim*; vivimos)	**tenim** (te-*nim*; tenemos)
vosaltres	**sou** (sou; sois)	**us dieu** (us di-*eu*; os llamáis)	**viviu** (vi-*viu*; vivís)	**teniu** (te-*niu*; tenéis)
ells / elles / vostès	**són** (son; son)	**es diuen** (es *di*-uen; se llaman)	**viuen** (*vi*-uen; viven)	**tenen** (*te*-nen; tienen)

GRAMÁTICA

Los *demostrativos* son pronombres que introducen distinciones basadas en la proximidad o lejanía respecto al espacio o el tiempo de los hablantes. Te serán imprescindibles para las presentaciones. La tabla 3-2 te los presenta:

TABLA 3-2 **Los pronombres demostrativos**

De proximidad	De lejanía
aquest (a-*quet*; este)	**aquell** (a-*quey*; aquel)
aquesta (a-*ques*-ta; esta)	**aquella** (a-*que*-lla; aquella)
aquests (a-*quets*; estos)	**aquells** (a- *queys*; aquellos)
aquestes (a-*ques*-tes; estas)	**aquelles** (a-*que*-lles; aquellas)
això (a-*sho*; esto)	**allò** (a-*llò*; eso)

Pero si la situación requiere una presentación más formal, puedes utilizar esta frase:

» **M'agradaria presentar-te el senyor Pons, és el cap del Departament de Finances** (ma-gra-da-*ri*-a pre-sen-*tar*-te el se-*ño* pons es el cap del de-par-ta-*men* de fi-*nan*-ses; me gustaría presentarte al señor Pons, es el jefe del Departamento de Finanzas).

» **No sé si coneixes la senyora Ribot, és la presidenta de l'Associació de Veïns** (no se si cu-*ne*-shes la se-*ño*-ra ri-bot es la pre-si-*den*-ta de la-su-si-a-si-*o* de ve-*ins*; ¿conoces a la señora Ribot? Es la presidenta de la Asociación de Vecinos).

Para responder cuando te han presentado a alguien puedes decir **encantat / encantada** (en-can-*tat* / en- can-*ta*-da; encantado / encantada), **molt de gust** (mol de gus; mucho gusto) o simplemente, **igualment** (i-*gual*-men; igualmente).

RECUERDA

También puede ser útil usar la expresión **M'ho pots repetir, sisplau?** (mu pots re-pe-*ti* sis-*plau*; por favor, ¿me lo puedes repetir?), sobre todo si no has entendido muy bien lo que acaban de decirte. No importa pedir que te repitan algo, seguro que así ya no se te olvidará.

Practica un poco con los ejemplos de las siguientes situaciones:

a)

ESCUCHA

—**Hola, em dic Pere Estruch** (*o*-la em dic *pe*-res-*truc*; hola, me llamo Pedro Estruch).

—**Molt de gust! Jo sóc la Carmina Domènec i aquesta és la meva filla i es diu Cristina** (mol de gus yo soc la car-*mi*-na du-*me*-nec ia- *ques*-ta es la *me*-va *fi*-lla ies diu cris-*ti*-na; ¡mucho gusto! Yo me llamo Carmina Domènec y esta es mi hija, que se llama Cristina).

—Ei! Josep! Coneixes el Pere i el Florenci? (ei yu-*sep* cu-*ne*-shes el *pe*-re iel flu-*ren*-si; ¡hola, José! ¿Conoces a Pedro y a Florencio?)

b)

—Hola! Tu deus ser la Maria, oi? Et presento la Joana i l'August (*o*-la tu deus se la ma-*ri*-a oi et pre-*sen*-tu la yu-*a*-na i lau-*gust*; ¡hola! ¿Tú eres María, verdad? Te presento a Juana y a Augusto).

—Ah! Encantada! Jo em dic Julieta i aquest d'aquí és en Tomeu (a en-can-*ta*-da yom *dic* yu-li-*e*-ta ia-*quet* da-*qui* es en tu-*meu*; ¡ah! ¡Encantada! Yo me llamo Julieta y este de aquí es Tomeo).

—Molt de gust! (mol de *gust*; mucho gusto).

—Igualment! (i-gual-*men*; ¡igualmente!)

c)

—Bon dia, Neus! (bon *di*-a neus; ¡buenos días, Nieves!)

—Hola, Josep! Coneixes la Joana? (*o*-la yu-*sep* cu-*ne*-shes la yu-*a*-na; ¡hola, José! ¿Conoces a Juana?)

—Doncs no! Molt de gust, Joana. Jo em dic Josep i sóc un company de feina de la Neus (dons no mol de gust yu-*a*-na jom dic yu-*sep* i soc un cum-*pañ* de *fei*-na de la neus; ¡pues no! Mucho gusto, Juana. Me llamo José y soy compañero de trabajo de Nieves).

LOS NOMBRES DE PERSONA

GRAMÁTICA

Ten en cuenta que en catalán se debe utilizar el artículo delante de los nombres de persona (excepto cuando llamas la atención a alguien utilizando su nombre, o bien cuando el nombre de la persona va detrás del verbo **dir-se** (llamarse): **el Pere, la Maria; Pere! Maria!** Los artículos, como ves, son **el** para el masculino y **la** para el femenino; pero si quieres utilizar una expresión mucho más formal puedes decir: **en Bernat, na Carmina**, aunque cada vez más las formas **en / na** para tratar a las personas están cayendo en desuso en el registro oral.

Preguntar quién eres y cómo te llamas

En las presentaciones se suele preguntar o "descubrir" más cosas sobre una persona aparte del nombre, como por ejemplo dónde vive, su dirección o teléfono, su lugar de procedencia y la edad. Observa las siguientes preguntas y respuestas:

Pregunta: **Com et dius?** (com et dius; ¿cómo te llamas?)

Respuesta: **Em dic Maria Vila** (em dic ma-*ri*-a *vi*-la; me llamo María Vila).

Pregunta: **D'on ets?** (don ets; ¿de dónde eres?)

Respuesta: **Sóc de Girona** (soc de yi-*ro*-na; soy de Gerona).

Pregunta: **On vius?** (on vius; ¿dónde vives?)

Respuesta: **Visc a Tarragona, al carrer de la Unió, número 10** (visc a ta-rra-*go*-na al ca-*rre* da la u-ni-*o* *nu*-me-ru deu; vivo en Tarragona, en la calle de la Unión, número 10).

Pregunta: **Quants anys tens?** (quans añs tens; ¿cuántos años tienes?)

Respuesta: **Tinc 19 anys** (tinc di-*nou* añs; tengo 19 años).

Hablando se entiende la gente

ESCUCHA

Imagínate que vas a inscribirte en un gimnasio y te piden tus datos y una fotografía. Evidentemente tendrás que presentarte y responder a todas las preguntas que te hagan.

Secretari: **Hola! Bon dia! Ve per apuntar-se al gimnàs?** (*o*-la bon *di*-a ve per a-pun-*tar*-se al gim-*nas*; ¡hola! Buenos días! ¿Viene a apuntarse al gimnasio?)

Clàudia: **Sí, oi que em puc fer sòcia?** (si, oi quem puc fe *so*-si-a; sí, ¿me puedo hacer socia, verdad?)

Secretari: **És clar que sí, però ha de portar una fotografia de mida carnet** (es cla que si pe-*ro* a de pur-*ta* *u*-na fu-tu-gra-*fi*-a de *mi*-da car-*net*; claro que sí, pero tiene que traer una fotografía tamaño carné).

MÁS SOBRE LOS NOMBRES DE PERSONA

GRAMÁTICA

Debes tener en cuenta que los catalanes, además del nombre de pila, poseen dos apellidos: el paterno en primer lugar y después el materno. Por lo tanto, es natural que te pregunten: **Quins són els teus cognoms?** (quins son els teus cuc-*noms*; ¿cuáles son tus apellidos?). A veces los apellidos o los nombres son complicados de escribir, de modo que una de las preguntas frecuentes que te harán para saber cómo se escribe tu nombre es **Com s'escriu?** (com ses-*criu*; ¿cómo se escribe?) o **M'ho pots lletrejar?** (mu pots lle-tre-*ya*; ¿me lo deletreas?).

Generalmente los dos apellidos en catalán se escriben sin conjunción, pero en casos de ambigüedad, y para que no los confundamos con el nombre de pila, pueden separarse mediante la conjunción **i** (y):

- **Jesús Llebaria Estapé.**
- **Joan Pere i Llebot** (donde se entiende que aquí **Pere** [Pedro], que podría corresponder al nombre compuesto **Joan Pere** [Juan Pedro], en este caso es un apellido).

Clàudia: **Sí, miri: aquí en porto una** (si *mi*-ri a-*qui* en *por*-tu *u*-na; sí, mire: aquí llevo una).

Secretari: **Molt bé, perfecte. El seu nom?** (mol be per-*fec*-te el seu nom; muy bien, perfecto. ¿Su nombre?)

Clàudia: **Clàudia** (*clau*-di-a; Claudia).

Secretari: **I els cognoms?** (i els cuc-*noms*; ¿y los apellidos?)

Clàudia: **Puigdevall Miró** (puch-de-*vall* mi-*ro*; Puigdevall Miró).

Secretari: **Com s'escriu? M'ho pot lletrejar?** (com ses-*criu* mu pot lle-tre-*ya*; ¿cómo se escribe? ¿Me lo puede deletrear?)

Clàudia: **p-u-i-g-d-e-v-a-ll. Vol veure el meu carnet d'identitat?** (pe u i ye de e ve *ba*-sha a *e*-lla; vol *veu*-re el meu car-*net* di-den-ti-*tat*; pe-u-i-ge-de-e-uve a elle. ¿Quiere ver mi carné de identidad?)

Secretari: **Sí, sisplau. Té telèfon?** (si sis-*plau* te te-*le*-fun; sí, por favor. ¿Tiene teléfono?)

Clàudia: **Només tinc un mòbil, és el 657 238 741** (nu-*mes* tinc un *mo*-bil es el sis sinc set dos tres buit set *cua*-tre u; solamente tengo móvil, es el 657 238 741).

Secretari: **On viu?** (on viu; ¿dónde vive?)

Clàudia: **Visc a la plaça del Pi, número 3, primer 2a** (visc a la *pla*-sa del pi *nu*-me-ru tres, pri-*me* se-*go*-na; vivo en la plaza del Pi, número 3, primero 2.ª).

Secretari: **Molt bé, ja tinc totes les dades que necessitava. Pot venir quan vulgui a gaudir de les nostres instal·lacions** (mol be ja tinc *to*-tes les *da*-des que ne-se-si-*ta*-va pot ve-*ni* quan *vul*-gui a gau-*di* de les *nos*-tres ins-tal-la-si-*ons*; muy bien, ya tengo todos los datos que necesitaba. Puede venir cuando quiera a disfrutar de nuestras instalaciones).

Clàudia: **Moltes gràcies. Puc entrar ara mateix?** (*mol*-tes *gra*-si-es puc en-*tra* *a*-ra ma-*tesh*; muchas gracias. ¿Puedo entrar ahora mismo?)

Secretari: **I tant! Endavant, passi** (i tan en-de-*van*, *pa*-si; ¡pues claro! Adelante, pase).

Pedir disculpas

Cuando hayas practicado algunas presentaciones y empieces a conocer a la gente, a menudo se suelen cometer equivocaciones, sobre todo en situaciones que requieren un grado más alto de formalidad. Entonces hay que aprender a disculparse y a saber rectificar. Si no estamos seguros de saber cómo se llama una persona, una buena manera de romper el hielo es preguntarle directamente: **Disculpi, vostè és**

el senyor Pons? (dis-*cul*-pi vus-*te* es el se-*ño* pons; disculpe, ¿es usted el señor Pons?), y a ver si hay suerte.

—**Bona tarda. Disculpi, vostè és el senyor Pons?** (*bo*-na *tar*-da dis-*cul*-pi, vus-*te* es el se-*ño* pons; buenas tardes, disculpe, ¿es usted el señor Pons?)

—**No, s'equivoca. Jo em dic Alemany. Em sembla que la persona que busca és aquell senyor d'allà** (no se-qui-*vo*-ca yom dic a-le-*mañ* em *sem*-bla que la per-*so*-na que *bus*-ca es a-*que*-lla da-*lla*; no se equivoca. Yo me llamo Alemany. Me parece que la persona que busca es aquella de allá).

—**Perdoni, l'havia confós** (per-*do*-ni la-*bi*-a cum-*fos*; perdone, lo había confundido).

—**No es preocupi, no passa res** (nos pre-u-*cu*-pi no *pa*-sa res; no se preocupe, no pasa nada).

Dar las gracias

Cuando queremos manifestar agradecimiento a alguien podemos utilizar las siguientes expresiones:

» **gràcies!** (*gra*-si-es; ¡gracias!)

» **moltes gràcies!** (*mol*-tes *gra*-si-es; ¡muchas gracias!)

» **gràcies per** (*gra*-si-es per; gracias por)

Si te encuentras con un amigo al que hace tiempo que no ves, es muy probable que se interese por ti y te pregunte cómo te va la vida, por tu familia... Entonces puedes decirle: **gràcies pel teu interès** (*gra*-si-es pel teu in-te-*res*; gracias por tu interés).

Para responder cuando te den las gracias, con el fin de quitarle valor a la cosa, debes decir:

» **de res** (de res; de nada)

» **no es mereixen** (nos me-*re*-shen; no se merecen)

» **gràcies a tu / a vosaltres** (*gra*-si-es a tu / a vu-*sal*-tres; gracias a ti / a vosotros)

Cortesía y bien hablar, cien puertas nos abrirán

¿Tú o usted?

Al igual que en castellano, en catalán también existen dos modos de preguntar cómo se llama alguien, o simplemente de preguntarle cualquier cosa a un desconocido. Me refiero a que según el grado de formalidad que tengamos con el interlocutor podemos tratarle de tú o de usted, y para ello será necesario utilizar pronombres distintos. Por lo tanto tenemos:

- **Com et dius, tu?** (com et dius tu; ¿cómo te llamas tú?)
- **Em dic Gemma** (em dic *yem*-ma; me llamo Gema).
- **Com es diu, vostè?** (com es diu vus-*te*; ¿cómo se llama usted?)
- **Sóc el senyor Bertran** (soc el se-*ño* ber-*tran*; soy el señor Bertran).

GRAMÁTICA

La tabla 3-3 te presenta los pronombres átonos del ejemplo anterior y los más usuales en otras situaciones similares. En el capítulo 4 encontrarás más información sobre estos pronombres.

TABLA 3-3 **Los pronombres átonos et, es, us, es, li**

Pronombre	Función	Ejemplo
et	2.ª persona del singular, para uso informal "tú"	**Com et trobes?** (*com* et *tro*-bes; ¿cómo te encuentras?)
es	3.ª persona del singular, para uso formal "usted"	**Com es troba?** (*com* es *tro*-ba; ¿cómo se encuentra usted?)
us	2.ª persona del plural, para uso informal "vosotros"	**Com us trobeu?** (*com* us tru-*beu*; ¿cómo os encontráis?)
es	3.ª persona del plural, para uso formal "usted"	**Com es troben?** (*com* es *tro*-ben; ¿cómo se encuentran ustedes?)
li	3.ª persona del singular, para uso formal "usted"	**Li agrada, el teatre?** (li a-*gra*-da el te-*a*-tre; ¿le gusta a usted el teatro?)

Algunas buenas palabras

Para expresarse con buenas palabras y conquistar el mundo, no hay nada mejor que aprender unas sencillas expresiones. Con ellas quedarás de fábula con los demás y les demostrarás tu dominio del catalán. Aquí te muestro algunas de ellas:

- **Et fa res que...?** (et fa res que; ¿te importaría...?) Úsala para preguntarle cortésmente a alguien una cosa. Ejemplo: **Et fa res d'esperar-me cinc minuts?** (et fa *res* des-pe-*rar*-me sinc mi-*nuts*; ¿te importaría esperarme cinco minutos?)
- **Em permet?** (em per-*met*; ¿me permite?) Usa esta frase para pedir hacer algo, para pedir el paso, etc.
- **Només faltaria!** (nu-*més* fal-ta-*ri*-a; ¡no faltaba más!) Esto responde a la fórmula anterior para manifestar la disposición favorable al cumplimiento de lo que se ha requerido.
- **Li molesta que fumi?** (li mu-*les*-ta que *fu*-mi; ¿le molesta si fumo?) ¡No utilices jamás esta frase! Lo mejor para ser realmente cortés es no fumar.
- **Quin greu que em sap!** (quin greu quem sap; ¡me sabe mal, lo siento mucho!) Oración utilizada para demostrar la pena y el disgusto.
- **Dispensa!** (dis-*pen*-sa; perdona). Utilizado como fórmula de cortesía para excusarse de una falta, molestia, etc. Ejemplo: **Dispenseu, però me n'haig d'anar** (dis-pen-*seu* pe-*ro* me nach da-*na*; perdonad, pero tengo que marcharme).

En una comida, entre los comensales, puedes usar oraciones para pedir algo de la mesa o para expresar tus gustos y preferencias:

- **M'agrada molt** (ma-*gra*-da mol; me gusta mucho).
- **No m'agrada gaire** (no ma-*gra*-da *gai*-re; no me gusta mucho).
- **M'estimo més el cafè que el te** (mes-*ti*-mu mes el ca-*fe* quel *te*; me gusta más el café que el té).
- **Em passes la sal, sisplau?** (em *pas*-ses la *sal* sis-*plau*; ¿puedes pasarme la sal, por favor?)
- **Que vagi de gust!** (que *va*-yi de gust; ¡que aproveche!)

FRASES HECHAS

SALUT I PER MOLTS ANYS!

En un brindis se suelen pronunciar unas palabras de saludo al tiempo que se entrechocan las copas. La palabra mágica es **Salut!** (sa-lut; ¡salud!); pero más frecuentemente, si se trata de una celebración, se dice: **Per molts anys!** (per mols añs; que no puedes traducir literalmente "por muchos años", sino "¡felicidades!"). Tanto si alguien celebra su santo como su cumpleaños, o si ha aprobado un examen muy difícil, felicítale diciendo **Per molts anys!**

Si alguien estornuda lo más habitual es decir **Jesús!** (ye-*sus*), aunque otro augurio corriente es, otra vez, **Salut!**

Cómo describir a las personas

Supongamos que eres comercial de ventas y has quedado en encontrarte en el aeropuerto con tu nuevo cliente, a quien todavía no conoces, y tienes que explicarle cómo puede identificarte. O mejor aún: tienes que describir a tu novio o novia. Por eso es necesario conocer algunas palabras claves.

De la cabeza a los pies

Es necesario saber describir una persona: su estatura, el color de su pelo, sus ojos, su constitución. Estos grupos de contrarios te van a ser útiles para describir a la gente y a ti mismo de forma general:

» **alt / baix** (al / bash; alto / bajo)

» **gran / jove** (gran / *yo*-ve; mayor / joven)

» **gros / petit** (gros / pe-*tit*; grande / pequeño)

» **lleig / maco** (llech / *ma*-cu; feo / guapo)

» **prim / gras** (prim / gras; delgado / gordo)

GRAMÁTICA

Ahora puedes hacer comparaciones: **En Jordi és més alt que l'Ernest** (en *yor*-di es mes al que ler-*nest*; Jorge es más alto que Ernesto).

Recuerda las fórmulas de comparación que te presenta la tabla 3-4.

TABLA 3-4 **Las comparaciones**

Fórmula	Función
més... que (mes... que; más... que)	superioridad
menys... que (meñs... que; menos... que)	inferioridad
igual... que (i-*gual*... que; igual... que)	igualdad
tan... com (tan... com; tan... como)	igualdad

Las palabras que aparecen en las figuras 3-1a y 3-1b te ayudarán a identificar el cuerpo humano.

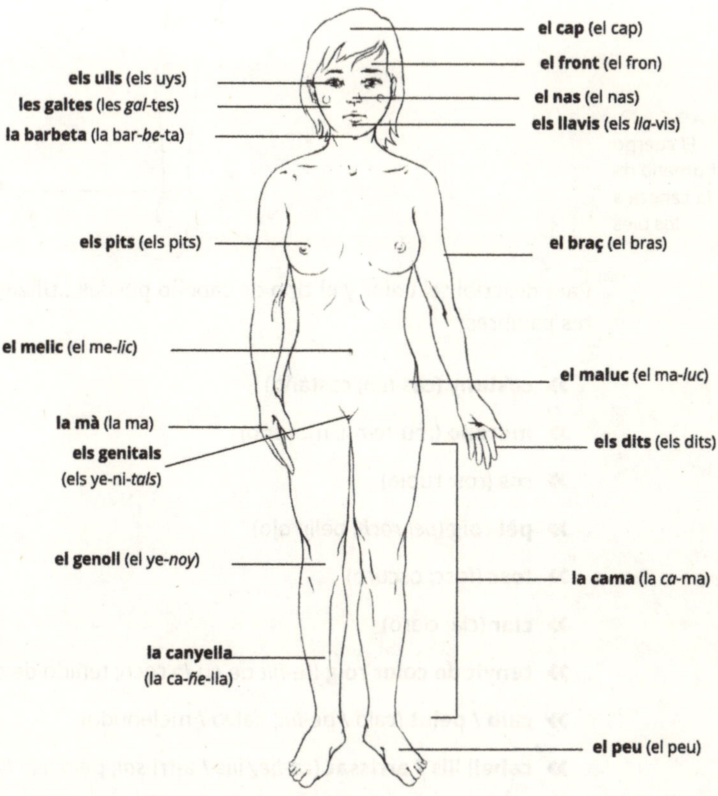

FIGURA 3-1A: El cuerpo humano de la cabeza a los pies

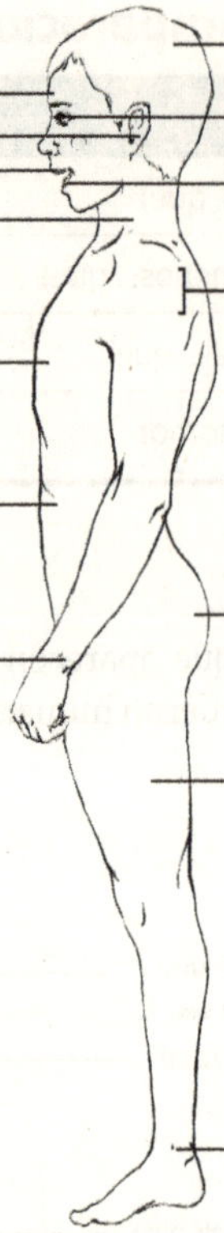

FIGURA 3-1B: El cuerpo humano de la cabeza a los pies

Para describir el color y el tipo de cabello puedes utilizar las siguientes palabras:

- **castany** (cas-*tañ*; castaño)
- **moreno** (mu-*re*-nu; moreno)
- **ros** (ros; rubio)
- **pèl-roig** (*pel-roch*; pelirrojo)
- **fosc** (fosc; oscuro)
- **clar** (cla; claro)
- **tenyit de color roig** (te-*ñit* de cu-*lo* roch; teñido de color rojo)
- **calb / pelut** (calp / pe-*lut*; calvo / melenudo)
- **cabell llis / arrissat** (ca-*bey* llis / a-rri-*sat*; pelo liso / con rizos)
- **cabell llarg / cabell curt** (ca-*bey* llarc / ca-*bey* curt; pelo corto / pelo largo)
- **amb serrell** (am se-*rrey*; con flequillo)

Los ojos de una persona pueden ser:

» **foscos** (*fos*-cus; oscuros)

» **marrons** (ma-*rrons*; marrones)

» **grisos** (*gri*-sus; grises)

» **blaus** (blaus; azules)

» **verds** (verts; verdes)

Las siguientes palabras sirven para describir las características peculiares que puede tener una persona:

» **pigat** (pi-*gat*; con pecas)

» **atractiu** (a-trac-*tiu*; atractivo)

» **repel·lent** (re-pel-*len*; repelente)

» **amb barba** (am *bar*-ba; con barba)

» **amb bigoti** (am bi-*go*-ti; con bigote)

» **amb trena** (am *tre*-na; con trenza o coleta)

» **amb ulleres** (am bu-*lle*-res; con gafas)

» **amb un anell** (am bun a-*ney*; con un anillo)

» **amb un collaret** (am bun cu-lla-*ret*; con un collar)

» **amb arracades** (am ba-rra-*ca*-des; con pendientes)

Descríbete a ti mismo

Fíjate en estos ejemplos que te muestro a continuación, y luego practica contigo mismo.

Ferran: **Sóc alt, moreno i faig 1,80** (soc al mu-*re*-nu i fach u vui-*tan*-ta; soy alto, moreno, de 1,80).

Judit: **Sóc rossa, més aviat baixa, i no gaire prima** (soc *ro*-sa mes a-vi-*at ba*-sha i no *gai*-re *pri*-ma; soy rubia, más bien baja y no muy delgada).

Albert: **Tinc els cabells arrissats, sóc pèl-roig, d'ulls petits, nas recte i la boca grossa. Sóc alt i peso 80 kg** (tinc els ca-*beys* a-rri-*sats* soc *pel*-*roch* dulls pe-*tits* nas *rec*-te i la *bo*-ca *gro*-sa soc al i *pe*-su vui-*tan*-ta *qui*-lus; tengo el cabello rizado, soy pelirrojo, de ojos pequeños, nariz recta y boca grande. Soy alto y peso 80 kg).

Palabras para recordar

hola, em dic Ferran	*ho*-la em dic fe-*rran*	hola, soy Fernando
tinc 25 anys	tinc vin-ti-*sinc* añs	tengo 25 años
visc a Barcelona	visc a bar-se-*lo*-na	vivo en Barcelona
et presento l'August	el pre-*sen*-tu lau-*gust*	te presento a Augusto
molt de gust	mol de gust	mucho gusto
com et dius, tu?	com et dius tu	¿cómo te llamas tú?

Juegos y ejercicios divertidos

Ha llegado el momento de poner en práctica todas las palabras, expresiones y frases que has aprendido. Completa los espacios vacíos con las palabras que se utilizan al conocer, saludar o describir a la gente.

(1) —Hola! Jo .... Lluís.

(2) —Molt de gust! Jo .... i aquest .... Andreu.

(3) —Hola! Tu .... la Maria, oi? Et .... el Marc i la Gemma.

(4) —Ah! Encantada! Jo .... Lídia i aquest és .... Josep.

(5) —Quants anys ....?

(6) —Jo .... 57 i la Teresa .... 54 anys.

(7) —D'on ....?

(8) .... de Vilafranca.

EN ESTE CAPÍTULO

- **Algunas frases de uso corriente**
- **El tiempo y las horas**
- **Pequeñas indicaciones**
- **Conversación telefónica**

Capítulo 4
Para cortar el hielo

CULTURA GENERAL

Según decía el historiador Jaume Vicens i Vives, los catalanes poseen un gran sentido social y una gran voluntad de ser; lo cual también nos indica que son grandes conversadores. Ciertamente, a los catalanes nos gusta charlar, charlar de cualquier cosa, hacer toda clase de comentarios. En general, puede decirse que somos personas muy conversadoras y amistosas.

Por eso, pronto te darás cuenta de que charlar es una manera fabulosa para aprender nuevas expresiones y palabras. Dicho de otro modo: aprenderás a hablar catalán y al mismo tiempo te enterarás de muchas cosas interesantes acerca de la gente, la historia y la cultura catalanas. Y eso, como verás, cuesta muy poco.

Ésta es una unidad en la que puedes conocer las frases del catalán más corrientes y útiles. Las que conviene que no olvides y uses siempre en tus conversaciones. Estudiarás de un modo divertido los temas típicos de los diálogos cotidianos (el clima, las estaciones, la hora, etc.) y también te ejercitarás en dar sencillas indicaciones. Además, empezaremos una conversación telefónica. Palabras, palabras, palabras, solamente palabras, pero... ¡que dicen tanto!

Lo más oído: frases de uso corriente

Después de las presentaciones del capítulo 3 tienes que animarte a continuar la conversación con preguntas sencillas. A continuación te muestro algunos ejemplos (tal vez reconocerás ya algunas preguntas):

- **Com et dius?** (com et dius; ¿cómo te llamas?)
- **Com estàs?** (com es-*tas*; ¿cómo estás?)
- **D'on és vostè?** (don es vus-*te*; ¿de dónde es, usted?)
- **A què et dediques?** (a quet de-*di*-ques; ¿a qué te dedicas?)

Cuando ganes amigos, ya puedes preguntar:

- **Quants anys tens?** (quans añs tens; ¿cuántos años tienes?)
- **Estàs casat o ets solter?** (es-*tas* ca-*sat* o ets sul-*te*; ¿estás casado o soltero?)
- **Tens fills?** (tens fiys; ¿tienes hijos?)

Las preguntas siguientes te serán útiles para hablar con los demás y al mismo tiempo obtener información útil:

- **On puc canviar moneda, sisplau?** (on puc can-vi-*a* mu-*ne*-da sis-*plau*; ¿dónde puedo cambiar moneda, por favor?)
- **Pot indicar-me on és el banc més proper?** (pot in-di-*car*-me on es el banc mes pru-*pe*; ¿puede indicarme dónde está el banco más cercano?)
- **És a prop d'aquí l'oficina d'informació?** (es a prop da-*qui* lu-fi-*si*-na din-fur-ma-si-*o*; ¿está cerca de aquí la oficina de información?)
- **Per anar a l'estació de metro més propera, sisplau?** (per a-*na* a les-ta-si-*o* de *me*-tru mes pru-*pe*-ra sis-*plau*; ¿para ir a la estación de metro más cercana, por favor?)

Las siguientes expresiones te ayudarán a mantener viva la conversación, sobre todo si necesitas que te repitan lo que te acaban de decir:

- **No ho entenc. M'ho pot repetir, sisplau?** (nou en-*tenc* mu pot re-pe-*ti* sis-*plau*; no lo entiendo. ¿Me lo puede repetir, por favor?)

» **Perdoni, què ha dit?** (per-*do*-ni, que a dit; disculpe, ¿qué ha dicho?)

» **Com?** (com; ¿cómo dice?)

VERBOS

Observa la conjugación del verbo **entendre** (entender) en la tabla 4-1:

TABLA 4-1 **El verbo *entendre***

Pronombre	Presente
jo	**entenc** (en-*tenc*; entiendo)
tu	**entens** (en-*tens*; entiendes)
ell / ella / vostè	**entén** (en-*ten*; entiende)
nosaltres	**entenem** (en-te-*nem*; entendemos)
vosaltres	**enteneu** (en-te-*neu*; entendéis)
ells / elles / vostès	**entenen** (en-*te*-nen; entienden)

Frases cordiales para dirigirse a un desconocido

Para dirigirte a un desconocido y preguntarle una dirección, un dato, cualquier cosa, debes aprender algunas fórmulas universales de cortesía, como **sisplau**, **gràcies** y **perdoni**.

Esta debe ser tu tarjeta de entrada, pero además es muy conveniente que trates a los demás de usted (**vostè**) para dirigirles preguntas. Otra cosa es cuando ya entables amistad o tengas una relación de confianza con el hablante.

Por lo tanto, debes utilizar los pronombres para el **vostè** (**em**, **li**) y las conjugaciones verbales adecuadas:

» **Em podria dir...?** (em pu-*dri*-a di; ¿me podría decir...?)

» **Li faria res dir-me com...?** (li fa-*ri*-a res *dir*-me com; ¿le importaría decirme cómo...?)

» **Pot indicar-me on és...?** (pot in-di-*car*-me on *es*; ¿puede indicarme dónde está...?)

Hablando se entiende la gente

ESCUCHA

María es una persona muy activa pero últimamente se encuentra muy cansada, de manera que va al médico y este le pregunta por sus hábitos personales.

Doctor: **Treballa gaire?** (tre-*ba*-lla *gai*-re; ¿trabaja mucho?)

Maria: **Molt, em llevo d'hora i treballo tot el dia** (mol em *lle*-vu *do*-ra i tre-*ba*-llu tot el *di*-a; mucho, me levanto temprano y trabajo todo el día).

Doctor: **Fa alguna altra activitat?** (*fal-gu-nal*-tra ac-ti-vi-*tat*; ¿hace alguna otra actividad?)

Maria: **Sí, també faig un curset de català als vespres, tres dies a la setmana** (si tam-*be* fach un cur-*set* de ca-ta-*la* als *ves*-pres tres *di*-es a la sem-*ma*-na; sí, también hago un cursillo de catalán por la tarde, tres días a la semana).

Doctor: **Fuma?** (*fu*-ma; ¿fuma?)

Maria: **Ara gens. Sóc exfumadora** (*a*-ra yens soc *ex*-fu-ma-*do*-ra; ahora no. Soy ex fumadora).

Doctor: **Practica algun esport?** (prac-*ti*-ca al-*gun* es-*port*; ¿practica algún deporte?)

Maria: **Cada dijous vaig a natació i els caps de setmana surto d'excursió a la muntanya** (*ca*-da di-*yous* vach a na-ta-si-*ó* i els caps de sem-*ma*-na *sur*-tu dex-cur-si-*o* a la mun-*ta*-ña; los jueves voy a natación y los fines de semana salgo de excursión a la montaña).

Empezamos hablando del tiempo

El temps (el tems; el tiempo) siempre está en boca de todos, y como quien no quiere la cosa, sirve para iniciar conversaciones informales. Cuando uno no sabe qué decir hace algún comentario sobre el tiempo y las condiciones atmosféricas, de modo que es una buena manera de romper el hielo. **Parlar del temps** (par-*la* del tems; hablar del tiempo) es, pues, una conversación universal, y a los catalanes también les gusta hablar del tiempo siempre que pueden.

Por eso es importante que conozcas las palabras y las frases más usuales relacionadas con el tiempo. Estos son algunos ejemplos que responden a la pregunta **Quin temps fa?** (quin tems fa; ¿qué tiempo hace?), y que se contesta casi siempre empezando con **fa** (fa; hace), del verbo **fer** (fe; hacer):

- » **Fa bon temps** (fa bon tems; hace buen tiempo).
- » **Fa mal temps** (fa mal tems; hace mal tiempo).
- » **Fa calor** (fa ca-*lo*; hace calor).
- » **Fa fred** (fa fret; hace frío).
- » **Fa vent** (fa ven; hace viento).

O bien con estas otras formas verbales:

- » **Està núvol** (es-*ta* *nu*-vul; está nublado).
- » **Neva** (*ne*-va; nieva).
- » **Plou** (plou; llueve).
- » **Hi ha boira** (ia *boi*-ra; hay niebla).

FRASES HECHAS

LLOVER A CÁNTAROS

Plou a bots i barrals (plou a bots i ba-*rrals*; llueve a cántaros) es una expresión muy corriente en catalán, intraducible literalmente (llueven odres y aportaderas), pero que puedes utilizar cuando está lloviendo muy, muy fuerte. Porque si en realidad cayeran del cielo odres (bolsas de cuero que contienen aceite o vino) o aportaderas (recipientes de madera para transportar la uva en la vendimia)... ¡vaya espectáculo!

» **Llampega i trona** (llam-*pe*-ga i *tro*-na; está relampagueando y tronando).

ESCUCHA

He aquí algunas frases que inician la charla sobre el tiempo:

a)

I què, com va per aquí? (i que com va per qui; y qué, ¿cómo va por aquí?)	**Molt bé, ara fa sol** (mol be *a*-ra fa sol; muy bien, hace sol ahora).

b)

Quin temps fa per aquí? (quin tems fa per qui; ¿qué tiempo hace por aquí?)	**Molt bon temps, encara que fa una mica de fresca** (mol bon tems en-*ca*-ra que fa *u*-na *mi*-ca da *fres*-ca; muy buen tiempo, aunque hace un poco de fresco).

c)

Fa calor, avui, eh? (fa ca-*lo* a-*vui* e; hoy hace calor, ¿verdad?)	**I tant! Fa una calor insuportable** (i tan fa *u*-na ca-*lo* in-su-pur-*ta*-bble; ¡pues sí! Hace un calor insoportable).

d)

Quin dia més maco que fa avui, oi? (quin *di*-a mes *ma*-cu que fa a-*vui* oi; qué día más hermoso hace hoy, ¿verdad?)	**Sí, tens raó, fa un sol esplèndid** (sí tens ra-*o* fa un sol es-*plen*-dit; sí, tienes razón, hace un sol espléndido).

El parte meteorológico

Es importante comprender las previsiones meteorológicas para que te hagas una idea del tiempo que hará en los próximos días, sobre todo si te encuentras de vacaciones o estás viviendo en un lugar nuevo para ti. La previsión del tiempo se expresa en futuro, como verás en los ejemplos a continuación y en la tabla 4-2:

» **L'ambient d'estiu continuarà als Països Catalans** (lam-bi-*en* des-*tiu* cun-ti-nu-a-*ra* als pa-*i*-sus ca-ta-*lans*; el ambiente veraniego continuará en los Países Catalanes).

» **La temperatura màxima passarà els 30 graus a l'interior del Principat** (la tem-pe-ra-*tu*-ra *mac*-si-ma pa-sa-*ra* els *tren*-ta graus a lin-te-ri-*or* del prin-si-*pat*; la temperatura máxima sobrepasará los 30 grados en el interior del Principado).

CULTURA GENERAL

LA DESIGNACIÓN GEOGRÁFICA DE LOS PAÍSES CATALANES

Te habrás dado cuenta de que a menudo se habla de los **Països Catalans** (pa-*i*-sus ca-ta-*lans*; Países Catalanes). Es la zona geográfica que comprende la parte oriental de la península ibérica, repartida actualmente en tres estados: el español, el francés y Andorra. Esta demarcación hace referencia al conjunto de tierras que antiguamente tenían como lengua común el catalán, y que luego incorporaron los reinos de Valencia y Mallorca. Históricamente originaron la nación catalana como una confederación de pequeños estados. El **Principat** se refiere exclusivamente al Principado de Cataluña, enclavado actualmente dentro del estado español, es decir, en la actual Cataluña.

» **A la costa, la brisa bufarà amb intensitat moderada** (a la *cos*-ta la *bri*-sa bu-fa-*ra* am in-ten-si-*tat* mu-de-*ra*-da; en la costa, la brisa soplará con intensidad moderada).

» **Demà farà bon temps** (de-*ma* fa-*ra* bon tems; mañana habrá buen tiempo).

También se puede hablar del tiempo en pasado (consulta la tabla 4-2):

» **Ahir va ser el dia més fred d'aquest any** (a-i va se el *di*-a mes fred da-*quest* añ; ayer fue el día más frío de este año).

» **La temperatura màxima no va superar els 8 graus en molts indrets** (la tem-pe-ra-*tu*-ra *mac*-si-ma no va su-pe-*ra* els vuit graus en mols in-*drets*; la temperatura máxima no superó los 8 grados en muchos lugares).

» **El dia va ser d'hivern rigorós** (el *di*-a va se di-*vern* ri-gu-*ros*; el día fue de riguroso invierno).

TABLA 4-2 El futuro del verbo *fer* y el pasado del verbo *ser*

Pronombre	Futuro del verbo fer	Pasado del verbo ser
jo	**faré** (fa-*re*; haré)	**vaig ser** (vach se; fui)
tu	**faràs** (fa-*ras*; harás)	**vas ser** (vas se; fuiste)
ell / ella / vostè	**farà** (fa-*ra*; hará)	**va ser** (va se; fue)
nosaltres	**farem** (fa-*rem*; haremos)	**vam ser** (vam se; fuimos)
vosaltres	**fareu** (fa-*reu*; haréis)	**vau ser** (vau se; fuisteis)
ells / elles / vostès	**faran** (fa-*ran*; harán)	**van ser** (van se; fueron)

Las cuatro estaciones y otros tiempos

No, no se trata de la famosa obra de Vivaldi, sino de las **estacions de l'any** (es-ta-si-*ons* de lañ; estaciones del año) que existen en Europa entera.

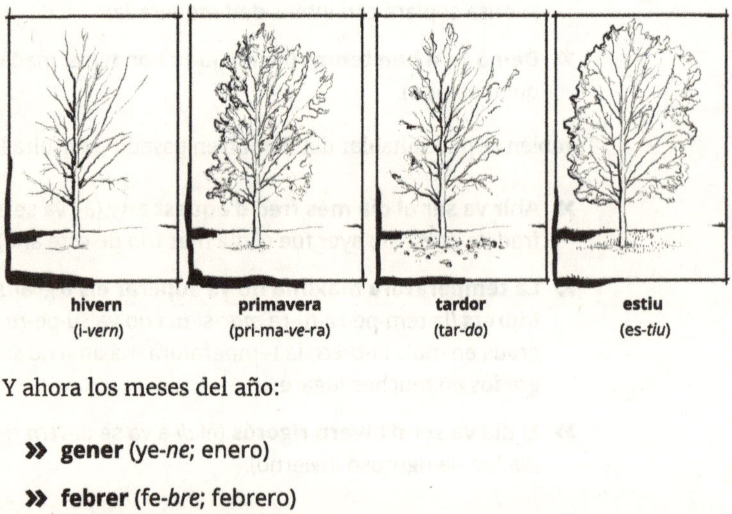

FIGURA 4-1: Las estaciones del año

Y ahora los meses del año:

- **gener** (ye-*ne*; enero)
- **febrer** (fe-*bre*; febrero)
- **març** (mars; marzo)
- **abril** (a-*bril*; abril)
- **maig** (mach; mayo)
- **juny** (yuñ; junio)
- **juliol** (yu-li-*ol*; julio)

- **agost** (a-*gost*; agosto)
- **setembre** (se-*tem*-bre; septiembre)
- **octubre** (uc-*tu*-bre; octubre)
- **novembre** (nu-*vem*-bre; noviembre)
- **desembre** (de-*sem*-bre; diciembre)

Y los días de la semana:

- **dilluns** (di-*lluns*; lunes)
- **dimarts** (di-*mars*; martes)
- **dimecres** (di-*me*-cres; miércoles)
- **dijous** (di-*yous*; jueves)
- **divendres** (di-*ven*-dres; viernes)
- **dissabte** (di-*sap*-te; sábado)
- **diumenge** (diu-*men*-che; domingo)

Hablando se entiende la gente

ESCUCHA

En este momento María está volando en avión hacia Madrid. El vuelo es muy malo a causa del mal tiempo y lo comenta con su vecino de butaca.

Maria: **Com trona i llampega, oi?** (com *tro*-na i llam-*pe*-ga oi; cómo truena y relampaguea, ¿verdad?)

Veí: **Sí, és veritat. A més, està ben negre i ennuvolat el cel** (si es ve-ri-*tat* a mes es-*ta* ben *ne*-gre i en-nu-vu-*lat* el sel; sí, es verdad. Además el cielo está muy negro y nublado).

Maria: **Espero que la tempesta passi aviat** (es-*pe*-ru que la tem-*pes*-ta *pa*-si a-vi-*at*; espero que la tormenta pase pronto).

Veí: **Sí, jo també. No fa gaire gràcia volar amb aquest temps** (si yo tam-*be* no fa *gai*-re *gra*-si-a vu-*la* am ba-*quet* tems; sí, yo también. No es agradable volar con este tiempo).

Maria: **Té raó. A mi les turbulències m'angoixen** (té ra-*o* a mi les tur-bu-*len*-si-es man-*go*-shen; tiene razón. A mí las turbulencias me acongojan).

¿Qué hora es?

En catalán existen varias posibilidades para expresar la hora. **Quina hora és?** (qui-*nor*-*es*; ¿qué hora es?) Para decir las horas justas y su aproximación a un número que no alcance los cuartos horarios se establece esta forma:

- 12:10 → **les dotze i deu** (les *dot*-se i deu; las doce y diez).
- 8:55 → **les nou menys cinc** (les nou meñs sinc; las nueve menos cinco).

En cambio, para indicar las fracciones horarias en cuartos y minutos podemos establecer dos grandes grupos:

a) En Cataluña se hace tomando en cuenta la hora siguiente.

b) En Valencia y las Islas Baleares tienen en cuenta la hora pasada y suman los cuartos y los minutos, igual que en el sistema castellano.

Grupo a:

- les 12:00 → **les dotze** (les *dot*-se)
- les 12:15 → **un quart d'una** (un quart *du*-na)
- les 12:20 → **un quart i cinc d'una** (un quart i sinc *du*-na)
- les 12:30 → **dos quarts d'una** (dos quarts *du*-na)
- les 12:35 → **dos quarts i cinc d'una** (dos quarts i sinc *du*-na)
- les 12:45 → **tres quarts d'una** (tres quarts *du*-na)
- les 12:50 → **tres quarts i cinc d'una** (tres quarts i sinc *du*-na)

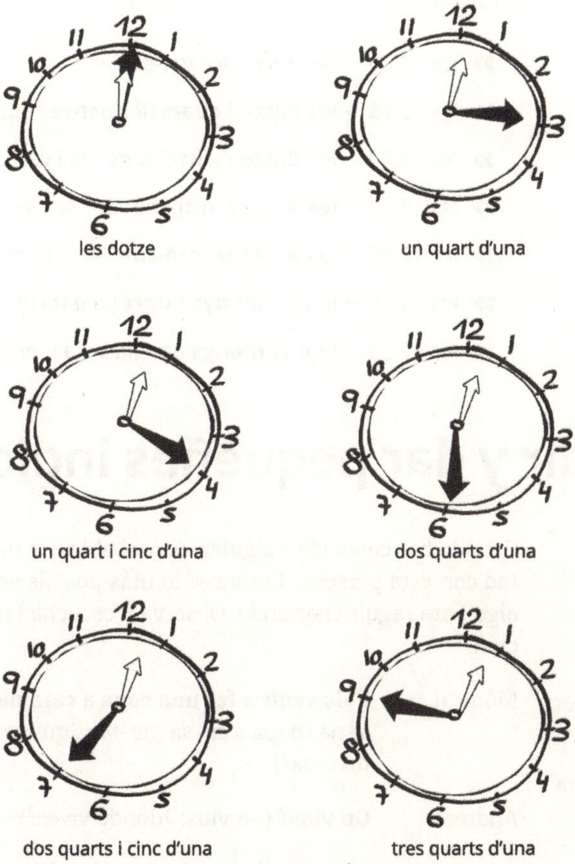

FIGURA 4-2: Cómo decir la hora en Cataluña

MÁS SOBRE LAS HORAS: LA EXPRESIÓN "MIG QUART"

GRAMÁTICA

Para el horario referente al grupo *a*, hay que tener en cuenta que la expresión **mig quart** (mich cuart) se utiliza para indicar aproximadamente el tiempo comprendido entre los minutos 5 y 10 de cada cuarto:

- 12:21-12:24 → **un quart i mig d'una** (un quart i mich *du*-na)
- 12:36-12:39 → **dos quarts i mig d'una** (dos quarts i mich *du*-na)

Grupo b:

- les 12:00 → **les dotze** (les *dot*-se)
- les 12:15 → **les dotze i quart** (les *dot*-se i quart)
- les 12:20 → **les dotze i vint** (les *dot*-se i vin)
- les 12:30 → **les dotze i mitja** (les *dot*-se i *mi*-cha)
- les 12:35 → **les dotze trenta-cinc** (les *dot*-se *tren*-ta sinc)
- les 12:45 → **la una menys quart** (la *u*-na meñs quart)
- les 12:50 → **la una menys** deu (la *u*-na meñs deu)

Pedir y dar pequeñas indicaciones

Cuando has conocido a alguien es probable que desees entablar amistad con esta persona. Entonces lo más posible es que vayáis a tomar algo para seguir charlando. Observa y escucha la siguiente conversación:

ESCUCHA

Mònica: **Vols venir a fer una copa a casa meva?** (vols ve-*ni* a fe *u*-na *co*-pa a *ca*-sa *me*-va; ¿quieres tomar una copa en mi casa?)

Andrea: **On vius?** (on vius; ¿dónde vives?)

Mònica: **No gaire lluny, al carrer Verdi cantonada Astúries. Al costat del forn de pa** (no *gai*-re lluñ al ca-*rre ver*-di can-tu-*na*-da as-*tu*-ri-es al cus-*tat* del forn de pa; no muy lejos, en la calle Verdi esquina con Asturias. Al lado de la panadería).

Andrea: **Ui, no ho conec. Queda a prop alguna parada de metro?** (ui nou cu-*nec que*-da *prop* al-*gu*-na pa-*ra*-da de *me*-tru; uy, no sé dónde está. ¿Queda cerca de alguna parada de metro?)

Mònica: **Tens la parada de metro de Fontana, que surt a Major de Gràcia i Astúries. Has de seguir recte per Astúries fins a arribar a creuar el carrer Verdi i ja has arribat** (tens la pa-*ra*-da de *me*-tru de fun-*ta*-na que surt a ma-*jo* de *gra*-si-a i as-*tu*-ri-es as de se-*gui rec*-te per as-*tu*-rie-es fins a-rri-*ba* a cre-*ua* el ca-*rre ver*-di i yas a-rri-*bat*; tienes la parada de metro de Fontana, que sale a Mayor de Gracia y Asturias. Tienes que seguir recto por Asturias hasta llegar a cruzar la calle Verdi y ya has llegado).

Andrea: **Quin número de telèfon tens?** (quin *nu*-me-ru de te-*le*-fun tens; ¿qué número de teléfono tienes?)

Mònica: **El 933 248 754** (el *nou-sens tren*-ta *tres dos-sens* cua-*ran*-ta-*vuit set-sens* sin-*cuan*-ta *cua*-tre; el novecientos treinta y tres doscientos cuarenta y ocho setecientos cincuenta y cuatro).

¿Dónde está...?

Si te encuentras en un bar o un restaurante, seguro que no podrás evitar hacer la famosa pregunta de **on és el lavabo, sisplau?** (on es el la-*va*-bu sis-*plau*; ¿dónde está el servicio, por favor?). Estas expresiones te ayudarán a encontrar la dirección correcta:

» **al fons a mà esquerra** (al fons a *mas-que*-rra; al fondo a la izquierda).

» **entrant a mà dreta** (en-*tran* a *ma-dre*-ta; entrando a la derecha).

» **sortint a l'esquerra** (sur-*tin* a les-*que*-rra; saliendo a la izquierda).

» **baixant a la dreta** (ba-*shan* a la *dre*-ta; bajando a la derecha)

» **tot dret** (tot dret; derecho, recto).

» **al final del corredor** (al fi-*nal* del cu-rre-*do*; al final del pasillo).

» **a dalt** (a dal; arriba).

» **a baix** (a bash; abajo).

Aquí tienes algunas frases relacionadas con las direcciones:

» **Perdoni, on és...** (per-*do*-ni on es; disculpe, ¿dónde está...)
  - **...l'ascensor?** (las-sen-*so*; el ascensor?)
  - **...el restaurant?** (el res-tau-*ran*; el restaurante?)
  - **...el despatx del director?** (el des-*pach* del di-rec-*to*; el despacho del director?)
  - **...la farmàcia?** (la far-*ma*-si-a; la farmacia?)

- **...la parada de metro?** (la pa-*ra*-da de *me*-tru; la parada del metro?)

Suena el teléfono... ¿diga?

Utilizas a diario **el telèfon** (el te-*le*-fun; el teléfono) o **el mòbil** (el *mo*-bil; el móvil), por lo que es muy conveniente que sepas contestar correctamente en catalán una llamada, o bien realizarla tú mismo o dejar un mensaje de voz.

Cuando el teléfono suena y descuelgas, se pueden decir varias cosas, como **hola** o **sí?** (*o*-la si; hola, ¿sí?); pero lo más formal y corriente es decir **digui?** (*di*-gui; ¿diga?).

GRAMÁTICA

Para telefonear debes tener en cuenta las simples preguntas y respuestas que te presento en la tabla 4-3. Fíjate que siempre se usan los verbos **ser** o **haver**, e interviene el pronombre **hi** para indicar el lugar (en los capítulos 7, 8 y 11 encontrarás más información sobre este pronombre):

TABLA 4-3 Preguntas y respuestas para telefonear

	Ejemplo	Verbos
Para preguntar	**Que hi ha la Maria?** (que ia la ma-*ri*-a; ¿está María [ahí]?)	**Haver-hi**
	Que hi és, l'Ester? (que ies, les-*ter*; ¿está Ester [ahí]?)	**Ser-hi**
Para responder	**No, no hi és** (no, no ies; no, no está [ahí]).	**Ser-hi**
	Sí que hi és (si que ies; sí está [ahí]).	

ESCUCHA

Ahora observa estos ejemplos:

a)

Digui? (*di*-gui; ¿diga?)

Hola! Que hi ha la Maria? (*o*-la que ia la ma-*ri*-a; ¡hola! ¿Está María?)

No, ara no hi és. De part de qui? (no *a*-ra no ies de part de qui; no, no está. ¿De parte de quién?)

Sóc en Lluís Vidal. Ja tornaré a trucar (soc en llu-*is* vi-*dal* ya tur-na-*re* a tru-*ca*; soy Luis Vidal. Ya volveré a llamar).

b)

Digui? (di-*gui*; ¿diga?)

Bona tarda! Que hi ha el Lluís? (*bo*-na *tar*-da que ia el llu-*is*; ¡buenas tardes! ¿Está Luis?)

No, aquí no hi ha cap Lluís (no a-*qui* no ia cap llu-*is*; no aquí no hay ningún Lluís).

Que no és el 937 478 889? (que no es el *nou*-*sens* tren-ta-*set* *cua*-tre-*sens* se-tan-ta-*vuit* *vuit*-*sens* vui-tan-ta-*nou*; ¿no es el 937 478 889?)

No, s'equivoca (no se-qui-*vo*-ca; no, se equivoca).

Perdoni, bona tarda (per-*do*-ni *bo*-na *tar*-da; disculpe, buenas tardes).

c)

Digui? (*di*-gui; ¿diga?)

Que hi és, l'Ester? (que ies les-*ter*; ¿está Ester?)

Sí, un moment, sisplau (si un mu-*men* sis-*plau*; sí, un momento, por favor).

Gràcies (*gra*-si-es; gracias).

A menudo cuando llamas a alguien no se encuentra en su casa. Seguramente oirás algo así:

» **Hola! Ara no som a casa. Si vols, pots deixar un missatge en sentir el senyal, gràcies** (o-la *a*-ra no som a *ca*-sa si vols pots de-*sha* un mi-*sa*-che en sen-*ti* el se-*ñal* *gra*-si-es; ¡hola! Ahora no estamos en casa. Si quieres puedes dejar un mensaje al oír la señal, gracias).

Entonces puedes dejar un mensaje de voz, como te muestro en este ejemplo:

» **Sóc la Raquel, el meu telèfon és el 972 457 854. Sisplau, quan puguis truca'm, gràcies** (soc la ra-*quel* el meu te-*le*-fun es el nou-*sens* se-tan-ta-*dos* qua-tre-*sens* sin-cuan-ta-*set* vuit-*sens* sin-cuan-ta-*cua*-tre sis-*plau* quan *pu*-guis *tru*-cam *gra*-si-es; soy Raquel, mi teléfono es el 972 457 854. Por favor, llámame cuando puedas, gracias).

VERBOS

La tabla 4-4 te muestra los verbos telefónicos junto con los pronombres necesarios (en el capítulo 3 encuentras más información sobre los pronombres):

TABLA 4-4 Verbos y pronombres telefónicos

Verbo	Ejemplo	Pronombre
trucar (tru-*ca*; llamar)	**Li trucaré després** (li tru-ca-*re* des-*pres*; le llamaré luego).	**li** (a él, a ella, a usted)
telefonar (te-le-fu-*na*; telefonear)	**Els telefonaré** (els te-le-fu-na-*re*; les telefonearé).	**els** (a ellos, a ellas, a ustedes)
parlar (par-*la*; hablar)	**Parlar per telèfon** (par-*la* per te-*le*-fun; hablar por teléfono)	

VERBOS

Y ahora tienes los tiempos básicos de los verbos para llamar por teléfono:

TABLA 4-5 Tiempos básicos para llamar por teléfono

Presente	Futuro	Pasado
jo truco (yo *tru*-cu; yo llamo).	**jo trucaré** (yo tru-ca-*re*; yo llamaré).	**jo vaig trucar** (yo vach tru-*ca*; yo llamé).
jo telefono (yo te-le-*fo*-nu; yo telefoneo).	**jo telefonaré** (yo te-le-fu-na-*re*; yo telefonearé).	**jo vaig telefonar** (yo vach te-le-fu-*na*; yo telefoneé).
jo parlo (yo *par*-lu; yo hablo).	**jo parlaré** (yo par-la-*re*; yo hablaré).	**jo vaig parlar** (yo vach par-*la*; yo hablé).

Palabras para recordar

com et dius?	com et dius	¿cómo te llamas?
on puc canviar moneda?	on puc can-vi-*a* mu-*ne*-da	¿dónde puedo cambiar moneda?
perdoni, què ha dit?	per-*do*-ni que a dit	disculpe, ¿qué ha dicho?
pot indicar-me on és...?	pot in-di-*car*-me on es	¿puede indicarme dónde está...?
el meu telèfon es...	el meu te-*le*-fun es...	mi teléfono es...

Juegos y ejercicios divertidos

Ahora eres un meteorólogo y vas a dar la previsión del tiempo rellenando los espacios en blanco de las siguientes oraciones. Por ejemplo: **farà sol a Tarragona.**

núvol

molt ennuvolat

poc ennuvolat

sol

ruixat

pluja

(1) Cel poc .... al centre de Catalunya.

(2) Farà .... al País Valencià.

(3) Al Pirineu ....

(4) A les Illes Balears .... i ....

(5) .... en general a la costa de Llevant.

3

Yo y mi circunstancia

EN ESTA PARTE . . .

Esta parte te proporciona los datos que necesitas para poder presentar a tu familia. Al mismo tiempo, te da toda la información necesaria para poder ir a tus lugares favoritos y describirlos. Además, podrás decir cómo es tu casa por dentro y por fuera, y entablar conversaciones con tus amigos sobre el trabajo o ir de compras en tiendas y mercados. Como tal vez diría el filósofo español José Ortega y Gasset: "tú y tu circunstancia". En otras palabras, lo que está entorno a ti, lo que te rodea... pero sin entrar en detalles de lo remoto y lo espiritual, sino de lo inmediato y lo físico: ¡tu vida!

EN ESTE CAPÍTULO

- Conocerás a los miembros de una familia
- Podrás hacerles las preguntas más habituales
- Podrás presentar a tu familia

Capítulo 5

Patria, familia, amigos... todo mi universo

"¿No tienes patria, familia, amigos?", le decía Gilda a su padre Rigoletto, en la famosísima ópera de Verdi; pero el pobre bufón de Rigoletto se encontraba en un buen apuro al tener que responder semejante pregunta, pues viéndose pobre, solo y marginado por la sociedad, su universo era su única hija y nadie más. No es este tu caso, tú que vives en el mundo real y tu "verdadero universo" lo forman el lugar de donde eres o donde vives, tu familia y tus amigos.

A pesar de que es muy conocido el dicho "Parientes y trastos viejos, pocos y lejos", yo creo que a todos nos gusta hablar de nuestra **família** (fa-*mi*-li-a; familia). Además, preguntando a la gente por su familia también puedes aprender mucho sobre las costumbres y la cultura de los catalanes.

Mi querida familia

Las siguientes parejas te van a ser muy útiles para conocer a los miembros de tu familia más directa:

FIGURA 5-1: Mi querida familia

Y estos son los nombres de los demás parientes:

- **nét** (net; nieto)
- **néta** (*ne*-ta; nieta)
- **oncle** (*on*-cle; tío)
- **tia** (*ti*-a; tía)
- **cosí** (cu-*si*; primo)

- **cosina** (cu-*si*-na; prima)
- **nebot** (ne-*bot*; sobrino)
- **neboda** (ne-*bo*-da; sobrina)
- **sogre** (*so*-gre; suegro)
- **sogra** (*so*-gra; suegra)
- **gendre** (*yen*-dre; yerno)
- **nora** o **jove** (*no*-ra, *jo*-ve; nuera)
- **cunyat** (cu-*ñat*; cuñado)
- **cunyada** (cu-*ña*-da; cuñada)

Denominaciones afectuosas para los más próximos

A menudo al **oncle** se le suele llamar con el diminutivo **tiet** (ti-*et*; tío) y a la tía también con su diminutivo **tieta** (ti-*e*-ta). Asimismo, **pare** y **mare** suelen llamarse con los términos infantiles afectuosos **papa** (*pa*-pa) y **mama** (*ma*-ma), o bien con acentuación castellana: **papà** (pa-*pa*) y **mamà** (ma-*ma*). Por su parte, **els avis** (els *a*-vis; los abuelos) también reciben el nombre de **iaio** / **iaia** (*ia*-iu / *ia*-ia; yayo / yaya).

ESCUCHA

Observa y escucha las frases siguientes; después practica tú mismo tomando de ejemplo a tu familia.

- **El meu pare es diu Andreu i la meva mare es diu Maria** (el meu *pa*-re es diu an-*dreu* i la *me*-va *ma*-re es diu ma-*ri*-a; mi padre se llama Andrés y mi madre se llama María).
- **Les meves germanes es diuen Mercè i Sofia** (les *me*-ves yer-*ma*-nes es *di*-uen mer-*se* i su-*fi*-a; mis hermanas se llaman Mercedes y Sofía).
- **Els meus fills es diuen Pere, Esteve i Judit** (els meus fiys es *di*-uen *pe*-re es-*te*-ve i yu-*dit*; mis hijos se llaman Pedro, Esteban y Judit).
- **La meva dona és la Meritxell** (la *me*-va *do*-na es la me-ri-*chey*; mi mujer se llama Merichell).
- **En Francesc és el nostre nebot** (en fran-*sesc* es el *nos*-tre ne-*bot*; Francisco es nuestro sobrino).

GRAMÁTICA

Los pronombres posesivos te van a ser muy útiles para presentar a tu familia. La tabla 5-1 te los presenta con lujo de detalles.

TABLA 5-1 **Los pronombres posesivos**

Masculino singular	Femenino singular	Masculino plural	Femenino plural
el meu fill (el meu fiy; mi hijo)	**la meva filla** (la *me*-va *fi*-lla; mi hija)	**els meus fills** (els meus fiys; mis hijos)	**les meves filles** (les *me*-ves *fi*-lles; mis hijas)
el teu pare (el teu *pa*-re; tu padre)	**la teva mare** (la *te*-va *ma*-re; tu madre)	**els teus pares** (els teus *pa*-res; tus padres)	**les teves germanes** (les *te*-ves yer-*ma*-nes; tus hermanas)
el seu nebot (el seu ne-*bot*; su sobrino)	**la seva neboda** (la *se*-va ne-*bo*-da; su sobrina)	**els seus nebots** (els seus ne-*bots*; sus sobrinos)	**les seves nebodes** (les *se*-ves ne-*bo*-des; sus sobrinas)
el nostre avi (el *nos*-tre *a*-vi; nuestro abuelo)	**la nostra àvia** (la *nos*-tra *a*-vi-a; nuestra abuela)	**els nostres avis** (els *nos*-tres *a*-vis; nuestros abuelos)	**les nostres àvies** (les *nos*-tres *a*-vi-es; nuestras abuelas)
el vostre germà (el *vos*-tre yer-*ma*; vuestro hermano)	**la vostra germana** (la *vos*-tra yer-*ma*-na; vuestra hermana)	**els vostres germans** (els *vos*-tres yer-*mans*; vuestros hermanos)	**les vostres germanes** (les *vos*-tres yer-*ma*-nes; vuestras hermanas)

GRAMÁTICA

Me parece que ahora te va a ser muy útil aprender la formación del género. Ten en cuenta que para formar el femenino singular tienes que añadir:

» **-a** en los nombres masculinos terminados en sílaba débil o en consonante:

a-vi → **àvia**

nét → **néta**

so-gre → **sogra**

» **-na** en los nombres terminados en sílaba fuerte:

ger-*mà* → **germana**

co-*sí* → **cosina**

L'HEREU I LA PUBILLA, SÍMBOLOS DEL HOMBRE Y LA MUJER CATALANES

CULTURA GENERAL

Antiguamente, en el derecho catalán, y sobre todo en el campo, **l'hereu** (le-*reu*; el heredero, el primer hijo varón) y **la pubilla** (la pu-*bi*-lla; la heredera o mayorazga de una familia sin hermanos varones) heredaban las tres cuartas partes del patrimonio familiar y los demás hermanos se repartían la cuarta parte restante.

Al **hereu** y la **pubilla** se les enseñaba a administrar el patrimonio de la casa y sus tierras, mientras los demás hermanos menores estaban discriminados de estos menesteres.

Pero actualmente el **hereu** y la **pubilla** tienen mucha popularidad pues forman parte de las tradiciones catalanas, y ambos representan al pueblo catalán, su cultura y sus tradiciones. Por eso existen cofradías de **pubillatge** (pu-bi-*lla*-che; mayorazgo), donde **hereus** y **pubilles**, vestidos a la antigua usanza, representan los símbolos de la unidad familiar catalana.

» **-da** en algunos nombres terminados en vocal + *t*:

nebot → **neboda**

cunyat → **cunyada**

» **-ga** en algunos nombres terminados en vocal + *c*:

amic → **amiga**

Recuerda que para el femenino plural tan solo añades **-es**:

neboda → **nebodes**

Seguro que te habrás dado cuenta de que los masculinos terminados en vocal fuerte forman el plural añadiendo **-ns**:

germà → **germans**

L'HEREU ESCAMPA

FRASES HECHAS

L'hereu escampa (le-*reu* as-*cam*-pa; el "heredero" derrochador) es una expresión catalana muy popular que sirve para identificar al hijo pródigo y malgastador de una familia, que dilapida los bienes y la fortuna familiar.

- **Aquest hereu escampa fa el que vol!** (a-*quest* e-*reu* es-*cam*-pa fal que vol; ¡este derrochador hace lo que quiere!)

Preguntas y más preguntas

Hablar de la familia no tiene ninguna complicación si sabes hacer las preguntas adecuadas. A tus nuevos amigos o a las personas que acabas de conocer les gustará que les hagas preguntas sobre su familia; en una palabra, que te intereses por ellos.

Aquí te presento una breve muestra:

» **On viuen els teus pares?** (on *vi*-uen els teus *pa*-res; ¿dónde viven tus padres?)

» **Teniu fills?** (te-*niu* fiys; ¿tenéis hijos?)

» **Com estan els teus pares?** (com es-*tan* els teus *pa*-res; ¿cómo están tus padres?)

» **Com està la teva dona?** (com es-*ta* la *te*-va *do*-na; ¿cómo está tu mujer?)

» **Quina edat tenen els teus fills?** (*qui*-na *dat te*-nen els teus fiys; ¿qué edad tienen tus hijos?)

» **D'on és el teu marit?** (don es el teu ma-*rit*; ¿de dónde es tu marido?)

GRAMÁTICA

Para hacer todavía más preguntas, acuérdate del interrogativo de cantidad **quant** (quan; cuánto), y ten en cuenta que se trata de una palabra variable, como te muestra la tabla 5-2.

TABLA 5-2 **El interrogativo de cantidad**

Masculino singular	Masculino plural	Femenino singular	Femenino plural
quant	quants	quanta	quantes
Quant temps fa que no veus els teus pares? (quan tems fa que no veus els teus *pa*-res; ¿cuánto tiempo hace que no ves a tus padres?)	**Quants fills tens?** (quans fills tens; ¿cuántos hijos tienes?)	**Quanta gent us reunireu per Nadal?** (*quan*-ta yen us re-u-ni-*reu* per na-*dal*; ¿cuánta gente va a reunirse en Navidad?)	**Quantes germanes tens?** (*quan*-tes yer-*ma*-nes tens; ¿cuántas hermanas tienes?)

GRAMÁTICA

Mediante sencillas combinaciones con los pronombres átonos puedes preguntar si la gente se conoce entre sí. En estas preguntas se ha sustituido la persona o personas-objeto mediante un pronombre. Observa qué sencillo es.

a)

—Us coneixeu? (us cu-ne-*sheu*; ¿os conocéis?) → **us** se refiere a vosotros.

—I tant que ens coneixem! (i tan quens cu-ne-*shem*; ¡pues claro que nos conocemos!) → **ens** se refiere a nosotros.

b)

—No em coneixes? (nom cu-*ne*-shes; ¿no me conoces?) → **em** se refiere a mí.

—Al teu germà, sí que el conec (al teu yer-*ma* si quel cu-*nec*; a tu hermano, sí lo conozco) → **el** se refiere al **germà**.

c)

—Al Ramon, també el coneixes? (al ra-*mon* tam-*bel* cu-*ne*-shes; a Ramón, ¿también lo conoces?) → **el** se refiere a Ramón.

—No, encara no me l'han presentat (no en-*ca*-ra no me lan presen-*tat*; no, aún no me lo han presentado) → **me** se refiere a mí; **l'** se refiere a Ramón.

d)

—Aquelles noies no les conec de res (a-*que*-lles *no*-ies no les cu-*nec* de res; a aquellas chicas no las cononozco de nada) → **les** se refiere a **aquelles noies**.

Hablando se entiende la gente

ESCUCHA

Juan presenta a su novia Dolores a sus padres y hermanos y estos le hacen algunas preguntas cordiales.

Joan: **Aquest és el meu pare, i aquesta, la meva mare** (a-*quet* es el meu *pa*-re i a-*ques*-ta la *me*-va *ma*-re; este es mi padre y esta, mi madre).

Dolors: **Sí, ja ens coneixem. I aquest?** (si yans cu-ne-*shem* i a-*quet*; sí, ya nos conocemos. ¿Y este?)

Joan: **Aquest és el meu germà gran, i aquesta la Raquel, la seva dona** (a-*quet* es el meu yer-*ma* gran, i a-*ques*-ta la ra-*quel* la *se*-va *do*-na; este es mi hermano mayor, y esta es Raquel, su mujer).

Dolors: **Molt de gust** (mol de gus; mucho gusto).

Raquel: **Tu també tens germans?** (tu tam-*be* tens yer-*mans*; ¿tú también tienes hermanos?)

Dolors: **Sí, dos: una germana i un germanet** (si dos *u*-na yer-*ma*-na i un yer-ma-*net*; sí, dos: una hermana y un hermanito).

Raquel: **Petit?** (pe-*tit*; ¿pequeño?)

Dolors: **Té dos anys!** (te dos añs; ¡tiene dos años!)

GRAMÁTICA

Te habrás dado cuenta de que en las presentaciones es necesario el uso de **aquest, aquesta...** para introducir a las personas. La tabla 5-3 te recuerda la combinación de estos demostrativos:

TABLA 5-3 **Los pronombres demostrativos**

Masculino singular	Femenino singular	Masculino plural	Femenino plural
aquest és el meu cosí (a-*quet* es el meu cu-*si*; este es mi primo).	**aquesta és la meva tieta** (a-*ques*-ta es la *me*-va ti-*e*-ta; esta es mi tía).	**aquests són els meus germans** (a-*quets* son els meus yer-*mans*; estos son mis hermanos).	**aquestes són les meves nebodes** (a-*ques*-tes son les *me*-ves ne-*bo*-des; estas son mis sobrinas).

RECUERDA

En las palabras **aquest** y **aquests** no debes pronunciar la primera *s*:

- **aquest** (a-*quet*); excepto si el nombre empieza por vocal (***aquest home***, a-*quest-to*-me; este hombre)
- **aquests** (a-*quets*)

Presentando a mi familia

Escucha esta presentación de la familia de Rosa María, y preséntate tú de una forma similar:

ESCUCHA

- **Em dic Rosa Maria i ara us presentaré la meva família** (em dic *ro*-sa ma-*ri*-a i *a*-ra us pre-sen-ta-*re* la *me*-va fa-*mi*-li-a; me llamo Rosa María y ahora os presentaré a mi familia).
- **El meu pare es diu Jonàs i la meva mare Rosalia** (el meu *pa*-re es diu yu-*nas* i la *me*-va *ma*-re ru-sa-li-a; mi padre se llama Jonás y mi madre Rosalía).
- **Els meus avis, que es diuen Pau i Rosa, van tenir quatre fills: el meu pare, l'oncle David i dues filles, que són les meves ties** (els meus *a*-vis que es *di*-uen pau i *ro*-sa van te-*ni* *cua*-tre fiys: el meu *pa*-re *lon*-cle da-*vit* i *du*-es *fi*-lles que son les *me*-ves *ti*-es; mis abuelos, que se llaman Pablo y Rosa, tuvieron cuatro hijos: mi padre, el tío David y dos hijas, que son mis tías).
- **La meva tia Júlia, que ara és soltera, perquè es va separar del seu marit ara fa tres anys, ens estima molt a tots els nebots: el Joel, la Gemma i jo** (la *me*-va *ti*-a *yu*-li-a *ka*-ra es sul-*te*-ra per-*que* es va se-pa-*ra* del seu ma-*rit* *a*-ra fa tres añs ens es-*ti*-ma mol a tots els ne-*bots* el yu-*el*, la *yem*-ma i yo; mi tía Julia, que ahora está soltera porque se separó de su marido

hace tres años, nos quiere mucho a todos los sobrinos: Joel, Gema y yo).

- **El Joel és el meu cosí, i la Gemma és la meva germana** (el yu-*el* es el meu cu-*si* i la *yem*-ma es la *me*-va yer-*ma*-na; Joel es mi primo, y Gema es mi hermana).
- **Es pot dir que som una família ben avinguda** (es pot di que som *u*-na fa-*mi*-li-a ben a-vin-*gu*-da; puede decirse que somos una familia bien avenida).
- **A la meva àvia li agrada jugar a cartes amb la meva mare, però no vol jugar mai amb el seu gendre, és a dir, el meu pare, perquè diu que fa trampes** (a la *me*-va *a*-vi-a li a-*gra*-da yu-*ga* a *car*-tes am la *me*-va *ma*-re pe-*ro* no vol yu-*ga* mai am el seu *yen*-dre es a di el meu *pa*-re per-*que* diu que fa *tram*-pes; a mi abuela le gusta jugar a cartas con mi madre, pero no quiere jugar nunca con su yerno, es decir, mi padre, porque dice que hace trampas).
- **Sovint anem al cinema amb els nostres cosins** (su-*vin* a-*nem* al si-*ne*-ma am els *nos*-tres cu-*sins*; a menudo vamos al cine con nuestros primos).

VERBOS

Ya es hora de que vayas aprendiendo a conjugar algunos verbos que necesitas para cuidar tu "circunstancia" y comunicarte con ella. Por eso, en las tablas 5-3 y 5-4 te muestro las formas del presente y del pretérito imperfecto de los verbos **estar** (es-*ta*; estar) y **conèixer** (cu-*ne*-she; conocer):

TABLA 5-3 El presente de los verbos *estar* y *conèixer*

Pronombre	estar	conèixer
jo	**estic** (es-*tic*; estoy)	**conec** (cu-*nec*; conozco)
tu	**estàs** (es-*tas*; estás)	**coneixes** (cu-*ne*-shes; conoces)
ell / ella / vostè	**està** (es-*ta*; está)	**coneix** (cu-*nesh*; conoce)
nosaltres	**estem** (es-*tem*; estamos)	**coneixem** (cu-ne-*shem*; conocemos)
vosaltres	**esteu** (es-*teu*; estáis)	**coneixeu** (cu-ne-*sheu*; conocéis)
ells / elles / vostès	**estan** (es-*tan;* están)	**coneixen** (cu-*ne*-shen; conocen)

TABLA 5-4 **El pretérito imperfecto de los verbos *estar* y *conèixer***

Pronombre	estar	conèixer
jo	**estava** (es-*ta*-va; estaba)	**coneixia** (cu-ne-*shi*-a; conocía)
tu	**estaves** (es-*ta*-ves; estabas)	**coneixies** (cu-ne-*shi*-es; conocías)
ell / ella / vostè	**estava** (es-*ta*-va; estaba)	**coneixia** (cu-ne-*shi*-a; conocía)
nosaltres	**estàvem** (es-*ta*-vem; estábamos)	**coneixíem** (cu-ne-*shi*-em; conocíamos)
vosaltres	**estàveu** (es-*ta*-veu; estabais)	**coneixíeu** (cu-ne-*shi*-eu; conocíais)
ells / elles / vostès	**estaven** (es-*ta*-ven; estaban)	**coneixíen** (cu-ne-*shi*-en; conocían)

RECUERDA

Recuerda que no debes pronunciar la *i* de **-ix-**, presente en el verbo **conèixer**:

» **conèixer** (cu-*ne*-she)

Palabras para recordar

pare	*pa*-re	padre
mare	*ma*-re	madre
fill	fiy	hijo
filla	*fi*-lla	hija
germà	yer-*ma*	hermano
germana	yer-*ma*-na	hermana

Juegos y ejercicios divertidos

Según las notas que te escribo, completa el árbol genealógico de la familia de Montserrat y Salvador, que acaban de cumplir 25 años de casados. Observa los siguientes enunciados:

- Felicitats pel vostre aniversari de casats, els vostres pares Andreu i Maria i la vostra germana Rosa.
- El teu germà Josep, la teva cunyada Mercè i els teus nebots Sara, Judit i Manel.
- El vostre fill Marçal.

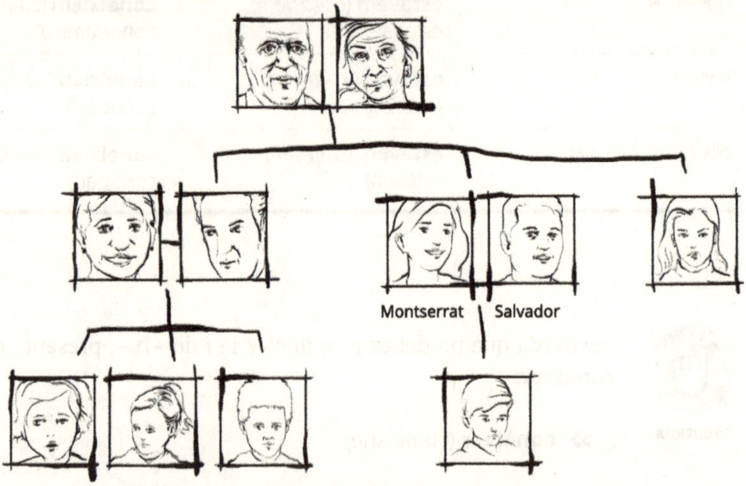

EN ESTE CAPÍTULO

Cómo preguntar dónde se encuentra un lugar

Cómo indicar la distancia de un lugar a otro

Cómo describir un entorno

Capítulo 6

Mis lugares favoritos

Ahora ya sabes un poco de catalán y has empezado a practicarlo con tus amigos y compañeros de trabajo; pero cuando te encuentras solo y aburrido, seguro que quieres ir a tus lugares favoritos, o acaso visitar otras poblaciones y conocer gente nueva. Para ello tendrás que preguntar, por ejemplo, dónde está un lugar o cómo ir.

Por eso estás leyendo este capítulo. Para no tener problemas cuando estés lejos de casa buscando un lugar, un cine, un teatro o, simplemente, una oficina de correos o una estación de ferrocarril. Aquí vas a encontrar la información que necesitas y muchas expresiones útiles para que puedas pedir ayuda y encontrar **les adreces** (les a-*dre*-ses; las direcciones) para situar un lugar; incluso podrás dar indicaciones tú mismo a los demás.

Cómo ir a... cualquier parte

Lo primero es preguntar la situación de lugar, y las palabras mágicas son:

» **On és?** (on es; ¿dónde está?)

Por ejemplo:

» **On és el Museu de la Ciència?** (on es el mu-*seu* de la si-*en*-si-a; ¿dónde está el Museo de la Ciencia?)

Las respuestas más simples que pueden darte indican la distancia:

» **és lluny** (es lluñ; está lejos).

» **és a prop** (es a prop; está cerca).

» **segueixi tot recte** (se-*gue*-shi tot *rec*-te; siga todo recto).

GRAMÁTICA

Observa que en catalán, a diferencia del castellano, se usa el verbo **ser** para expresar la mera localización de un lugar (si quieres saber más sobre este tema, revisa los capítulos 2 y 7):

» **és a la platja** (es a la *pla*-cha; está en la playa).

Pero tú quieres saber más cosas, porque con respuestas tan simples no se va a ninguna parte. Entonces tendrás que preguntar cómo ir y estar atento a las descripciones del entorno que puedan darte los demás.

Estas son las dos posibles preguntas que debes hacer para saber cómo ir a un lugar:

» **com s'hi va?** (com si va; ¿cómo se va?)

» **com s'hi pot arribar?** (com si pot a-rri-*ba*; ¿cómo se puede llegar?)

Pero para especificar todavía más y saber qué medios de locomoción puedes utilizar, debes preguntar:

» **amb què s'hi va?** (am que si va; ¿con qué se va?)

» **amb què s'hi pot anar?** (am que si pot a-*na*; ¿con qué se puede ir?)

Si tomamos de ejemplo la ciudad de Barcelona, y quieres ir al castillo de Montjuïc, situado en la montaña del mismo nombre, tienes que decir:

» **Amb què s'hi pot anar, al castell de Montjuïc?** (am que si pot a-*na* al cas-*tey* de mun-ju-*ic*; ¿en qué se puede ir al castillo de Montjuïc?)

Las posibles respuestas serán estas:

» **S'hi va amb cotxe** (si vam *co*-che; se va en coche).

» **S'hi pot anar amb metro, i després amb funicular** (si pot a-*na* am *me*-tru i des-*pres* am fu-ni-cu-*lar*; se puede ir en metro y luego en funicular).

Ahora observa la tabla 6-1, que te ofrece una lista más extensa de posibilidades:

TABLA 6-1 Expresiones para indicar dirección y medio de locomoción

Pronombre + verbo (hi + va / hi + pot anar)	Preposiciones	Medios de locomoción
	a	**peu** (a peu; a pie)
s'hi va (si va; se va) **s'hi pot anar** (si pot a-*na*; se puede ir)	**amb / en** (am / en; con / en)	**cotxe** (*co*-che; coche) **autobús** (au-tu-*bus*; autobús) **tren** (tren; tren) **metro** (*me*-tru; metro) **avió** (a-vi-*o*; avión) **funicular** (fu-ni-cu-*lar*; funicular)

GRAMÁTICA

Te habrás dado cuenta, según la tabla 6-1, de que para expresar los medios de locomoción, a diferencia del castellano, se usa la preposición **amb** (am; con); aunque también puedes usar indistintamente las dos preposiciones: **amb** y **en** (am / an; con / en). Por ejemplo:

» **Hi vaig anar amb avió** (i vach a-*na* am a-vi-*o*; fui en avión).

» **Hi vaig anar en avió** (i vach a-*na* en a-vi-*o*; fui en avión).

RECUERDA

Otra diferencia en estas frases entre el catalán y el castellano reside en el pronombre **hi**, que se utiliza para indicar el lugar. En la siguiente frase:

» **Hi aniré en bicicleta, a la platja** → **hi** se refiere a la platja (lugar)

En castellano una frase como **Iré en bicicleta (a la playa)** no requiere ningún pronombre de lugar.

Las frases anteriores están en pasado. Hay más información sobre el pasado más adelante en este capítulo, en la sección "Para indicar el pasado".

Hablando se entiende la gente

ESCUCHA

Imagínate que te encuentras a una amiga por la calle y te dice que se va unos días de vacaciones fuera de la ciudad. Tú le preguntas adónde va.

Tu: **On vas?** (on vas; ¿adónde vas?)

Amiga: **Me'n vaig al meu poble, a passar-hi uns quants dies** (men vach al meu *po*-bble a pa-*sa*-ri uns quans *di*-es; me voy a mi pueblo a pasar unos cuantos días).

Tu: **Hi vas amb cotxe?** (i vas am *co*-che; ¿vas en coche?)

Amiga: **No, amb tren, l'estació té parada al centre mateix del poble** (no am tren les-ta-si-*o* te pa-*ra*-da al *sen*-tre ma-*tesh* del *po*-bble; no, en tren, la estación tiene parada en el mismo centro del pueblo).

Tu: **I a quina hora surt?** (I a *qui-no*-ra surt; ¿y a qué hora sale?)

Amiga: **Surt a 2/4 de 8 del matí, falta tan sols cinc minuts!** (surt a dos quarts de vuit del ma-*ti* *fal*-ta tan sols sinc mi-*nuts*; sale a las siete y media de la mañana, ¡tan solo faltan cinco minutos!)

Tu: **A reveure! Que t'ho passis bé!** (a-rre-*veu*-re que tu *pa*-sis be; ¡hasta la vista! ¡Que te lo pases bien!)

Para pedir direcciones

Muchas veces te habrá ocurrido, yendo por la calle, que alguien te hace la típica pregunta **Saps on és el carrer...?** (saps on es el ca-*rre*; ¿sabes dónde está la calle...?). Entonces debes indicar dónde se encuentra esa calle y describir cómo llegar a ella. No basta con decir **recte** (*rec*-te; recto) o señalar con el dedo. No te aconsejo que des muestras de no saber el idioma. Eso no cuela. Debes esforzarte un poco más y dar una indicación completa. Aprendiendo a indicar... ¡aprenderás también a pedir!

Esta sería una forma correcta de responder:

» **Cal pujar amunt per aquest carrer, i a la primera cantonada gires a la dreta i ja has arribat** (cal pu-*ya* a-*mun* per a-*quet* ca-*rre* i a la pri-*me*-ra can-tu-*na*-da *yi*-res a la *dre*-ta i yas arri-*bat*; tienes que subir por esta calle y en la primera esquina giras a la derecha y ya has llegado).

GRAMÁTICA

El verbo **caldre** (*cal*-dre) no existe en castellano. En cambio, es muy corriente en catalán y tiene el sentido de "ser necesario". Lo puedes utilizar de modo equivalente a "debes" y "tienes que", sobre todo cuando des instrucciones:

» **Cal girar a la dreta** (cal yi-*ra* a la *dre*-ta; gire a la derecha, es necesario girar a la derecha).

» **Cal continuar tot dret** (cal cun-ti-nu-*a* tot dret; continue recto).

Además, **caldre** es el verbo más sencillo de todos los verbos ya que el presente solo tiene dos formas: **cal** (singular) y **calen** (plural).

RECUERDA

Para saber dónde se encuentra un establecimiento, un parking, etc., debes decir:

» **Sap si hi ha un pàrquing en aquest barri?** (sap si ia un *par*-quin en a-*quet* *ba*-rri; ¿sabe si hay un parking en este barrio?)

» **Per anar al teatre del Liceu?** (per a-*na* al te-*a*-tre del li-*seu*; ¿para ir al teatro del Liceo?)

» **On és la parada del metro?** (on es la pa-*ra*-da del *me*-tru; ¿dónde está la parada del metro?)

Para indicar el pasado

VERBOS

Para expresar el tiempo pasado usa las formas verbales conjugadas siguientes, junto al infinitivo de cualquier verbo:

jo	**vaig**	+ infinitivo
tu	**vas**	
ell / ella / vostè	**va**	
nosaltres	**vam**	
vosaltres	**vau**	
ells / elles / vostès	**van**	

Así se obtiene un verbo compuesto del llamado *passat perifràstic d'indicatiu.*

Observa el ejemplo siguiente:

» **Amb què hi vas anar?** (am quei vas a-*na*; ¿en qué fuiste?)

Las posibles respuestas son estas. Utiliza la preposición que quieras:

» **Hi vaig anar amb / en cotxe** (i vach a-*na* am / en *co*-che; fui en coche).

El pasado lo puedes reforzar además en estos términos:

» **ahir** (a-i; ayer).

» **la setmana passada** (la sem-*ma*-na pa-*sa*-da; la semana pasada).

» **fa quinze dies** (fa *quin*-se *di*-es; hace quince días).

» **l'any passat** (lañ pa-*sat*; el año pasado).

» **fa tres anys** (fa tres añs; hace tres años).

TABLA 6-2 **El passat perifràstic d'indicatiu**

Pronombre personal	Pronombre de lugar	Verbo (auxiliar + infinitivo)
jo	**hi**	**vaig anar** (vach a-*na*; fui)
tu	**hi**	**vas anar** (vas a-*na*; fuiste)
ell / ella / vostè	**hi**	**va anar** (va a-*na*; fue)
nosaltres	**hi**	**vam anar** (vam a-*na*; fuimos)
vosaltres	**hi**	**vau anar** (vau a-*na*; fuisteis)
ells / elles / vostès	**hi**	**van anar** (van a-*na*; fueron)

RECUERDA

No confundas el presente con el pasado. Estas frases se parecen pero no significan lo mismo:

» **Vas a fer la feina** → presente (vas a fe la *fei*-na; vas a hacer el trabajo).

» **Vas fer la feina** → pasado (vas fe la *fei*-na; hiciste el trabajo).

RECUERDA

Este es un buen momento para recordarte que en catalán no tienes que pronunciar la **-r** final en los verbos en infinitivo, pues no suena. De modo que los verbos se pronunciarán solo hasta la vocal:

» **anar** (a-*na*; ir)

Verbos y más verbos... de movimiento

Ahora te voy a mostrar el *modo imperativo*, que es el modo verbal que sirve para expresar instrucciones, para saber cómo ir a un lugar cuando lo preguntas.

Por ejemplo, empecemos por el verbo **agafar** (a-ga-*fa*; coger), que también adopta el sentido de "tomar":

» **Agafeu una drecera** (a-ga-*feu* *u*-na dre-*se*-ra; tomad un atajo).

Y ahora te completo la lista con más verbos útiles a este fin:

TABLA 6-3 El imperativo de algunos verbos

tú	***agafa*** (a-*ga*-fa; coge)	***puja*** (*pu*-ya; sube)	***segueix*** (se-*guesh;* sigue)
usted	**agafi** (a-*ga*-fi; coja)	**pugi** (*pu*-yi; suba)	**segueixi** (se-*gue*-shi; siga)
vosotros	**agafeu** (a-ga-*feu*; coged)	**pugeu** (pu-*yeu*; subid)	**seguiu** (se-*guiu*; seguid)
ustedes	**agafin** (a-*ga*-fin; cojan)	**pugin** (*pu*-yin; suban)	**segueixin** (se-*gue*-shin; sigan)

RECUERDA

Nota cómo el imperativo solo te muestra dos personas: tú o usted, vosotros o ustedes. La forma imperativa de los verbos regulares coincide en diversas personas con la conjugación del presente.

Estos otros verbos que te presento a continuación te servirán para entender indicaciones y te mostrarán la distancia que existe de un lugar a otro. Apréndetelos para que vean que tú sí sabes bien dónde te encuentras.

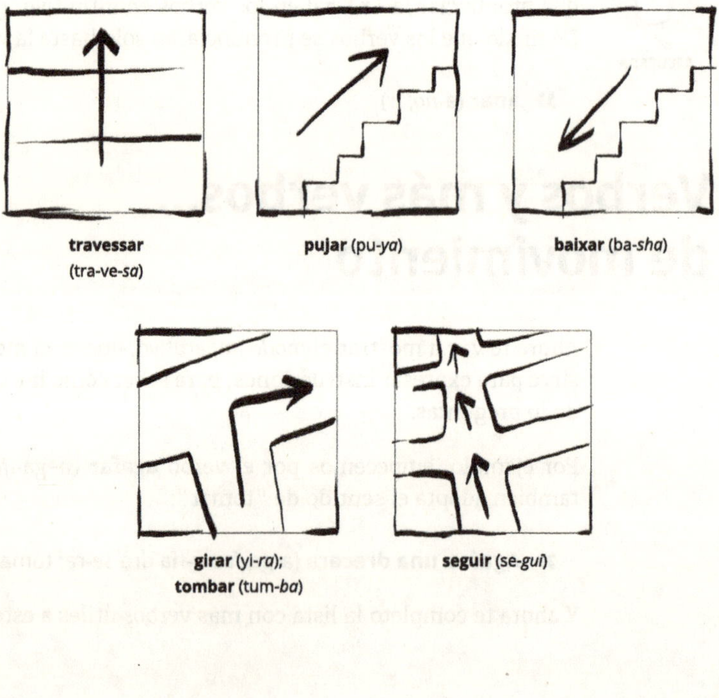

FIGURA 6-1: Algunos verbos útiles para indicar direcciones

Verbos que indican direcciones:

- **agafar** (a-ga-*fa*; coger)
- **continuar** (cun-ti-nu-*a*; continuar)
- **seguir** (se-*gui*; seguir)
- **tirar** (ti-*ra*; tirar)
- **continuar** (cun-ti-nu-*a*; continuar)

GRAMÁTICA

Ten en cuenta que para dar una indicación puedes utilizar todos estos verbos, siguiendo las fórmulas que te presento en la tabla 6-4.

TABLA 6-4 **Expresiones para indicar direcciones**

Imperativo	Preposición	Demostrativo + lugar	Adverbio
baixi (*ba*-shi; baje)		**aquest carrer** (a-*quet* ca-*rre*; esta calle)	**fins al final** (fins al fi-*nal*; hasta el final)
gira (*gi*-ra; gira)		**aquest carrer** (a-*quet* ca-*rre*; esta calle)	**a mà dreta** (a ma *dre*-ta; a mano derecha)
seguiu (se-*guiu*; seguid)	**per** (per; por)	**aquesta carretera** (a-*ques*-ta ca-rre-*te*-ra; esta carretera)	**a mà esquerra** (a *mas-que*-rra; a mano izquierda)
tombin (*tom*-bin; giren)		**aquest carreró** (a-*quet* ca-rre-*ro*; este callejón)	**avall** (a-*vay*; abajo)
travessi (tra-*ve*-si; atraviese)		**aquesta plaça** (a-*ques*-ta *pla*-sa; esta plaza)	**cap amunt** (ca-pa-*mun*; hacia arriba)

Hablando se entiende la gente

ESCUCHA

Marta acaba de viajar de Lisboa a Barcelona y quiere visitar uno de los museos más importantes: el Museu Nacional d'Art de Catalunya (MNAC). Como todavía no conoce esta ciudad, te pregunta cómo llegar al museo.

Marta: **M'agradaria molt visitar el MNAC. Com s'hi va?** (ma-gra-da-*ri*-a mol vi-si-*ta* el MNAC com si va; me gustaría mucho visitar el MNAC. ¿Cómo puedo ir?)

Tu:	**És una mica lluny d'aquí. Hi pots anar amb el metro fins a la plaça d'Espanya. Després cal agafar un autobús que surt de la mateixa plaça fins al museu** (es *u*-na *mi*-ca lluñ da-*qui* i pots a-*na* am bel *me*-tru fins a la *pla*-sa des-*pa*-ña des-*pres* cal a-ga-*fa* un au-tu-*bus* que surt de la ma-*te*-sha *pla*-sa al mu-*seu*; está un poco lejos. Puedes ir con el metro hasta la plaza de España. Después tienes que coger un autobús que sale de la misma plaza hasta el museo).
Marta:	**No s'hi pot anar a peu sortint del metro?** (no si pot a-*na* a peu sur-*tin* del *me*-tru; ¿se puede ir a pie al salir del metro?)
Tu:	**Sí, però queda una mica lluny. Cal pujar per les escales que hi ha al final de l'avinguda Maria Cristina amunt cap al Palau Nacional** (si pe-*ro que*-da *u*-na *mi*-ca lluñ cal pu-*ja* per les es-*ca*-les que ia al fi-*nal* de la-vin-*gu*-da ma-*ri*-a cris-*ti*-na a-*mun* cap al pa-*lau* na-si-u-*nal*; sí, pero está un poco lejos. Hay que subir por las escaleras que hay al final de la avenida María Cristina hacia el Palacio Nacional).
Marta:	**Quanta estona s'ha de caminar?** (*quan*-tes-*to*-na sa de ca-mi-*na*; ¿cuánto tiempo hay que andar?)
Tu:	**Deu minuts o un quart d'hora** (deu mi-*nuts* o un quart *do*-ra; diez o quince minutos).
Marta:	**Ah! No és gaire temps. Me n'hi vaig a peu. Gràcies i a reveure** (a no es *gai*-re tems me ni vach a peu *gra*-si-es i a-rre-*veu*-re; ¡ah! No es mucho tiempo. Me voy a pie. Gracias y hasta la vista).

Juegos y ejercicios divertidos

Aquí tienes un plano de una ciudad cualquiera, donde están señalizados una serie de establecimientos. Ahora completa las frases para llegar a cada uno de estos lugares partiendo del punto de origen.

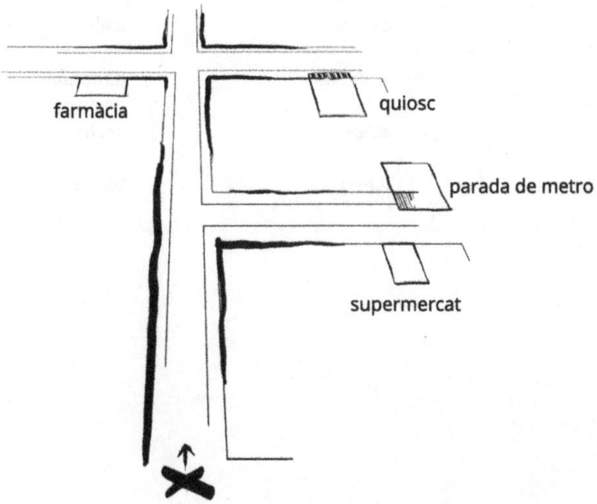

(1) .... per aquest carrer i .... trobarà la farmàcia.

(2) .... aquest carrer i a la primera .... pugi ...., i allà hi ha un quiosc.

(3) Sap si hi ha un supermercat .... d'aquí?

(4) Per anar al metro .... amunt, giri a la .... a la dreta i segueixi ....

Palabras para recordar

museu	mu-*seu*	museo
platja	*pla*-cha	playa
avió	a-vi-*o*	avión
carrer	ca-*rre*	calle
adreça	a-*dre*-sa	dirección
cotxe	*co*-che	coche
barri	*ba*-rri	barrio

EN ESTE CAPÍTULO

- **Conocer una casa por dentro y por fuera**
- **Preguntar dónde están las cosas**
- **Resolver pequeños problemas**
- **Saber lo mínimo para encontrar piso**

Capítulo 7
Bienvenido a mi casa

¡Bienvenido a mi casa! Por fin puedo presentarte mi hogar, mi morada, todo lo que necesitas saber de mi entorno privado, de mi reino donde nadie más que yo manda...

En fin, para decirlo llana y seriamente: este capítulo te presenta las partes de una casa, o mejor dicho, un piso cualquiera, la vivienda básica de una familia, la de una persona "libre y sin compromiso", un piso de estudiantes... La idea es proporcionarte algunos términos claves y todo el conjunto de frases, léxico y verbos relacionados con el mundo de las viviendas. Y además, si tengo tiempo, también te comentaré algunas costumbres caseras de los catalanes.

Hogar, dulce hogar

La casa (la *ca*-sa; la casa) es el nombre genérico de cualquier edificio destinado a la vivienda, aunque la mayoría de gente viva en un **pis** (pis; piso) o un **apartament** (a-par-ta-*men*; apartamento). Sin embargo fuera de la población, en el campo, todavía perdura el tradicional edificio de la **masia** (ma-*si*-a; casa de campo), una casa aislada con todas sus características: planta baja, pisos y patio. A pesar de todo, la gente dice siempre **Me'n vaig a casa** (men vach a *ca*-sa; me voy a mi casa) cuando se refiere a su piso, en otras palabras al hogar, al dulce hogar.

Al abrir la puerta de una casa o piso te encontrarás con dos o tres **habitacions** (a-bi-ta-si-*ons*; habitaciones) o **dormitoris** (dur-mi-*to*-ris; dormitorios), con una **cambra de bany** (*cam*-bra de bañ; baño) y generalmente con un pequeño **lavabo** (la-*va*-bu; lavabo), la **cuina** (*cui*-na; cocina) y el **menjador** (men-ya-*do*; comedor).

Según el tamaño de las viviendas, también te encontrarás con estas otras **cambres** (*cam*-bres; estancias):

- **l'estudi** (les-*tu*-di; el estudio)
- **el rebedor** (el re-be-*do*; el recibidor)
- **la sala d'estar** (la *sa*-la des-*ta*; el salón)
- **la galeria** (la ga-le-*ri*-a; la galería)
- **el safareig** (el sa-fa-*rech*; el lavadero)
- **la terrassa** (la te-*rra*-sa; la terraza)
- **el balcó** (el bal-*co*; el balcón)
- **el passadís** (el pa-sa-*dis*; el pasillo)

GRAMÁTICA

Para localizar las habitaciones y el mobiliario de una casa utiliza estas preposiciones, adverbios y locuciones de lugar:

- **al costat** (al cus-*tat*; al lado)
- **al mig** (al mich; en medio)
- **davant per davant** (da-*van* per da-*van*; de frente)
- **arrambat** (a-rram-*bat*; arrimado)
- **al racó** (al ra-*co*; en el rincón)
- **al fons** (al fons; al fondo)
- **entrant a la dreta** (en-*tran* a la *dre*-ta; entrando a la derecha)
- **tocant a** (tu-*can* a; al lado de)

¿Dónde está la cocina?

Observa las estancias del siguiente plano y luego lee y escucha las frases que te ayudarán a situar los elementos de acuerdo con las locuciones:

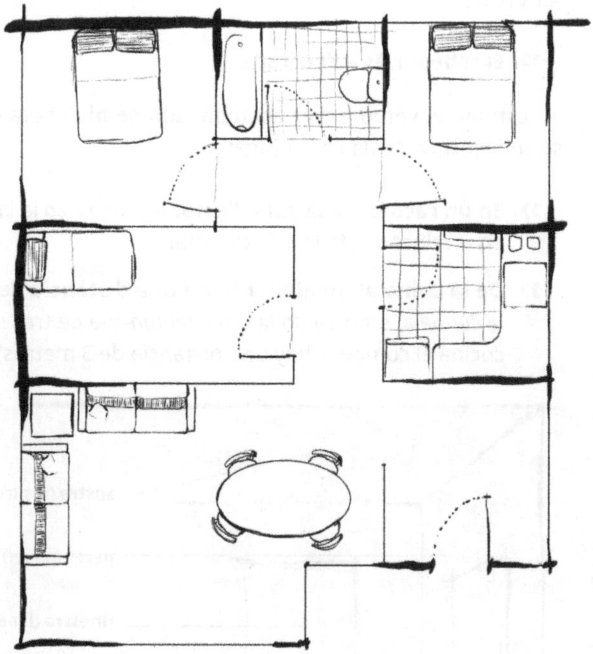

FIGURA 7-1: Las estancias de la casa

ESCUCHA

» **Hi ha tres dormitoris** (ia tres dur-mi-*to*-ris; hay tres dormitorios).

» **Dos dormitoris són davant per davant** (dos dur-mi-*to*-ris son da-*van* per da-*van*; dos dormitorios están de frente).

» **Un dels dormitoris és al costat de la cuina** (un dels dur-mi-*to*-ris es al cus-*tat* de la *cui*-na; uno de los dormitorios está al lado de la cocina).

» **Hi ha un llit al mig de l'estança** (ia un llit al mich de les-*tan*-sa; hay una cama en medio de la estancia).

» **La cuina queda tocant al menjador** (la *cui*-na *que*-da tu-*can* al men-ya-*do*; la cocina está al lado del comedor).

» **La taula del menjador és al mig, i en un racó hi ha la sala d'estar i els sofàs** (la *tau*-la del men-ya-*do* es al mich; la mesa del comedor está en el medio).

» **El rebedor és a l'entrada** (el re-be-*do* es a len-*tra*-da; el recibidor está en la entrada).

GRAMÁTICA

En catalán se usa **ser** y no **estar** para indicar la mera localización, al contrario que en el castellano, como acabas de ver en los ejemplos anteriores:

» **El rebedor és a l'entrada.**

En cambio el verbo **haver** acompañado de **hi** denota que algo existe, se encuentra o se da en un lugar:

» **En un racó hi ha la sala d'estar** (en un ra-*có* ia la *sa*-la des-*tar*; en un rincón está la sala de estar).

» **De la cuina al menjador hi ha una distància de 3 metres** (de la *cui*-na al men-ya-*do* ia *u*-na dis-*tan*-si-a de tres *me*-tres; de la cocina al comedor hay una distancia de 3 metros).

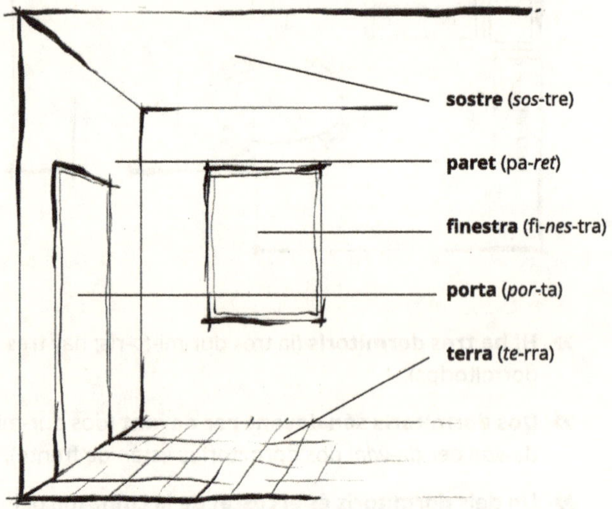

FIGURA 7-2: Las partes de una estancia

¿Dónde pongo los platos?

Para pedir y decir dónde se colocan las cosas, por ejemplo los utensilios de cocina, puedes guiarte con el siguiente esquema. A la pregunta **On poso els plats?** (on *po*-su els plats; ¿dónde pongo los platos?), una posible respuesta es:

» **Posa'ls dins l'armari** (po-sals dins lar-*ma*-ri; ponlos en el armario) → donde **'ls** es el pronombre que sustituye a **plats**.

CULTURA GENERAL

LA MASÍA CATALANA

La masia (la ma-*si*-a; la masía) es la típica construcción rural catalana. Se edificaba aislada, junto a los campos de cultivo, ya que se trata de una finca agrícola. Es una gran casa con dos o tres plantas, habitualmente con tejados de dos vertientes. El piso principal se destinaba a la vivienda, el superior a graneros y la planta baja a las dependencias agrícolas. Existen masías que producen cereales u hortalizas, otras son ganaderas o vitícolas.

Hay numerosas masías que se remontan hasta el siglo XII y que destacan por su singular arquitectura de piedra. Hoy, si sales al campo, podrás ver en plena naturaleza, ubicadas en una hermosa planicie, masías de piedra que son verdaderos remansos de paz para el creciente turismo rural.

GRAMÁTICA

Si hacemos las preguntas de la tabla 7-1…

TABLA 7-1 **Preguntas de lugar**

Pregunta	Respuesta
On poso...?	**les forquilles** (les fur-*qui*-lles; los tenedores)
	la paella (la pa-*e*-lla; la sartén)
	els gots (els gots; los vasos)
	el gerro (el *ye*-rru; el jarrón)

Las respuestas correctas son estas:

TABLA 7-2 **Respuestas de lugar**

Verbo	Pronombre	Adverbio	Sustantivo
Posa (*po*-sa; pon)	**-les** (les; las)	**dins del** (dins del; dentro del)	**calaix** (ca-*lash*; cajón)
Posa (po-sa; pon)	**-la** (la; la)	**dalt del** (dal del; encima de la)	**prestatge** (pres-*ta*-che; estantería)
Posa (*po*-sa; pon)	**'ls** (els; los)	**dins** (dins; dentro del)	**l'armari** (lar-*ma*-ri; armario)
Posa (*po*-sa; pon)	**'l** (el; lo)	**damunt** (da-*mun*; encima de)	**la taula** (la *tau*-la; la mesa)

La tabla 7-3 repasa los pronombres átonos y permite ver cómo se pueden usar para sustituir palabras:

TABLA 7-3 **Los pronombres átonos**

Posa-les	**-les** sustituye a **forquilles** (femenino plural)
Posa-la	**-la** sustituye a **paella** (femenino singular)
Posa'ls	**'ls** sustituye a **gots** (masculino plural)
Posa'l	**'l** sustituye a **gerro** (masculino singular)

La casa de tus sueños

Todo el mundo sueña con una casa maravillosa, amplia y con múltiples habitaciones. Todo lo contrario de tener un pisito:

- **reduït** (re-du-*it*; reducido)
- **petit** (pe-*tit*; pequeño)
- **estret** (es-*tret*; estrecho)
- **fosc** (fosc; oscuro)

La mayoría de personas desean un piso con esta tira de buenos adjetivos:

» **ampli** (*am*-pli; amplio)

» **gran** (gran; grande)

» **espaiós** (es-pa-*ios*; espacioso)

» **assolellat** (a-su-le-*llat*; soleado)

La casa dels teus somnis (la *ca*-sa dels teus *som*-nis; la casa de tus sueños) seguro que será una casa:

» **amb vistes al mar** (am *vis*-tes al mar; con vistas al mar).

» **amb una gran menjador** (am bun gran men-ya-*do*; con un gran comedor).

» **amb una sala d'estar espaiosa i assolellada** (am *bu*-na *sa*-la des-*ta* es-pa-*io*-sa ia-su-le-*lla*-da; con un salón espacioso y soleado).

» **situada als afores, prop del mar** (si-tu-*a*-da als a-*fo*-res prop del mar; situada en las afueras, cerca del mar).

» **amb garatge i jardí** (am ga-*ra*-che i *yar*-di; con garaje y jardín).

RECUERDA

No olvides que en castellano "las afueras" de una población es femenino, mientras que en catalán **els afores** es masculino. Encontrarás más información sobre este tema en el capítulo 10.

La casa por dentro y por fuera

Es importante conocer las palabras que te ayudarán a describir una vivienda por dentro. Si tenemos en cuenta las estancias principales, conociendo estos utensilios aprenderás fácilmente los nombres de nuevos objetos.

» Elementos de la cocina:

- **l'aigüera** (lai-*güe*-ra; el fregadero)
- **el taulell de cuina** (el tau-*ley* de *cui*-na; el tablero de cocina)
- **la cuina** (la *cui*-na; la cocina)
- **el rentaplats** (el *ren*-ta-*plats*; el lavaplatos)
- **l'escalfador** (les-cal-fa-*do*; el calentador)
- **l'armari de cuina** (lar-*ma*-ri de *cui*-na; el armario de la cocina)
- **la torradora de pa** (la tu-rra-*do*-ra de pa; la tostadora)

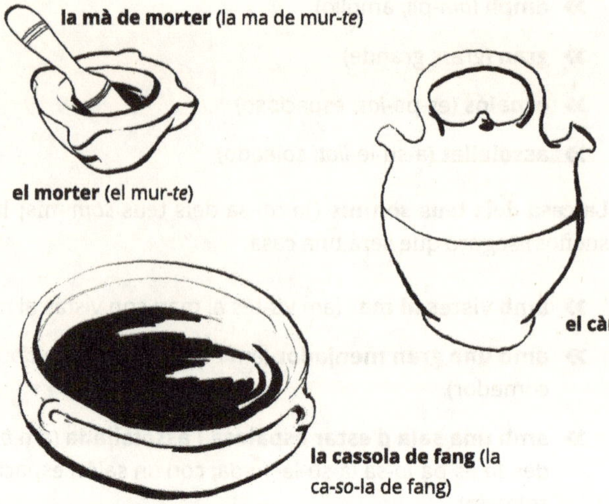

FIGURA 7-3: Elementos de la cocina

Pero tú sabes bien que, además, en una cocina te puedes encontrar muchos otros **estris de cuina** (*es*-tris de *cui*-na; utensilios de cocina) que, además, si se trata de una cocina catalana, pueden ser diferentes de los que tú conoces:

- Utensilios de cocina:
  - **la paella de ferro per a l'arròs** (la pa-*e*-lla de *fe*-rru per a la-*rros;* la paella de hierro para el arroz)
  - **l'embut** (lem-*but*; el embudo)
  - **l'olla** (*lo*-lla; la olla)
  - **el colador** (el cu-la-*do*; el pasador)
  - **l'obrellaunes** (*lo*-bre-*llau*-nes; el abrelatas)
  - **el setrill** (el se-*trill;* la aceitera)
- Los muebles del comedor son:
  - **la taula i les cadires** (la *tau*-la i les ca-*di*-res; la mesa y las sillas)
  - **el bufet** (el bu-*fet;* el bufé, el aparador)
- La taula del **menjador** (men-ya-*do*; comedor), cuando está **parada** (pa-*ra*-da; puesta), tiene los siguientes elementos:
  - **les estovalles** (les es-tu-*va*-lles; el mantel)
  - **el tovalló** (el tu-va-*llo*; la servilleta)

- **els coberts: la cullera, el ganivet i la forquilla** (els cu-*berts* la cu-*lle*-ra el ga-ni-*vet* i la fur-*qui*-lla; los cubiertos: la cuchara, el cuchillo y el tenedor)
- **la vaixella: els plats** (la va-*she*-lla els plats; la vajilla: los platos)
- **la cristalleria: gots i copes** (la cris-ta-lle-*ri*-a gots i *co*-pes; la cristalería: vasos y copas)

» Elementos del dormitorio:

- **el llit** (el llit; la cama)
- **l'armari** (lar-*ma*-ri; el armario)
- **la tauleta de nit** (la tau-*le*-ta de nit; la mesa de noche)
- **la calaixera** (la ca-la-*she*-ra; la cómoda)

» Elementos del baño:

- **el vàter** (el *va*-ter; el inodoro)
- **la banyera** (la ba-*ñe*-ra; el baño)
- **la dutxa** (la *du*-cha; la ducha)
- **el mirall** (el mi-*ray*; el espejo)

» Y estas son las cosas que te vas a encontrar en un baño:

- **el barnús** (el bar-*nus*; el albornoz)
- **la pinta** (la *pin*-ta; el peine)
- **el raspall de dents** (el ras-*pay* de dens; el cepillo dental)
- **el sabó** (el sa-*bo*; el jabón)
- **la màquina d'afaitar** (la *ma*-qui-na da-fai-*ta*; la máquina de afeitar)
- **l'assecador de cabells** (la-se-ca-*do* de ca-*beys*; el secador de pelo)
- **la tovallola** (la tu-va-*llo*-la; la toalla)

» **La sala d'estar** (la sa-la des-*ta*; el salón) tiene estos elementos:

- **el sofà** (el su-*fa*; el sofá)
- **la butaca** (la bu-*ta*-ca; el sillón)
- **la tauleta de centre** (la tau-*le*-ta de *cen*-tre; la mesita central)
- **la catifa** (la ca-*ti*-fa; la alfombra)
- **la llar de foc** (la llar de foc; la chimenea)

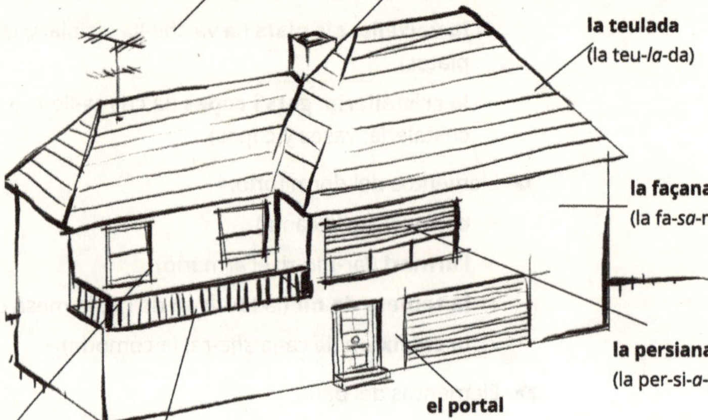

FIGURA 7-4: Elementos habituales en una casa

Las labores del hogar

FRASES HECHAS

Una de las cosas que deben hacerse en todas las casas es **fer dissabte** (fe di-*sap*-te), lo cual no quiere decir "hacer fiesta", sino que, al igual que en castellano, esta expresión se refiere a hacer la limpieza a fondo y ordenar el piso o una habitación concreta.

Muchas familias cuentan para **fer dissabte** con una **minyona** (mi-*ño*-na; chica del servicio doméstico) o **dona de fer feines** (*do*-na de fe *fei*-nes; mujer del servicio doméstico). Es muy habitual oír esta frase:

» **Demà farem dissabte de l'habitació** (de-*ma* fa-*rem* di-*sap*-te de la-bi-ta-si-*o*; mañana haremos la limpieza de la habitación).

VERBOS

Pero los verbos de la limpieza suelen ser:

» **rentar** (ren-*ta*; lavar)

» **fregar** (fre-*ga*; fregar)

» **treure la pols** (*treu*-re la pols; quitar el polvo)

» **netejar** (ne-te-*ya*; limpiar)

La tabla 7-4 te muestra el presente y el futuro de algunos verbos de la limpieza.

Otras expresiones relativas a las labores caseras son:

- **fer els llits** (fels llits; hacer las camas)
- **preparar el dinar** (pre-pa-*ra* el di-*na*; preparar la comida)
- **fer el menjar** (fel men-*ya*; hacer la comida)
- **planxar la roba** (plan-*cha* la *ro*-ba; planchar la ropa)

TABLA 7-4 **¡Ahora a lavar y mañana a limpiar!**

Pronombre	Presente	Futuro	Presente	Futuro
jo	**rento** (*ren*-tu; lavo)	**rentaré** (ren-ta-*re*; lavaré)	**netejo** (ne-*te*-yu; limpio)	**netejaré** (ne-te-ya-*re*; limpiaré)
tu	**rentes** (*ren*-tes; lavas)	**rentaràs** (ren-ta-*ras*; lavarás)	**neteges** (ne-*te*-yes; limpias)	**netejaràs** (ne-te-ya-*ras*; limpiarás)
ell / ella / vostè	**renta** (*ren*-ta; lava)	**rentarà** (ren-ta-*ra*; lavará)	**neteja** (ne-*te*-ya; limpia)	**netejarà** (ne-te-ya-*ra*; limpiará)
nosaltres	**rentem** (ren-*tem*; lavamos)	**rentarem** (ren-ta-*rem*; lavaremos)	**netegem** (ne-te-*yem*; limpiamos)	**netejarem** (ne-te-ya-*rem*; limpiaremos)
vosaltres	**renteu** (ren-*teu*; laváis)	**rentareu** (ren-ta-*reu*; lavaréis)	**netegeu** (ne-te-*yeu*; limpiáis)	**netejareu** (ne-te-ya-*reu*; limpiaréis)
ells / elles / vostès	**renten** (*ren*-ten; lavan)	**rentaran** (ren-ta-*ran*; lavarán)	**netegen** (ne-*te*-yen; limpian)	**netejaran** (ne-te-ya-*ran*; limpiarán)

Para mantener la limpieza de la casa es necesario que conozcas algunos utensilios y productos... sobre todo si tienes que pedirle prestado algo a tu vecino:

- **l'escombra i la pala** (les-*com*-bra i la *pa*-la; la escoba y la pala)
- **la baieta de pal** (la ba-*ie*-ta de pal; la fregona)
- **el drap de treure la pols** (el drap de *treu*-re la pols; el trapo)
- **l'eixugamà** (le-*shu*-ga-*ma*; el limpiamanos)
- **la galleda de les escombraries** (la ga-*lle*-da de les es-cum-bra-*ri*-es; el cubo de la basura)

» **el llexiu** (el lle-*shiu*; la lejía)

» **el fregall** (el fre-*gay*; el estropajo)

Resolviendo pequeños problemas domésticos

Lo peor que nos puede ocurrir en casa es tener que hacer reparaciones: un atasco del desagüe del lavabo, la lavadora que se ha estropeado y ha inundado el piso de agua... entonces ¡ha llegado la hora de pedir auxilio!

Estas personas te van a ayudar en lo que haga falta:

» **el lampista** o **l'electricista** (el lam-*pis*-ta; el lampista / le-lec-tri-*sis*-ta; el electricista)

» **el llauner** (el llau-*ne*; el fontanero)

» **el fuster** (el fus-*te*; el carpintero)

Debes ser capaz de describir los problemas domésticos con precisión. Las frases siguientes te ayudarán a explicar el problema. Generalmente, cuando se trata de un electrodoméstico que deja de funcionar, se dice simplemente:

» **S'ha espatllat...**

» **No funciona...**

Estos son algunos ejemplos corrientes:

» **S'ha espatllat la rentadora** (sas-pat-*llat* la ren-ta-*do*-ra; se ha estropeado la lavadora).

» **S'ha embussat el desguàs de l'aigüera de la cuina** (sam-bu-*sat* el des-*guas* de lai-*güe*-ra de la *cui*-na; se ha obstruido el desagüe del fregadero).

» **El llum del dormitori no funciona** (el llum del dur-mi-*to*-ri no fun-si-*o*-na; la lámpara del dormitorio no funciona).

» **L'escalfador s'ha rebentat i ha deixat anar tota l'aigua del dipòsit** (les-cal-fa-*do* sa re-ben-*tat* i a de-*shat* a-*na* *to*-ta *lai*-gua del di-*po*-sit; el calentador se ha reventado y ha derramado toda el agua del depósito).

Verbos que estropean las cosas

Cuando tengas que avisar a un técnico que venga a tu casa a repararte un electrodoméstico o una cañería reventada, o cuando tengas cualquier accidente doméstico, utiliza los verbos básicos de la tabla 7-5, que cubren la mayoría de "desgracias caseras".

TABLA 7-5 **Los verbos de las desgracias caseras**

Verbo	Cosa
fondre's (*fon*-dres; fundirse)	**una bombeta** (*u*-na bum-*be*-ta; una bombilla)
embussar-se (em-bu-*sar*-se; atascarse)	**l'aigüera** (lai-*güe*-ra; el fregadero)
encallar-se (en-ca-*llar*-se; atascarse)	**la persiana** (la per-si-*a*-na; la persiana)
rebentar-se (re-ben-*tar*-se; reventarse)	**l'escalfador** (les-cal-fa-*do*; el calentador)
trencar-se (tren-*car*-se; romperse)	**un pany** (un pañ; una cerradura)
foradar-se (fu-ra-*dar*-se; agujerearse)	**la canonada** (la ca-nu-*na*-da; la cañería)

Aunque si tú eres un genio de las reparaciones, y además quieres ahorrarte algún dinerillo, seguro que prefieres arreglar las cosas tú mismo. Entonces tendrás que ir a la **ferreteria** (fe-rre-te-*ri*-a) a comprar **les eines** (les *ei*-nes; las herramientas) necesarias...

Pero me parece que solo vas a poder colgar un cuadro. Entonces necesitarás estas herramientas:

- **martell** (mar-*tey*; martillo)
- **tornavís** (tor-na-*vis*; destornillador)
- **claus** (claus; clavos)
- **cargols** (car-*gols*; tornillos)
- **tacs** (tacs; tacos)
- **trepant** (tre-*pan*; taladro)

Buscando piso

Ahora ya sabes un poco más sobre las casas, pero ha llegado el momento de encontrar piso. La tarea de buscar piso es ardua, ya que los alquileres están por las nubes. Quieres, además, que tu piso esté bien situado, amueblado, que sea espacioso y soleado.

Escucha los siguientes diálogos, y empieza a aprender lo que tendrás que decir si quieres encontrar piso.

Hablando se entiende la gente

ESCUCHA

Cristina está buscando piso, entra en una agencia inmobiliaria y le pregunta al **venedor** (ve-ne-*do*; vendedor):

Cristina:	**Busco un pis de lloguer per aquest barri** (*bus*-cu un pis de llu-*gue* per a-*quet ba*-rri; busco un piso de alquiler en este barrio).
Venedor:	**Com ha der ser?** (com a de ser; ¿cómo lo quiere?)
Cristina:	**Necessito un pis moblat, de tres habitacions i a prop del mercat** (ne-se-*si*-tu un pis mu-*bblat* de tres a-bi-ta-si-*ons* ia prop del mer-*cat*; necesito un piso amueblado, con tres habitaciones y cerca del mercado).
Venedor:	**Sí, miri: aquí en tinc un que li pot anar bé, de tres habitacions, cuina i un lavabo petit** (si *mi*-ri a-*qui* en tinc un que li pot a-*na* be de tres a-bi-ta-si-*ons cui*-na i un la-*va*-bu pe-*tit*; sí, mire: aquí tengo un piso que le puede ir bien, con tres habitaciones y un lavabo pequeño).
Cristina:	**Quant val aquest pis?** (quan val a-*quet* pis; ¿cuánto vale este piso?)
Venedor:	**El lloguer és de 600 € al mes** (el llu-*gue* es de si-*sens eu*-rus al mes; el alquiler es de 600 € al mes).
Cristina:	**Me'l quedo** (mel *que*-du; me lo quedo).

Si buscas piso o ya lo has encontrado, una de las preguntas más habituales es dónde se encuentra:

- » **On està situat?** (on es-*ta* si-tu-*at*; ¿dónde está situado?)
- » **On és?** (on es; ¿dónde está?)
- » **Cap on cau?** (cap on cau; ¿por dónde cae?)

Las respuestas pueden ser:

- » **al centre** (al *sen*-tre; en el centro)
- » **als afores** (als a-*fo*-res; en las afueras)
- » **al casc antic** (al casc an-*tic*; en el casco antiguo)
- » **a banda de mar / de muntanya** (a *ban*-da de mar de mun-*ta*-ña; al lado de mar / de montaña)
- » **a la part alta de la ciutat** (a la part *al*-ta de la siu-*tat*; en la parte alta de la ciudad)

GRAMÁTICA

Ya has visto anteriormente los usos del verbo **haver** y el pronombre **hi** para indicar el lugar o la existencia de algo; pero ahora debes responder a unas simples preguntas utilizando estos verbos junto con el pronombre **en / n'** para sustituir un nombre:

—**Hi ha bany, en aquest pis?** (ia bañ en a-*quet* pis; ¿hay baño en este piso?)

—**Sí que n'hi ha** (si que ni a; sí hay).

—**Hi ha telèfon?** (ia te-*le*-fun; ¿hay teléfono?)

—**No n'hi ha** (no ni a; no hay).

En cada caso **n'** sustituye a **bany** y a **telèfon**. Este pronombre no existe en castellano.

RECUERDA

Y para terminar este capítulo, me parece que ha llegado el momento de repasar en catalán algunas cifras astronómicas, que responden a la pregunta **Quant val aquest pis?** (quan val a-*quet* pis; ¿cuánto vale este piso?).

- » **800 € al mes** (vuit sens *eu*-rus al mes; 800 € al mes).
- » **332.539 €** (tres-*sens* tren-ta-*dos* mil cinc-*sens* tren-ta-*nou* *eu*-rus).

Palabras para recordar

pis	pis	piso
cambra de bany	*cam*-bra de bañ	baño
cuina	*cui*-na	cocina
menjador	men-ya-*do*	comedor
estudi	es-*tu*-di	estudio
sala d'estar	*sa*-la des-*ta*	salón
dormitori	dur-mi-*to*-ri	dormitorio

Juegos y ejercicios divertidos

Haz un recorrido por esta casa e identifica las estancias y los elementos que están señalados con una flecha.

EN ESTE CAPÍTULO

- Todo lo relacionado con las profesiones y los oficios
- Preguntar a qué se dedica alguien
- Explicar en qué consiste un trabajo
- Dar instrucciones a los demás

Capítulo 8
Mi trabajo, mi adorado empleo

A nadie le gusta trabajar. Eso es lo que dicen pero, en verdad, el esfuerzo que dedicamos a la producción de "nuestra" pequeña riqueza es algo realmente serio. Por tanto, es necesario estar familiarizado con el lenguaje laboral y el mundo de los negocios.

En realidad, **el treball** (el tre-*bay*; el trabajo) o **la feina** (la *fei*-na; el trabajo) es un aspecto de la vida de las personas tan importante como la familia o los amigos, y es asimismo una manera de definir nuestra identidad. Ya el dicho **Feina feta no fa destorb** (*fei*-na *fe*-ta no fa des-*torp*; faena hecha no estorba) se refiere al carácter trabajador de los catalanes, del cual tienen fama.

Cómo preguntar a qué se dedica alguien

Una de las conversaciones más habituales que se producen después de conocer a alguien es preguntar a qué se dedica. Existen varias posibilidades de hacerlo en catalán:

- **A què et dediques?** (a quet de-*di*-ques; ¿a qué te dedicas?)
- **De què fas?** (de que fas; ¿a qué te dedicas?)
- **De què treballes?** (de que tre-*ba*-lles; ¿en qué trabajas?)

Y estas son las posibles respuestas:

- **Sóc infermera** (soc in-fer-*me*-ra; soy enfermera).
- **Faig de fuster** (fach de fus-*te*; soy carpintero).
- **Treballo de comercial** (tre-*ba*-llu de cu-mer-si-*al*; trabajo como comercial).

GRAMÁTICA

El verbo **fer** (fe; hacer) significa realizar una acción, pero en catalán la expresión **fer de** significa "trabajar de". Es decir que también se usa para indicar a qué se dedica alguien, como en la frase **De què fas?**, que no podemos traducir por "¿De qué haces?", sino por "¿A qué te dedicas?" o "¿En qué trabajas?".

En consecuencia, es muy corriente el verbo **fer** para este uso, así como en las respuestas:

- **Faig de dependenta** (fach de de-pen-*den*-ta; trabajo de dependienta).

VERBOS

Todo lo anterior hace que sea tan necesario conocer bien el verbo **fer**. La tabla 8-1 te lo presenta:

TABLA 8-1 **El verbo *fer***

Pronombre	Presente
jo	**faig** (fach; hago)
tu	**fas** (fas; haces)
ell / ella / vostè	**fa** (fa; hace)
nosaltres	**fem** (fem; hacemos)
vosaltres	**feu** (feu; hacéis)
ells / elles / vostès	**fan** (fan; hacen)

Para preguntar dónde trabaja uno, se debe utilizar el pronombre interrogativo **on** (on; dónde), y empezar así la pregunta:

» **On treballes?** (on tre-*ba*-lles; ¿dónde trabajas?)

Siempre debes responder, utilizando las preposiciones **a / en**:

» **Treballo a Correus** (tre-*ba*-llu a cu-*rreus*; trabajo en Correos).

» **Treballo en un banc** (tre-*ba*-llu en un banc; trabajo en un banco).

GRAMÁTICA

Para expresar la situación se utiliza la preposición **a**. Esta preposición, al entrar en contacto con los artículos **el / els** se contrae en las formas **al / als**. Pero delante de los artículos **un**, **una**, **uns**, **unes** se utiliza la preposición **en**.

a + el = **al**

a + els = **als**

Ante las preguntas:

» **Treballes a l'editorial?** (tre-*ba*-lles a le-di-tu-ri-*al*; ¿trabajas en la editorial?)

» **Encara treballes a l'editorial?** (en-*ca*-ra tre-*ba*-lles a le-di-tu-ri-*al*; ¿todavía trabajas en la editorial?)

debes responder:

» **Sí que hi treballo** (sí que i tre-*ba*-llu; sí trabajo [en la editorial]).

» **No, ja no hi treballo** (no ja no i tre-*ba*-llu; no, ya no trabajo [en la editorial]).

RECUERDA

Como verás en detalle en los capítulos 10 y 11, el pronombre adverbial **hi** se utiliza también para representar un lugar, en este caso el lugar de trabajo. Por tanto, en las respuestas que acabas de ver, **hi** sustituye a **editorial** (lugar de trabajo); pero en castellano este pronombre no es necesario y, en todo caso, se repite el complemento (editorial).

Hablando se entiende la gente

ESCUCHA

Juan y Ernesto son dos amigos que se encuentran casualmente en la calle y enseguida empiezan a hablar de sus respectivos trabajos.

Joan: **Encara treballes al Banc de Sabadell?** (en-*ca*-ra tre-*ba*-lles al banc de sa-ba-*dey*; ¿todavía trabajas en el Banco de Sabadell?)

Ernest: **No, ja no hi treballo. Ara treballo en un bufet d'advocats** (no ya no i tre-*ba*-llu *a*-ra tre-*ba*-llu en un bu-*fet* dad-vu-*cats*; no, ya no trabajo allí. Ahora trabajo en un bufete de abogados).

Joan: **Quin horari fas? I el sou? I les vacances?** (quin u-*ra*-ri fas i el sou i les va-*can*-ses; ¿qué horario haces? ¿Y el sueldo y las vacaciones?)

Ernest: **Faig 40 hores setmanals, 14 pagues i un mes de vacances** (fach cua-*ran-to*-res sem-ma-*nals* ca-*tor*-se *pa*-gues iun mes de va-*can*-ses; hago 40 horas semanales, 14 pagas y un mes de vacaciones).

Explicar en qué consiste un trabajo

Para hablar de las ocupaciones y los diferentes trabajos y al mismo tiempo explicar en qué consiste tu trabajo, puedes empezar diciendo:

» **Faig de taxista** (fach de tac-*sis*-ta; trabajo de taxista).

» **Condueixo un taxi** (cun-du-*e*-shu un tac-si; conduzco un taxi).

» **Sóc carter, reparteixo cartes** (soc car-*te* re-par-*te*-shu *car*-tes; soy cartero, reparto cartas).

» **Sóc pintor, pinto quadres** (soc pin-*to* *pin*-tu *cua*-dres; soy pintor, pinto cuadros).

» **Sóc paleta, construeixo cases** (soc pa-*le*-ta cuns-tru-*e*-shu *ca*-ses; soy paleta, construyo casas).

VERBOS

Los verbos **conduir** (cun-du-*ir*; conducir), **repartir** (re-par-*ti*; repartir) y **construir** (cons-tru-*i*; construir) pertenecen a la tercera conjugación, pero no se conjugan como los demás, sino que son **incoatius** (in-cu-a-*tius*; incoativos; consulta también el capítulo 2). A continuación te lo explico:

En catalán la tercera conjugación puede hacerse de dos formas: **pura** e **incoativa** (excepto en un número reducido de verbos en que puede hacerse de las dos formas); sin embargo, la mayoría de verbos utilizan la forma incoativa.

VERBOS

Un ejemplo de conjugación regular pura es el verbo **dormir** (dur-*mi*; dormir), que ves en la tabla 8-2.

TABLA 8-2 **Presente del verbo *dormir***

Persona	Singular		Plural	
1.ª	jo	**dormo** (*dor*-mu; duermo)	nosaltres	**dormim** (dur-*mim*; dormimos)
2.ª	tu	**dorms** (dorms; duermes)	vosaltres	**dormiu** (dur-*miu*; dormís)
3.ª	ell, ella, vostè	**dorm** (dorm; duerme)	ells, elles, vostès	**dormen** (*dor*-men; duermen)

VERBOS

La raíz de **dormir** es **dorm-** y las desinencias aparecen en la tabla 8-3:

TABLA 8-3 **Las desinencias del presente del verbo *dormir***

Persona	Singular		Plural	
1.ª	jo	**-o**	nosaltres	**-im**
2.ª	tu	**-s**	vosaltres	**-iu**
3.ª	ell, ella, vostè	-	ells, elles, vostès	**-en**

La tercera persona del singular no tiene terminación y, por lo tanto, coincide con la forma de la raíz.

VERBOS

Como la mayoría de verbos de la tercera conjugación son incoativos, te voy a mostrar un ejemplo de conjugación regular incoativa con el verbo **conduir** (consulta la tabla 8-4):

TABLA 8-4 Presente del verbo *conduir*

Persona	Singular		Plural	
1.ª	jo	**condueixo** (cun-du-*e*-shu; conduzco) **conduisc** (con-du-*isc*; conduzco)	nosaltres	**conduïm** (cun-du-*im*; conducimos)
2.ª	tu	**condueixes** (cun-du-*e*-shes; conduces) **conduixes** (con-du-*i*-shes; conduces)	vosaltres	**conduïu** (cun-du-*iu*; conducís)
3.ª	ell, ella, vostè	**condueix** (cun-du-*esh*; conduce) **conduix** (con-du-*ish*; conduce)	ells, elles, vostès	**condueixen** (cun-du-*e*-shen; conducen) **conduixen** (cun-du-*i*-shen; conducen)

VERBOS

La raíz de **conduir** es **cond(u)-**. Fíjate que la conjugación incoativa es la misma que la pura, excepto que en las tres personas del singular y la tercera persona del plural se añade la partícula **-eix-** (**-isc** / **-ix-** para el valenciano). Pero la primera y la segunda persona del plural coinciden en la misma forma, como te muestra la tabla 8-5.

TABLA 8-5 Terminaciones del verbo *conduir* (también en valenciano)

Persona	Singular		Plural	
1.ª	jo	**-eix-o** **-isc**	nosaltres	**-ïm**
2.ª	tu	**-eixe-s** **-ixe-s**	vosaltres	**-ïu**
3.ª	ell, ella, vostè	**-eix** **-ix**	ells, elles, vostès	**-eix-en** **-ix-en**

Profesiones, oficios y demás trabajos

Para ayudarte a describir los tipos de trabajo te presento a continuación algunas categorías generales y ocupaciones específicas. Asimismo observarás la diferencia entre el masculino y el femenino:

» Profesiones:

- **metge / metgessa** (*me*–che / me-*che*-sa; médico)
- **advocat / advocada** (ad-vu-*cat* / ad-vu-*ca*-da; abogado, abogada)
- **porter / portera** (pur-*te* / pur-*te*-ra; portero, portera)

cirurgià / cirurgiana (si-rur-yi-*a* / si-rur-yi-*a*-na)

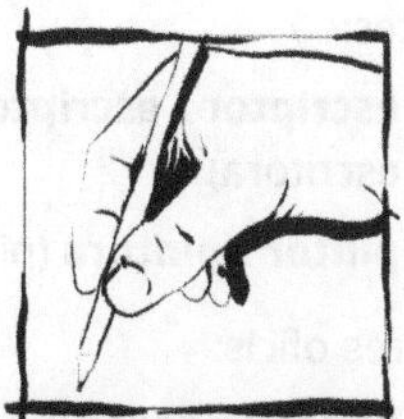

dibuixant (di-bu-*shan*)

cuiner / cuinera (cui-*ne* / cui-*ne*-ra)

policia (pu-li-*ci*-a)

professor / professora (pru-fe-*so* / pru-fe-*so*-ra)

paleta (pa-*le*-ta)

FIGURA 8-1: Algunos oficios frecuentes

» Negocios:

- **administratiu / administrativa** (ad-mi-nis-tra-*tiu* / ad-mi-nis-tra-*ti*-va; administrativo, administrativa)
- **comptable** (cum-*ta*-bble; contable)
- **gerent / gerente** (ye-*ren*; gerente)
- **empresari / empresària** (em-pre-*sa*-ri / em-pre-*sa*-ri-a; empresario, empresaria)

» Oficios:

- **fuster** (fus-*te*; carpintero)
- **mecànic** (me-*ca*-nic; mecánico)
- **pastisser** (pas-ti-*se*; pastelero)
- **forner** (fur-*ne*; panadero)
- **lampista** (lam-*pis*-ta; electricista, lamparero o fontanero)

» Artes:

- **escriptor / escriptora** (es-crip-*to* / es-crip-*to*-ra; escritor, escritora)
- **pintor / pintora** (pin-*to* / pin-*to*-ra; pintor, pintora)

» Altres oficis:

- **pagès / pagesa** (pa-*yes* / pa-*ye*-sa; campesino, campesina)
- **viatjant** (vi-a-*chan*; viajante)
- **venedor / venedora** (ve-ne-*do* / ve-ne-*do*-ra; vendedor, vendedora)
- **missatger / missatgera** (mi-sa-*che* / mi-sa-*che*-ra; mensajero, mensajera)

GRAMÁTICA

Te presento las terminaciones o sufijos para los nombres de oficios en la tabla 8-6. Observa que los que terminan en **-aire** e **-ista** tienen la misma forma para el masculino que para el femenino. Además, no debes pronunciar la *r* de los nombres terminados en *-r* final:

EL PAGÈS CATALÁN

CULTURA GENERAL

Quizás te habrá parecido extraña la palabra **pagès**, pues en Cataluña, en el País Valenciano y en las Islas Baleares a los campesinos se les llama así: *payés, payesa*. No podemos decir que se trate de meros labradores o simples campesinos porque la palabra tiene una valoración más elevada. En la Edad Media, los payeses que vivían en la ciudad llegaban a formar gremios de oficios y, en general, disfrutaban de una situación de bienestar en el mundo agrario. Hoy día diríamos que los **pagesos** (pa-*ye*-sus; payeses) son las personas que se dedican a **conrear la terra** (cun-re-*a* la *te*-rra; a cultivar la tierra) y a vivir de ella.

TABLA 8-6 Terminaciones masculinas y femeninas de algunos oficios

Sufijo	Oficio
-à **-ana**	**cirurgià / cirurgiana** (si-rur-yi-*a* si-rur-yi-*a*-na; cirujano / cirujana)
-aire	**dansaire** (dan-*sai*-re; el o la danzante)
-ari **-ària**	**secretari / secretària** (se-cre-*ta*-ri se-cre-*ta*-ri-a; secretario / secretaria)
-er **-era**	**perruquer / perruquera** (pe-rru-*que* pe-rru-*que*-ra; peluquero / peluquera)
-ista	**modista** (mu-*dis*-ta; el o la modista)
-or **-ora**	**conductor / conductora** (cun-duc-*to* cun-duc-*to*-ra; conductor / conductora)

¿Dónde trabajan los profesionales?

RECUERDA

Los profesionales trabajan siempre en un lugar concreto, que debes indicar mediante las formas preposicionales **al**, **a la**, **a l'**, **als** y **a les**, que corresponden a "en" en castellano:

- **El dependent treballa a la botiga** (el de-pen-*den* tre-*ba*-lla a la bu-*ti*-ga; el dependiente trabaja en la tienda).
- **El director treballa al despatx** (el di-rec-*to* tre-*ba*-lla al des-*pach*; el director trabaja en el despacho).
- **Els cuiners treballen a la cuina** (els cui-*nes* tre-*ba*-llen a la *cui*-na; los cocineros trabajan en la cocina).
- **Els metges i les infermeres treballen als hospitals** (els *me*-ches i les in-fer-*me*-res tre-*ba*-llen als us-pi-*tals*; los médicos y las enfermeras trabajan en el hospital).
- **Els professors treballen a les universitats** (els pru-fe-*sos* tre-*ba*-llen a les u-ni-ver-si-*tats*; los profesores trabajan en las universidades).
- **Els paletes i manobres treballen a l'obra** (els pa-*le*-tes i ma-*no*-bres tre-*ba*-llen a *lo*-bra; los albañiles y peones trabajan en la obra).

Dar y pedir información sobre las condiciones de un trabajo

Imagínate que es el primer día en tu nuevo empleo, y te encuentras con un amigo que te pregunta sobre tu trabajo. Las posibles preguntas son:

- **Què fas a la feina?** (que fas a la *fei*-na; ¿qué haces en el trabajo?)
- **En què consisteix la teva feina?** (en que cun-sis-*tesh* la *te*-va *fei*-na; ¿en qué consiste tu trabajo?)

Naturalmente, tú vas responderle de manera muy convincente:

» **Dirigeixo una empresa** (di-ri-*ye*-shu *u*-na em-*pre*-sa; dirijo una empresa).

Seguramente tu amigo se habrá quedado tan impresionado que te va a interrogar con un montón de típicas preguntas:

» **Quant guanyes?** (quan *gua*-ñes; ¿cuánto ganas?)

» **Quin horari fas?** (quin u-*ra*-ri fas; ¿qué horario haces?)

» **Quants mesos de vacances fas?** (quans *me*-sus de va-*can*-ses fas; ¿cuántos meses tienes de vacaciones?)

Para preguntar qué hace exactamente una persona en el ejercicio de su profesión, la pregunta clave es: **Què fa un...?** (¿qué hace un...?, ¿a qué se dedica un...?)

» **Què fa un advocat?** (que fa un ad-vu-*cat*; ¿qué hace un abogado?)

» **Què fa un metge?** (que fa un *me*-che; ¿qué hace un médico?)

» **Què fa un fuster?** (que fa un fus-*te*; ¿qué hace un carpintero?)

» **Què fa un lampista?** (que fa un lam-*pis*-ta; ¿qué hace un electricista?)

» **Què fa un manobre?** (que fa un ma-*no*-bre; ¿qué hace un peón?)

Y estas son las respuestas a tus preguntas:

» **Dóna parer sobre qüestions de dret** (*do*-na pa-*re* *so*-bre qües-ti-*ons* de dret; da su parecer sobre cuestiones de derecho).

» **Exerceix la medicina** (ec-ser-*sesh* la me-di-*si*-na; ejerce la medicina).

» **Fa objectes de fusta, treballa la fusta** (fa ub-*jec*-tes de *fus*-ta tre-*ba*-lla la *fus*-ta; fabrica objetos de madera, trabaja la madera).

» **Posa o arregla llums i instal·lacions elèctriques, d'aigua i gas** (*po*-sa o a-*rre*-cla llums i ins-tal-la-si-*ons* e-*lec*-tri-ques *dai*-gua i gas; coloca y arregla lámparas e instalaciones eléctricas, de agua y gas).

» **Ajuda el paleta** (a-*ju*-da el pa-*le*-ta; ayuda al albañil).

Hablando se entiende la gente

ESCUCHA

Carmen es administrativa y acaba de empezar su nuevo empleo en una oficina de un agente de la propiedad inmobiliaria, que se dedica a la administración, venta y alquiler de fincas. La secretaria del agente le pide que organice unos ficheros y que haga una factura. Lo primero que pregunta Carmen para no equivocarse es: **Com ho he de fer?** (com u e de fe; ¿cómo lo tengo que hacer?)

Secretària: **Carme, quan puguis, s'han d'arxivar aquests documents a l'armari** (*car*-me quan *pu*-guis san dar-shi-*va* a-*quets* du-cu-*mens* a lar-*ma*-ri; Carmen, cuando puedas, tienes que archivar estos documentos en el armario).

Carme: **Com ho he de fer?** (com u e de fe; ¿cómo lo tengo que hacer?)

Secretària: **S'ha de fer per dates. El més antic al darrere i el més nou al davant** (sa de fe per *da*-tes el mes an-*tic* al da-*rre*-re iel mes nou al da-*van*; tienes que hacerlo por fechas. El más antiguo detrás y el más nuevo delante).

Carme: **I quan acabi què faig?** (i quan a-*ca*-bi que fach; ¿y cuando termine qué hago?)

Secretària: **Quan acabis, hauries de fer una factura al Sr. Ferrerons** (quan a-*ca*-bis au-*ri*-es de fe *u*-na fac-*tu*-ra al se-*ño* fe-rre-*rons*; cuando acabes, deberías hacer una factura al Sr. Ferrerons).

Carme: **Paga al comptat o a 30 dies vista?** (*pa*-ga al cum-*tat* o a *tren*-ta *di*-es *vis*-ta; ¿paga al contado o a 30 días vista?)

Secretària: **Al comptat. Quan ho tindràs llest?** (al cum-*tat* quan u tin-*dras* llest; al contado. ¿Cuándo estará listo?)

Carme: **Arxivar els fitxers m'ocuparà tot el matí, però a primera hora de la tarda ho tindré**

tot enllestit (ar-shi-*va* els fi-*ches* mu-cu-pa-*ra* tot el ma-*ti* pe-*ro* a pri-*me-ro*-ra de la *tar*-da u tin-*dre* tot en-lles-*tit*; archivar los ficheros me llevará toda la mañana, pero a primera hora de la tarde habré acabado).

Secretària: **D'acord, si necessites ajuda m'ho dius** (da-*cort* si ne-se-*si*-tes a-*yu*-da mu dius; de acuerdo, si necesitas ayuda me lo dices).

Carme: **Què he de fer després?... Que puc fer festa?** (que e de fe des-*prés* que puc fe *fes*-ta; ¿qué tengo que hacer luego?... ¿Puedo hacer fiesta?)

Secretària: **Impossible!** (im-pu-si-*ble*; ¡imposible!)

Palabras para recordar

a què et dediques?	a quet de-*di*-ques	¿a qué te dedicas?
faig de...	fach de...	trabajo como...
on treballes?	on tre-*ba*-lles	¿dónde trabajas?
treballo en un...	tre-*ba*-llu en un...	trabajo en un...
què fas a la feina?	que fas a la *fei*-na	¿qué haces en el trabajo?

Juegos y ejercicios divertidos

Observa las siguientes frases y adivina la palabra que corresponda a la definición:

(1) Persona que té per ofici curar els malalts.

(2) Persona que té per ofici conrear la terra.

(3) Persona que té per ofici treballar la fusta.

(4) Persona que té per ofici portar missatges.

(5) Persona que té per ofici ajudar el paleta.

(6) Persona que té per ofici representar i patrocinar en judici les causes.

(7) Persona que té per ofici col·locar instal·lacions elèctriques.

(8) Persona que porta la comptabilitat d'una empresa.

EN ESTE CAPÍTULO

Los alimentos

Pesos, cantidades y medidas

Compra de ropa

Opiniones sobre los productos

Capítulo 9

De compras en tiendas y mercados

Ha llegado el momento de ir de compras, bien sea porque tus mejores amigos te han invitado a cenar y les llevarás un regalito, porque vas a comprar tu sustento al mercado o los ingredientes para una receta culinaria, o simplemente porque te apetece renovar tu vestuario. En resumen, ir de compras te ofrece una buena oportunidad para practicar el catalán. Asegúrate de dominar todas las expresiones y vocabulario que te presento.

En este capítulo vas a encontrar toda la información necesaria para que tus compras sean un éxito y vas a conocer a fondo los diferentes artículos y productos que estás buscando. Podrás pedir ayuda sobre lo que no entiendas, hacer comentarios, expresar tus gustos y opiniones, etc. Así que coge dinero o tu tarjeta de crédito y sal a la calle: ¡te vas de compras!

Vine al mercat, reina! Vine al mercat, rei!

Vine al mercat, reina! Vine al mercat, rei! (*vi*-nal mer-*cat* *rei*-na / rei; ¡ven al mercado, reina / rey!) es el lema afectuoso que muchos ayuntamientos han popularizado para atraer a los consumidores a los centros de alimentación de productos frescos y de temporada, los lugares más típicos y populares donde puedes hallar toda clase de alimentos.

Sí, en todas las ciudades y pueblos catalanes encontrarás un mercado, además de un supermercado y alguna tienda de comestibles o de **queviures** (que-*viu*-res; víveres), aparte de otras tiendas con los demás productos.

Lo primero que deberás aprender en catalán es distinguir entre una **tenda** (*ten*-da; tienda) y una **botiga** (bu-*ti*-ga; tienda). Una **tenda** es un establecimiento donde se venden comestibles, mercería y otros géneros, lo que en castellano diríamos colmado. En cambio, una **botiga** es un establecimiento donde venden uno o más artículos de comercio, por ejemplo una **sabateria** (sa-ba-te-*ri*-a; zapatería). Con estos dos ejemplos lo verás claro:

- **Venen escombres a la tenda de la cantonada** (*ve*-nen es-*com*-bres a la *ten*-da de la can-tu-*na*-da; venden escobas en la tienda de la esquina).
- **La Sílvia ha posat una botiga de robes** (la *sil*-vi-a a pu-*sat* *u*-na bu-*ti*-ga de *ro*-bes; Silvia ha puesto una tienda de ropa).

Pero, en general, la gente suele ir a comprar alimentos al **mercat** (mer-*cat*; mercado), mucho más popular que el **supermercat** (*su*-per-mer-*cat*; supermercado); ambos son lugares destinados a la venta de toda clase de productos alimenticios reunidos en un mismo lugar. Como puedes ver en la tabla 9-1, en ellos se encuentra de todo:

TABLA 9-1 **Productos alimenticios**

Establecimiento	Productos en venta
peixateria (pe-sha-te-*ri*-a; pescadería)	**fruits de mar** (fruits de mar; frutos de mar) **cloïsses** (clu-*i*-ses; almejas) **musclos** (*mus*-clus; mejillones) **escamarlans** (es-ca-mar-*lans*; cigalas) **peix** (pesh; pescado) **lluç** (llus; mer-*lu*-za) **llobarro** (llu-*ba*-rru; lubina) **orada** (u-*ra*-da; dorada) **popets** (pu-*pets*; pulpitos)
carnisseria (car-ni-se-*ri*-a; carnicería)	**carn** (carn; carne) **bistec de vedella** (bis-*tec* de ve-*de*-lla; bistec de ternera) **costelles de xai** o **be** (cus-*te*-lles de shai o be; costillas de cordero) **llonzes de porc** (*llon*-ses de porc; chuletas de cerdo) **salsitxes** (sal-*si*-ches; salchichas)
polleria (pu-lle-*ri*-a; pollería)	**pollastre** (pu-*llas*-tre; pollo) **ànec** (*a*-nec; pato) **conill** (cu-*niy*; conejo) **ous** (ous; huevos)
llegums cuits (lle-*gums* cuits; tienda de legumbres cocidas)	**llenties** (llen-*ti*-es; lentejas) **cigrons** (si-*grons*; garbanzos) **mongetes** (mun-*che*-tes; judías, alubias)
forn o **fleca** (forn o *fle*-ca; panadería)	**pa** (pa; pan) **pa de pessic** (pa de pe-*sic*; bizcocho) **ensaïmada** (en-sa-i-*ma*-da; ensaimada) **coca** (*co*-ca; coca, torta)
pastisseria (pas-ti-se-*ri*-a; pastelería)	**pastís de xocolata** (pas-*tis* de shu-cu-*la*-ta; pastel de chocolate) **tortell** (tur-*tey*; roscón) **braç de gitano** (bras de yi-*ta*-nu; brazo de gitano) **bunyols** (bu-*ñols*; buñuelos) **torró** (tu-*rro*; turrón)

(continúa)

(continuación)

Establecimiento	Productos en venta
queviures (que-*viu*-res; tienda de víveres)	**oli** (*o*-li; aceite)
	vinagre (vi-*na*-gre; vinagre)
	cafè (ca-*fe*; café)
	mantega (man-*te*-ga; mantequilla)
	llet (llet; leche)
herbes i espècies (*er*-bes i es-*pe*-si-es; tienda de hierbas y especias)	**farigola** (fa-ri-*go*-la; tomillo)
	romaní (ru-ma-*ni*; romero)
	alls (ays; ajos)
	safrà (sa-*frà*; azafrán)
	pebre (*pe*-bre; pimienta)

Pedir turno en una tienda

Ha llegado ya la hora de practicar un poco lo que has aprendido. Ha llegado, pues, para decirlo claro, tu momento más importante. De modo que al entrar en un mercado o en una tienda vas a mostrar tus maravillosas habilidades lingüísticas. Pero en primer lugar aprende a pedir turno, pues hay gente haciendo cola, y uno no debe ser grosero. Esto es lo que tienes que decir:

- **Qui és l'últim?** (qui es *lul*-tim; ¿quién es el último?)
- **Qui és l'última?** (qui es *lul*-ti-ma; ¿quién es la última?)
- **Vostè és l'últim?** (vus-*te* es *lul*-tim; ¿es usted el último?)
- **Ja el despatxen?** (jal des-*pa*-chen; ¿ya lo atienden?)

Las respuestas que te darán son muy simples:

- **Jo mateix** (yo ma-*tesh*; yo)
- **Jo mateixa** (yo ma-*te*-sha; yo)
- **Servidora!** (ser-vi-*do*-ra; ¡servidora!)
- **Sí, ja em despatxen** (si jam des-*pa*-chen; sí, ya me atienden)

Además, las mismas respuestas te serán útiles cuando te toque tu turno y el dependiente te pregunte:

» **Qui és ara?** (qui es *a*-ra; pero no traduzcas ¿quién es ahora?, sino ¿a quién le toca?)

A menudo, en el supermercado, es difícil hallar un producto entre tantos y hay que ser un verdadero Sherlock para encontrar aquella rara especie que andas buscando... No te comas más el coco y pregúntale al encargado; habla en catalán:

» **On puc trobar...?** (on puc tru-*ba*; ¿dónde puedo encontrar...?)

» **On són les...?** (on son les; ¿dónde están las...?)

» **Tenen...?** (*te*-nen; ¿tienen...?)

» **Venen...?** (*ve*-nen?; ¿venden...?)

Cacarea con estas estructuras que te resumo en la tabla 9-2: **qui**, **què**, **que**, **quins**, **quines**...

TABLA 9-2 **Expresiones para preguntar**

Catalán		Castellano
a)	**Per demanar tanda** (per de-ma-*na tan*-da)	**Para pedir turno**
	Qui és ara? (qui es *a*-ra)	¿A quién le toca?
	Qui és l'últim/l'última? (qui es *lul*-tim *lul*-ti-ma)	¿Quién es el último / la última?
b)	**Per demanar i despatxar** (per de-ma-*na* i des-pa-*cha*)	**Para pedir y despachar**
	Què vol? (que vol)	¿Qué quiere?
	Què li poso? (que li *po*-so)	¿Qué le pongo?
	Que té taronges? (que te ta-*ron*-ches)	¿Tiene naranjas?
	Quins / quines vol? (quins *qui*-nes vol)	¿Cuáles quiere?
c)	**Per saber què és un producte** (per sa-*be* que es un pro-*duc*-te)	**Para saber qué es un producto**
	Què és això? (ques a-*sho*)	¿Esto qué es?

RECUERDA

Si no te acuerdas de que en catalán una lechuga es un **enciam,** no te cortes y pregúntalo así:

» **Com es diu *lechuga* en català?** (com es diu lechuga en ca-ta-*la*; ¿cómo se dice lechuga en catalán?)

» **Em pot dir què vol dir enciam, sisplau?** (em pot di que vol di en-si-*am* sis-*plau*; ¿puede decirme qué quiere decir enciam por favor?)

Comprar alimentos y productos del mercado

Ahora ya puedes empezar la compra:

» **Posi'm formatge i pernil dolç** (*po*-sim fur-*ma*-che i per-*nil* dols; póngame queso y jamón de York).

» **Vull mortadel·la** (vull mur-ta-*del*-la; quiero mortadela).

Hablando se entiende la gente

ESCUCHA

Isabel necesita comprar algunos comestibles. No le ha dado tiempo de ir al mercado y se abastece en la tienda de la esquina. Esta es la conversación que sostiene con el dependiente:

Dependent:	**Qui és ara?** (qui es *a*-ra; ¿a quién le toca?)
Isabel:	**Jo mateixa** (yo ma-*te*-sha; a mí).
Dependent:	**Què voldria?** (que vul-*dri*-a; ¿qué quiere?)
Isabel:	**Posi'm fuet, sisplau** (*po*-sim fu-*et* sis-*plau*; póngame fuet, por favor).
Dependent:	**Quant en vol?** (quan ten vol; ¿cuánto quiere?)
Isabel:	**En vull 150 g, tallat a rodanxes** (en vuy sen sin-*cuan*-ta grams ta-*llat* a ru-*dan*-shes; quiero 150 g, cortado a rodajas).
Dependent:	**Vol alguna cosa més?** (vol al-*gu*-na *co*-sa més; ¿quiere algo más?)

Isabel: **A quant va el pernil ibèric?** (a quan va el per-*nil* i-*be*-ric; ¿cuánto vale el jamón ibérico?)

Dependent: **A 27 € el quilo** (a vin-ti-*set eu*-rus el *qui*-lo; 27 € el kilo).

Isabel: **Posi-me'n 100 g** (*po*-si-men sen grams; póngame 100 g).

Dependent: **Vol res més?** (vol res mes; ¿quiere algo más?)

Isabel: **No, gràcies, res més** (no *gra*-si-es res mes; no, gracias, nada más).

VERBOS

Para ir de compras tienes que saber pedir las cosas —yo quiero / yo querría (o quisiera)—, como te muestra la tabla 9-3 en los tiempos del presente y condicional.

TABLA 9-3 El verbo *voler*

Pronombre	Presente	Condicional
jo	**vull** (vuy; quiero)	**voldria** (vul-*dri*-a; querría)
tu	**vols** (vols; quieres)	**voldries** (vul-*dri*-es; querrías)
ell / ella / vostè	**vol** (vol; quiere)	**voldria** (vul-*dri*-a; querría)
nosaltres	**volem** (vu-*lem*; queremos)	**voldríem** (vul-*dri*-em; querríamos)
vosaltres	**voleu** (vu-*leu*; queréis)	**voldríeu** (vul-*dri*-eu; querríais)
ells / elles / vostès	**volen** (*vo*-len; quieren)	**voldrien** (vul-*dri*-en; querrían)

GRAMÁTICA

Para expresar la necesidad o la obligación se utiliza el verbo **haver** (a-*ve*; haber) conjugado en presente, seguido de la preposición **de** y de un verbo en infinitivo; la forma castellana **tener + que** no sirve:

» **He de comprar** (e de cum-*pra*; tengo que comprar).

La tabla 9-4 te muestra la forma de conjugar este verbo.

TABLA 9-4 El verbo *comprar*

Pronombre	Presente de haver +	de + infinitivo
jo	**he** (e; he)	**de comprar** (de cum-*pra*; de comprar)
tu	**has** (as; has)	**de comprar** (de cum-*pra*; de comprar)
ell / ella / vostè	**ha** (a; ha)	**de comprar** (de cum-*pra*; de comprar)
nosaltres	**hem** (em; hemos)	**de comprar** (de cum-*pra*; de comprar)
vosaltres	**heu** (eu; habéis)	**de comprar** (de cum-*pra*; de comprar)
ells / elles / vostès	**han** (an; han)	**de comprar** (de cum-*pra*; de comprar)

Comprar frutas y verduras

Cada cosa en su tienda, en su lugar. Que no se te ocurra comprar **un tall de rap** (un corte de rape) en una **fruiteria** (frui-te-*ri*-a; frutería) porque allí solo hay **fruites** (*frui*-tes; frutas).

A la tardor i l'hivern (a la tar-*do* i li-*vern*; en otoño e invierno) encontrarás:

- **figues** (*fi*-gues; higos)
- **pomes** (*po*-mes; manzanas)
- **peres** (*pe*-res; peras)
- **raïm** (ra-*im*; uvas)
- **taronges** (ta-*ron*-ches; naranjas)
- **magranes** (ma-*gra*-nes; granadas)

A la primavera i l'estiu (a la pri-ma-*ve*-ra i les-*tiu*; en primavera y verano):

- **nespres** (*nes*-pres; nísperos)
- **cireres** (si-*re*-res; cerezas)
- **préssecs** (*pre*-secs; melocotones)
- **albercocs** (al-ber-*cocs*; albaricoques)

- » **prunes** (*pru*-nes; ciruelas)
- » **melons** (me-*lons*; melones)
- » **síndries** (*sin*-dri-es; sandías)
- » **maduixes** (ma-*du*-shes; fresas)

Aunque también puedes encontrar fruta exótica como el **mango** (*man*-gu), la **papaia** (pa-*pa*-ia; papaya), l'**alvocat** (al-vu-*cat*; aguacate), la **pinya** (*pi*-ña) y los maravillosos **plàtans** (*pla*-tans; plátanos).

RECUERDA

Los nombres de frutas y verduras no coinciden demasiado entre el catalán y el castellano. Por eso me parece interesante ofrecerte listas de vocabulario. Ahora les llega el turno a las verduras:

- » **els carbassons** (els car-ba-*sons*; los calabacines)
- » **les carxofes** (la car-*xo*-fes; las alcachofas)
- » **les bledes** (les *ble*-des; las acelgas)
- » **l'enciam** (len-si-*am*; la lechuga)
- » **les pastanagues** (les pas-ta-*na*-gues; las zanahorias)
- » **el pebrot** (el pe-*brot*; el pimiento)
- » **el cogombre** (el cu-*gom*-bre; el pepino)
- » **els pèsols** (els *pe*-sols; los guisantes)

Precisiones sobre los productos: ¿Cómo lo quiere? ¿Cuánto vale?

Para saber si tienen un producto en una tienda debes formular la siguiente pregunta: **Té iogurts?** (te iu-*gurts*; ¿tiene yogures?). Supongamos que los yogures se han acabado. Entonces el vendedor te dirá: **No me'n queden** (no men *que*-den; no quedan); observa que de nuevo aparecen los pronombres **me** (a mí) y **'n** (en; que sustituye a los yogures).

RECUERDA

En la tabla 9-5 te presento las posibles respuestas negativas junto con sus combinaciones de pronombres. Aunque sea un poco fastidioso, pues en castellano no ocurre, debes aprenderte los pronombres que sustituyen a dichos productos. No es muy difícil, pero hay que estar atento.

TABLA 9-5 **Respuestas negativas y pronombres**

Pregunta		Respuesta		
Verbo +	**Producto +**	**Negación +**	**Pronombre +**	**Verbo (+ adv)**
Té (te; ¿tiene)	**arròs?** (a-*rros*; arroz?)	**No**	**en** (en; en)	**tinc** (tinc; tengo)
	cerveses? (ser-*ve*-ses; cervezas?)	**No**	**me'n** (men; me + en)	**queden** (*que*-den; quedan)
	llet? (llet; leche?)	**No**	**me'n** (men; me + en)	**queda gens** (*que*-da yens; queda nada)
	cap paquet de fideus? (cap pa-*quet* de fi-*deus*; algún paquete de fideos?)	**No**	**ens en** (ens en; nos)	**queda cap** (*que*-da cap; queda ninguno)
	xocolata? (shu-cu-*la*-ta; chocolate?)	**No**	**en** (en; en)	**tinc gens** (tinc yens; tengo ni pizca)

GRAMÁTICA

Utiliza estos cuantitativos en el mercado, teniendo en cuenta sus diferentes formas:

- **massa** (*ma*-sa; demasiado)
- **molt, molta, molts, moltes** (mol, *mol*-ta, mols, *mol*-tes; mucho, mucha, muchos, muchas)
- **bastant, bastants** (bas-*tan*, bas-*tans*; bastante, bastantes)
- **uns quants, unes quantes** (uns quans *u*-nes *quan*-tes; unos cuantos, unas cuantas)
- **poc, poca, pocs, poques** (poc *po*-ca pocs *po*-ques; poco, poca, pocos, pocas)

Para las oraciones negativas utiliza estos:

- **gaire / gaires** (*gai*-re / *gai*-res; con el sentido de poco, poca, pocos, pocas)
- **gens** (yens; nada, para artículos no contables)
- **cap** (cap; ninguno, para artículos contables)
- **res** (res; nada, es un pronombre, y significa "ninguna cosa")

Para expresar las preferencias (cómo quieres que te sirvan un alimento), que responden a la pregunta **Com el vol?** (com el vol; ¿cómo lo quiere?), podemos utilizar diferentes formas. La tabla 9-6 te las muestra:

TABLA 9-6 **Distintas respuestas a la pregunta "¿Cómo lo quiere?"**

Pregunta			Respuesta	
Cuantitativo	**Pronombre** (sustituye al producto)	**Verbo**	**(Locución adverbial)**	**Adjetivo**
Com (com; ¿cómo)	**la** (la; la) **el** (el; lo) **les** (les; las) **els** (els; los)	**vol?** (vol; quiere?)	**Més aviat** (mes a-vi-*at*; más bien)	**madura** (ma-*du*-ra; madura) **verd** (verr; verde) **petites** (pe-*ti*-tes; pequeñas) **grossos** (*gro*-sos; grandes) **gruixuda** (gru-*shu*-da; gruesa) **prima** (*pri*-ma; delgada)

GRAMÁTICA

- Para referirse a un producto concreto utiliza **el, la, els, les: Com el vol?** (com el vol; ¿cómo lo quiere?) Imagínate que aquí se refiere, por ejemplo, a "el melón".
- Cuando al hablar de un producto genérico que quieres comprar no concretas si quieres este o aquel tienes que usar **en**: **Quantes en vol?** (*quan*-tes en vol; ¿cuántas quiere?)
- Cuando te refieres a diversos productos tienes que utilizar **ho**: **Aquí ho té tot** (a-*qui* u te tot; aquí lo tiene todo).

Para mostrar interés por un producto puedes preguntarle al vendedor:

- **Són madurs els préssecs?** (son ma-*dus* els *pre*-secs; ¿están maduros los melocotones?)
- **Són dolces aquestes pinyes?** (son *dol*-ses a-*ques*-tes *pi*-ñes; ¿son dulces estas piñas?)

Si compras una piña porque el vendedor te ha dicho **Sí, són molt dolces!** (si son mol *dol*-ses; ¡sí, son muy dulces!), pero en realidad es tan ácida que te dan escalofríos, vuelve rápidamente al mercado y quéjate al vendedor:

» **Aquesta pinya no és gens dolça!** (a-*ques*-ta *pi*-ña no es yens *dol*-sa; ¡esta piña no es nada dulce!)

Antes de comprar algo, debes negociar las cantidades. La tabla 9-7 te enseña cómo preguntar el precio:

TABLA 9-7 **Cómo preguntar cuánto cuesta algo**

Para preguntar el precio	
Cliente	Dependiente
Quant val un paquet de sucre? (quan val un pa-*quet* de *su*-cre; ¿cuánto cuesta un paquete de azúcar?)	**Val un euro** (val un *eu*-ru; vale 1 €).
Quant és? (quan tes; ¿cuánto cuesta?)	**Són dotze euros** (son *dot-seu*-rus; son 12 €).
A quant van les cireres? (a quan van les si-*re*-res; ¿cuánto cuestan las cerezas?)	**A quatre euros i mig el quilo** (a *cua-treu*-rus i mich el *qui*-lu; 4,5 el kilo).
Està bé de preu el lluç? (es-*ta* be el preu del llus; ¿está bien de precio la merluza?)	**No és gaire car, avui** (no es *gai*-re carr a-*vui*; no está muy cara hoy).

Hablando se entiende la gente

ESCUCHA

Isabel sigue de compras. Ahora se dirige a la parada de frutas y verduras del mercado, situada en una plaza de su barrio. En su compra le va a ser necesario expresar sus preferencias sobre los productos.

Dependent: **Què li poso?** (que li *po*-su; ¿qué le pongo?)

Isabel: **Voldria mig quilo de cogombres** (vul-*dri*-a mich *qui*-lu de cu-*gom*-bres; quisiera medio kilo de pepinos).

Dependent: **Com els vol?** (com els vol; ¿cómo los quiere?)

Isabel: **Més aviat grossos** (mes a-vi-*at gro*-sus; más bien grandes).

Dependent: **Què li semblen aquests?** (que li *sem*-blen a-*quets*; ¿qué le parecen estos?)

Isabel: **Molt bé** (mol be; muy bien).

Dependent: **Què més?** (que mes; ¿qué más?)

Isabel: **A quant van les albergínies?** (a quan van les al-ber-*gi*-ni-es; ¿cuánto valen las berenjenas?)

Dependent: **A 10 € el quilo** (a deu *eu*-rus el *qui*-lo; 10 € el kilo).

Isabel: **No, gràcies, un altre dia, quant és?** (no *gra*-si-es un *al*-tre *di*-a quan tes; no, gracias, otro día, ¿cuánto vale?)

Dependent: **Dos euros i mig** (dos *eu*-rus i mich; 2,5 €).

Isabel: **Té canvi de vint?** (te *can*-vi de vin; ¿tiene cambio de veinte?)

Dependent: **Sí. Això fan cinc, i quinze que fan vint** (si a-*sho* fan sinc i quin-se que fan vin; sí, esto le suma cinco, y quince que da veinte).

CULTURA GENERAL

LOS EMBUTIDOS CATALANES, UN PRODUCTO ESTRELLA

Te habrás dado cuenta de que antes Isabel ha comprado **fuet**, un embutido típico catalán. Los **embutits** (em-bu-*tits*; embutidos) son productos hechos con intestinos rellenos de carne de cerdo, especias y otros ingredientes. Se hacían en los Países Catalanes de una manera artesana y familiar, relacionada con la tradicional **matança del porc** (ma-*tan*-sa del porc; matanza del cerdo), una fiesta en la que se sacrificaba al cerdo para aprovechar la carne, y que se acompañaba con bailes y celebraciones populares.

Los embutidos más apreciados son la **botifarra** (bu-ti-*fa*-rra; butifarra), el **bull** (buy; bull), la **llonganissa** (llun-ga-*ni*-sa; longaniza), el **fuet** y la **sobrassada** (su-bra-*sa*-da; sobrasada).

El **fuet** es un embutido estrecho y largo, que se deja secar, parecido al salchichón, típico de Cataluña. En Cataluña, las Islas Baleares y Valencia se hace un embuchado de carne muy característico, que se conoce como la **botifarra**, para hacer a la brasa; existe también la variedad llamada "catalana", que se vende ya cocida, o la **llonganissa**, que se cuelga y se deja secar hasta que está al punto para comer. Una variedad de butifarra más corta y gruesa es el **bull**, elaborado con carne magra de cerdo, sangre, grasa, sal y especias. En las Islas Baleares está la popular **sobrassada**, un embutido rojo de carne y grasa de cerdo, curado con sal y pimienta roja.

Medidas, pesos y cantidades... para que no te pases

Según los productos alimenticios, te puedes encontrar con diferentes envases o formas de comprarlos: en paquetes, kilos, litros, latas, briks... Para ello es necesario saber las equivalencias en catalán.

En la tabla 9-8 te presento algunos productos y la forma en que puedes llevártelos:

TABLA 9-8 **Productos alimenticios y sus formas de presentación**

Producto	Palabras de cantidad
pernil (per-*nil*; jamón)	**a talls** (a tays; en cortes)
sucre (*su*-cre; azúcar)	**en paquets** (en pa-*quets*; en paquetes)
llet (llet; leche)	**en ampolles / en bric** (en am-*po*-lles / en bric; en botellas / en brik)
vi (vi; vino)	**en litres** (en *li*-tres; en litros)
pebrots (pe-*brots*; pimientos)	**a quilos** (a *qui*-lus; en kilos)
ous (ous; huevos)	**a dotzenes** (a dut-*se*-nes; a docenas)
tonyina (tu-*ñi*-na; atún)	**en llaunes** (en *llau*-nes; en latas)
xocolata (shu-cu-*la*-ta; chocolate)	**en rajoles** (en ra-*yo*-les; en tabletas)
pa (pa; pan)	**en barres** (en *ba*-rres; en barras)
tomàquet (tu-*ma*-quet; tomate)	**en pots** (en pots; en botes)

Me encanta comprar ropa, odio comprar ropa...

Tanto si eres uno de esos a quienes les gusta ir siempre a la última moda o, por el contrario, tan solo necesitas comprarte cuatro trapitos para no ir desnudo, tendrás que recorrer tiendas y centros comerciales. Ir a comprar ropa es más provechoso si conoces algunos trucos y expresiones útiles. Solo necesitas frases sencillas para pedirle ayuda al dependiente o decirle que quieres mirar por tu cuenta.

No hay nada más reconfortante que al entrar en una tienda el dependiente se te acerque y te diga:

- **Ja l'atenen?** (ya la-*te*-nen; ¿lo atienden?)
- **El puc ajudar?** (el puc a-ju-*da*; ¿puedo ayudarle?)
- **Vol passar a l'emprovador?** (vol pa-*sa* a lem-pro-va-*do*; ¿quiere pasar al probador?)

Si solo estás mirando, dilo claro:

» **No, gràcies. Només estic mirant** (no *gra*-si-es nu-*mes* es-*tic* mi-*ran*; no, gracias. Solo estoy mirando).

Si te dejas ayudar por el dependiente porque tienes claro lo que vas a comprar, una vez te has probado **una brusa** (*u*-na *bru*-sa; una blusa) o **uns pantalons** (uns pan-ta-*lons*; unos pantalones), es normal que el mismo dependiente te pregunte **Com li va?** (com li va; ¿cómo le va?) o **Què li sembla?** (que li *sem*-bla; ¿qué le parece?). Ha llegado el terrible momento de responder según las diversas posibilidades:

Em va (em va; me va)	**gran** (gran; grande)
	petit (pe-*tit*; pequeño)
	estret (es-*tret*; estrecho)
	ample (*am*-ple; ancho)
	bé (be; bien)
	a la mida (a la *mi*-da; a la medida)
És (es; es)	**car** (carr; caro)
	barat (ba-*rat*; barato)
	bonic (bu-*nic*; bonito)
	lleig (llech; feo)
Està (es-*ta*; está)	**passat de moda** (pa-*sat* de *mo*-da; pasado de moda)

FRASES HECHAS

Cuando tus amistades te vean con una prenda que acabas de comprarte, seguro que te harán comentarios; el primero siempre aludirá al precio. Entonces oirás la expresión **Quant te n'has fet?**, muy habitual entre los catalanes. Sin embargo, no puedes traducir literalmente "¿cuánto te has hecho?", sino "¿qué te ha costado?" o "¿cuánto has pagado por ello?" En este sentido, el verbo **fer-se'n** (de algo) equivale a pagar, como muestra este otro ejemplo:

» **D'aquest vestit me n'he fet molts diners** (da-*quet* ves-*tit* me ne fet mols di-*nes*; he pagado mucho dinero por este vestido).

Hablando se entiende la gente

ESCUCHA

Isabel ya ha hecho la compra de la comida para su familia, pero al regresar a su casa pasa por una tienda de ropa donde tienen expuestos los modelos de baño para la temporada de verano. Hay un biquini que no se le resiste, y entra en la tienda a comprarlo.

Dependent: **Bon dia. En què la puc ajudar?** (bon *di*-a en que la puc a-yu-*da*; buenos días. ¿En qué la puedo ayudar?)

Isabel: **Voldria el biquini vermell de l'aparador** (vul-*dri*-a el bi-*qui*-ni ver-*mey* de la-pa-ra-*do*; quisiera el biquini rojo del escaparate).

Dependent: **Se'l vol emprovar? Potser li anirà petit** (sel vol em-pru-*va* put-*se* li a-ni-*ra* pe-*tit*; ¿se lo quiere probar? Quizás le vaya pequeño).

Isabel: **D'acord, on és l'emprovador?** (da-*cort* on es lem-pru-va-*do*; de acuerdo, ¿dónde está el probador?)

Dependent: **Acompanyi'm, sisplau. Com li va?** (a-cum-*pa*-ñim sis-*plau* com li va; acompáñeme, por favor. ¿Qué tal le va?)

Isabel: **Perfecte! Em queda a la mida. Me'l quedo. Quin preu té?** (per-*fec*-te em *que*-da a la *mi*-da mel *que*-du quin preu té; ¡perfecto! Me va a la medida. Me lo quedo. ¿Qué precio tiene?)

Dependent: **Seixanta euros. Vol alguna cosa més?** (se-*shan-teu*-rus vol al-*gu*-na *co*-sa mes; sesenta euros. ¿Quiere algo más?)

Isabel: **No, ja em pot cobrar** (no jam pot cu-*bra*; no, ya puede cobrarme).

Dependent: **Ho paga en efectiu o amb targeta de crèdit?** (u *pa*-ga en e-fec-*tiu* o am tar-*ye*-ta de *cre*-dit; ¿lo paga en efectivo o con tarjeta de crédito?)

Isabel: **Amb targeta, tingui** (am tar-*ye*-ta *tin*-gui; con tarjeta, tenga).

¡No sé qué ponerme!

A continuación te muestro el vocabulario que más cambia con respecto al castellano. También es un buen momento para conocer los colores que más te gustan para tus prendas de vestir.

1 **brusa** (*bru*-sa)
2 **faldilles** (fal-*di*-lles)
3 **vestit** (ves-*tit*)
4 **calces** (*cal*-ses)
5 **mitges** (*mi*-ches)
6 **sostenidors** (sus-te-ni-*dos*)
7 **pantalons** (pan-ta-*lons*)
8 **samarreta** (sa-ma-*rre*-ta)
9 **camisa** (ca-*mi*-sa)
10 **jersei** (yer-*sei*)
11 **jaqueta** (ya-*que*-ta)
12 **calçotets** (cal-su-*tets*)
13 **mitjons** (mi-*chons*)
14 **texans** (tec-*sans*)
15 **sabates** (sa-*ba*-tes)
16 **sabatilles** (sa-ba-*ti*-lles)
17 **vambes** (*vam*-bes)
18 **sandàlies** (san-*da*-li-es)
19 **botes** (*bo*-tes)

Puedes elegir entre los siguientes colores:

TABLA 9-9 Algunos colores

Masculino	Femenino	Invariable
vermell (ver-*mey*; rojo)	**vermella** (ver-*me*-lla; roja)	
blau (blau; azul)	**blava** (*bla*-va; azul)	
verd (verr; verde)	**verda** (*ver*-da; verde)	
gris (gris; gris)	**grisa** (*gri*-sa; gris)	
negre (*ne*-gre; negro)	**negra** (*ne*-gra; negra)	
groc (groc; amarillo)	**groga** (*gro*-ga; amarilla)	
		rosa (*ro*-sa; rosa)
		lila (*li*-la; lila, violeta)
		marró (ma-*rro*; marrón)
		taronja (ta-*ron*-cha; naranja)

Palabras para recordar

queviures	que-*viu*-res	víveres
tenda	*ten*-da	tienda
botiga	bu-*ti*-ga	tienda
mercat	mer-*cat*	mercado
venen...?	*ve*-nen	¿venden...?
vull...	vull	quiero...
a quant va...?	a quan va...	¿cuánto vale...?

Juegos y ejercicios divertidos

1. Relaciona el nombre del producto con la tienda donde se vende.

bistec de vedella	pastisseria
lluç	forn o fleca
maduixes	carnisseria
fuet	queviures
pa	peixateria
ceba	fruiteria
torró	verdureria
braç de gitano	xarcuteria
formatge	formatgeria
escarola	
faves	
salsitxes	

4 En la ciudad

EN ESTA PARTE . . .

Si piensas establecerte en una ciudad de Cataluña o de alguna otra región de habla catalana, los siguientes capítulos te ayudarán a conocer a fondo las grandes urbes. Aquí encontrarás el catalán necesario para poder utilizar los principales medios de transporte, aprovechar el tiempo libre sin salir de la ciudad, ir a un restaurante y conocer la cocina tradicional; y, finalmente, para que sepas qué se debe hacer en casos de emergencia y puedas conseguir atención médica si te encuentras mal.

EN ESTE CAPÍTULO

El aeropuerto

El transporte público urbano

Las cuentas bancarias y las tarjetas de crédito

Los demás servicios de la ciudad

Capítulo 10

Los medios de transporte y otros servicios

Cuando llegas al **aeroport** (a-*e*-ru-*port*; aeropuerto) de una gran ciudad como Barcelona o Valencia, lo primero que tienes que hacer es ir a recoger tu **equipatge** (e-qui-*pa*-che; equipaje), presentar tu **passaport** (pa-sa-*port*; pasaporte) en la **duana** (du-*a*-na; aduana) e inmediatamente salir a todo correr de este mundillo de gente, pasillos, salas enormes, controles, etc., y buscar transporte público para llegar a la ciudad donde te alojarás o residirás. Este capítulo te proporciona los elementos necesarios para viajar, usar el metro o el autobús, coger un taxi, alquilar un coche... y adentrarse en la "maravillosa" jungla urbana.

En el aeropuerto

Si tienes la mala suerte de perder las maletas en el aeropuerto porque han sido enviadas a otro país por error, entonces tendrás que rellenar un **formulari de reclamacions** (fur-mu-*la*-ri de re-cla-ma-si-*ons*; formulario de reclamaciones) como el de la figura 10-1.

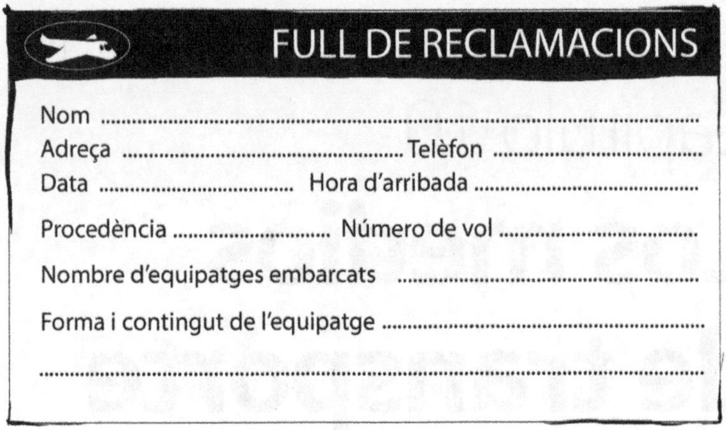
FULL DE RECLAMACIONS

Nom ....

Adreça .... Telèfon ....

Data .... Hora d'arribada ....

Procedència .... Número de vol ....

Nombre d'equipatges embarcats ....

Forma i contingut de l'equipatge ....

....

FIGURA 10-1: Un formulario de reclamaciones

Pero si no has perdido las maletas, entonces es posible que al pasar la aduana te pidan que las abras y te pregunten qué llevas. Por tanto, debes conocer estas frases:

» **Obri les maletes, sisplau** (o-bri les ma-*le*-tes sis-*plau*; abra las maletas, por favor).

» **Ha de declarar alguna cosa?** (a de de-cla-*ra* al-*gu*-na *co*-sa; ¿tiene algo que declarar?)

Después de pasar por todos los lugares de control y haber recogido tu equipaje, verás algunos rótulos informativos que te llevan hasta el transporte público donde puedes coger un **taxi** (*tac*-si; taxi), un **autobús** (*au*-tu-*bus*) o el **tren**.

El autobús puede llevarte al centro de la ciudad o a otras partes, incluso a poblaciones cercanas. Pregúntale al **conductor** (cun-duc-*to*; conductor):

» **On va aquest autobús?** (on va-*ques* tau-tu-*bus*; ¿adónde va este autobús?)

» **On para aquest autobús?** (on *pa*-ra-ques tau-tu-*bus*; ¿dónde para este autobús?)

» **Em pot avisar quan arribem a la meva parada?** (em pot a-vi-*sa* quan a-rri-*bem* a la *me*-va pa-*ra*-da; ¿me puede avisar cuando lleguemos a mi parada?)

Pero si lo que quieres es coger el tren, o viajar a otro país, entonces dirígete a **la taquilla de l'estació** (ta-*qui*-lla de les-ta-si-*o*; la taquilla de la estación) o al **mostrador de venda de bitllets** (mus-tra-*do* de *ven*-da de bit-*llets*; despacho de billetes) y di:

» **Un bitllet per al centre de la ciutat** (un bit-*llet* per al *sen*-tre de la siu-*tat*; un billete para el centro de la ciudad).

» **Un bitllet de vol a Londres** (un bit-*llet* de vol a *lon*-dres; un billete de vuelo a Londres).

Lo más probable es que oigas esto:

» **Normal o de primera classe?** (nur-*mal* o de pri-*me*-ra cla-se; ¿normal o de primera clase?)

Hablando se entiende la gente

ESCUCHA

José Luis llega al aeropuerto del Prat junto con su esposa Lucía, provenientes de Buenos Aires. Van a vivir en Barcelona, donde ya han alquilado una casa. Pero cuando van a recoger el equipaje en la cinta transportadora... ¡han perdido una maleta! Entonces se dirigen rápidamente al departamento de reclamaciones. Ya saben algo de catalán, y así lo expresan:

José Luis: **Hola, acabem d'arribar amb el vol 789 de les 17:05 i hem perdut una maleta** (*o*-la a-ca-*bem* da-rri-*ba* am-bel vol set vuit nou de les di-*set se*-ru sinc i em per-*dut u*-na ma-*le*-ta; hola, acabamos de llegar con el vuelo 789 de las 17:05 y hemos perdido una maleta).

Treballador: **No ha sortit per la cinta?** (no a sur-*tit* per la *sin*-ta; ¿no ha salido por la cinta?)

José Luis: **No, i m'he esperat fins al final** (no i mes-pe-*rat* fins al fi-*nal*; no, y me he esperado hasta el final).

Treballador:	**Com és aquesta maleta?** (com es a-*ques*-ta ma-*le*-ta; ¿cómo es esta maleta?)
José Luis:	**És una maleta de viatge negra, de plàstic, amb rodetes, que s'arrossega com un carret** (es *u*-na ma-*le*-ta de vi-*a*-che *ne*-gra de *plas*-tic am ru-*de*-tes que sa-rru-*se*-ga com un ca-*rret*; es una maleta de viaje negra, de plástico, con ruedas pequeñas, que se arrastra como un carrito).
Treballador:	**Què hi portava a dins?** (quei pur-*ta*-va dins; ¿qué llevaba dentro?)
José Luis:	**Roba i sabates; un necesser i regals** (*ro*-ba i sa-*ba*-tes un ne-se-*ser* i re-*gals*; ropa y zapatos, un neceser y regalos).
Treballador:	**On havia embarcat?** (on ha-*vi*-a em-bar-*cat*; ¿dónde había embarcado?)
José Luis:	**A Buenos Aires** (a *bue*-nus *ai*-res; en Buenos Aires).
Treballador:	**No es preocupi. Ompli aquest full de reclamacions i ja l'avisarem** (no es pre-u-*cu*-pi *om*-pli a-*quet* fuy de re-cla-ma-si-*ons* i ya la-vi-sa-*rem*; no se preocupe. Rellene esta hoja de reclamaciones y ya le avisaremos).

El transporte público

Las grandes ciudades, como Barcelona, disponen de un **transport públic** (trans-*port pu*-blic; transporte público) bastante bueno. Por la ciudad circulan con frecuencia **els autobusos** (els *au*-tu-*bu*-sus; los autobuses). **El metro** (el *me*-tru; el metro) funciona continuamente y es rápido y barato. Puedes comprar **el bitllet de metro** (el bit-*llet* de *me*-tru; el billete de metro) antes de subirte, aunque es mejor comprar una **targeta multiviatge** (tar-*ye*-ta *mul*-ti-vi-*a*-che; tarjeta multiviaje) **amb sistema tarifari integrat** (am sis-*te*-ma ta-ri-*fa*-ri in-te-*grat*; con sistema tarifario integrado), que te permite tomar metro y autobús, y te da derecho al **transbordament** (trans-bur-da-*men*; al transbordo) durante 1 h 15 min sin pagar más durante el trayecto hasta el destino final. Para moverse por la ciudad es mucho mejor el transporte público que el coche, ya que puedes pasarte horas buscando un estacionamiento.

Pero en las poblaciones más pequeñas, situadas en las afueras de la ciudad, el transporte público se limita al tren o a los autobuses o **autocars de línia** (au-tu-*cars* de *li*-ni-a; autocares de línea). Si no sabes dónde tomar estos medios de transporte, pregúntalo de este modo:

» **On és l'estació de tren?** (on es les-ta-si-*o* de tren; ¿dónde está la estación de tren?)

» **On és l'estació d'autobusos?** (on es les-ta-si-*o* dau-tu-*bu*-sus; ¿dónde está la estación de autobuses?)

» **On és la parada d'autobusos més propera?** (on es la pa-*ra*-da dau-to-*bu*-sus mes pru-*pe*-ra; ¿dónde está la parada de autobuses más cercana?)

En algunas ciudades como Barcelona ha vuelto a incorporarse un sistema de transporte público que mucho tiempo atrás se había usado. Se trata del **tramvia** (tram-*vi*-a; tranvía), que circula por las calles junto a toda clase de vehículos.

También puedes encontrar **taxis** (*tac*-sis; taxis) en las calles esperando a los pasajeros o circulando por la ciudad a la espera de que alguien les dé el alto: ¡Taxi! Si viajas en taxi debes decirle al **xofer** (shu-*fe*; chófer) o **conductor** (cun-duc-*to*; conductor) adónde quieres ir, y tener en cuenta, al subir, **l'abaixada de bandera** (la-ba-*sha*-da de ban-*de*-ra; bajada de bandera) o puesta en marcha del contador o **taxímetre** (tac-*si*-me-tre; taxímetro), con un precio fijo, que va aumentando según pasa en tiempo. Estas frases te pueden ser útiles:

» **Vull anar a...** (vuy a-*na* a; quiero ir a...)

» **Porti'm a...** (*por*-tim a; lléveme a...)

GRAMÁTICA

Recuerda que en catalán el medio de locomoción se puede expresar con la preposición **en** o con la preposición **amb** (el pronombre **hi** indica el lugar adonde vas):

» **Hi anirem amb cotxe** (i a-ni-*rem* am *co*-che; iremos en coche).

» **Hi anirem en tren** (i a-ni-*rem* en tren; iremos en tren).

El verb **anar** (a-*na*; ir) significa desplazarse a un lugar, y **venir** (ve-*ni*; venir) significa volver de un lugar. Pero en catalán tienes que utilizar **venir** cuando quieres expresar el desplazamiento a un lugar con la persona con quien estás hablando o de quien estás hablando:

» **Vaig amb metro, vols venir amb mi?** (vach am *me*-tru vols ve-*ni* am mi; voy en metro, ¿quieres ir conmigo?)

VERBOS

Observa en la tabla 10-1 la conjugación de los verbos ir y venir.

TABLA 10-1 **Los verbos *anar* y *venir***

Pronombre	Presente de anar	Presente de venir
jo	**vaig** (vach; voy)	**vinc** (vinc; vengo)
tu	**vas** (vas; vas)	**véns** (vens; vienes)
ell / ella / vostè	**va** (va; va)	**ve** (ve; viene)
nosaltres	**anem** (a-*nem*; vamos)	**venim** (ve-*nim*; venimos)
vosaltres	**aneu** (a-*neu*; vais)	**veniu** (ve-*niu*; venís)
ells / elles / vostès	**van** (van; van)	**vénen** (*ve*-nen; vienen)

GRAMÁTICA

Para indicar el lugar, en catalán debes utilizar el verbo **ser**; pero en frases impersonales debes utilizar el verbo **haver-hi.**

» **On és l'estació de tren?** (on es les-ta-si-*o* de tren; ¿dónde está la estación de tren?)

» **Has d'agafar el tramvia per anar-hi** (as da-ga-*fa* el tram-*vi*-a per a-*na*-ri; tienes que coger el tranvía para ir [allá]).

Si quieres conocer el país a fondo, una buena manera de hacerlo es viajar en autocar. Puedes comprar un billete en una **estació d'autobusos** (es-ta-si-*o* *dau*-tu-*bu*-sus; estación de autobuses) y hacer recorridos diversos. También puedes dirigirte a una **agència de viatges** (a-*yen*-si-a de vi-*a*-ches; agencia de viajes) y comprar billetes de tren en **compartiment privat** (cum-par-ti-*men* pri-*vat*; cabina privada), o de **avió** (a-vi-*o*; avión) para viajes más largos, y acaso dirigirte al puerto para reservar un pasaje en **vaixell** (va-*shey*; barco).

Al tratarse de viajes largos, seguramente querrás saber la distancia y el tiempo del viaje:

- **Quants quilòmetres hi ha?** (quans qui-*lo*-me-tres ia; ¿cuántos kilómetros hay?)
- **Quant temps dura el viatge?** (quan tems *du*-ra el vi-*a*-che; ¿cuánto tiempo dura el viaje?)

Pero si lo que quieres es un **cotxe** (*co*-che; coche) para ir a tu aire, entonces tendrás que alquilarlo... o comprártelo. Existen numerosas agencias de **lloguer de cotxes** (llu-*gue* de *co*-ches; alquiler de coches) situadas en los aeropuertos, cerca de las estaciones de tren o en el mismo centro de la ciudad. Incluso puedes alquilar un coche por internet y especificar un lugar para ir a recogerlo. Así de fácil. Para alquilar un coche solo se requiere ser mayor de edad y poseer:

- **carnet de conduir** (car-*net* de cun-du-*ir*; carné de conducir)
- **targeta de crèdit** (tar-*ye*-ta de *cre*-dit; tarjeta de crédito)

Y elegir el coche que mejor se adapte a tus preferencias o posibilidades:

- **econòmic** (e-cu-*no*-mic; económico)
- **gran** (gran; grande)
- **petit** (pe-*tit*; pequeño)
- **compacte** (cum-*pac*-te; compacto)
- **de luxe** (de *luc*-se; de lujo)
- **furgoneta** (fur-gu-*ne*-ta; furgoneta)

En el banco

Los bancos y las cajas de ahorros permanecen abiertos de lunes a sábado de 8:00 a 14:00, en su horario normal (cambian en verano). Si acabas de llegar a una ciudad o pueblo catalán para residir o trabajar aquí, tarde o temprano tendrás que abrir una cuenta bancaria, cambiar divisas, hacer ingresos..., en una palabra: mover dinero. ¡Dinero, dinero, deseado metal!

Acércate al mostrador y habla con el cajero sobre la operación que quieras hacer. Las expresiones que te describo a continuación cubren la mayoría de las operaciones bancarias:

» **Puc treure diners?** (puc *treu*-re di-*nes*; ¿puedo sacar dinero?)

» **Vull canviar dòlars per euros** (vuy cam-vi-*a do*-lars per *eu*-rus; quiero cambiar dólares por euros).

» **Vull cobrar aquest xec** (vuy cu-*bra* a-*quet* shec; quiero cobrar este cheque).

» **Vull obrir un compte corrent o un compte d'estalvis** (vuy u-*bri* un *com*-te cu-*rren* o un *com*-te des-*tal*-vis; quiero abrir una cuenta corriente o una cuenta de ahorros).

» **Vull fer un ingrés a compte** (vuy *fe* un in-*gres* a *com*-te; quiero hacer un ingreso a cuenta).

GRAMÁTICA

Observarás que en catalán algunas palabras son masculinas cuando en castellano son femeninas. Este es el caso de la cuenta corriente, que pasa en catalán a ser masculino:

» **un compte** (un *com*-te; una cuenta)

» **un compte d'estalvis** (un *com*-te des-*tal*-vis; una cuenta de ahorros)

Asimismo, y a diferencia del castellano, son masculinos:

» **el deute** (el *deu*-te; la deuda)

» **el senyal** (el se-*ñal*; la señal)

» **els afores** (els a-*fo*-res; las afueras)

» **el corrent** (el cu-*rren*; la corriente)

El dinero en la mayoría de países europeos es el **euro** (*eu*-ru; euro). Existen **bitllets** (bit-*llets*; billetes) de 5, 10, 20, 50, 100, 200 y 500 €. **Las monedes** (las mu-*ne*-des; las monedas) se dividen en **cèntims** (*sen*-tims; céntimos) de 1, 2, 5, 10, 20, hasta llegar al **mig euro** (mich *eu*-ru; medio euro): 50 céntimos.

Las **targetes de crèdit** (tar-*ye*-tes de *cre*-dit; tarjetas de crédito) nos proporcionan dinero al instante, y además podemos comprar con ellas en la mayoría de establecimientos.

Hablando se entiende la gente

ESCUCHA

José Luis, una vez ha salido del aeropuerto, llega a la ciudad, y lo primero que hace es dirigirse a un banco para cambiar su dinero por euros:

Caixer: **Qui és ara? En què puc ajudar-lo?** (qui es *a*-ra en que puc a-yu-*dar*-lu; ¿a quién le toca? ¿En qué puedo ayudarle?)

José Luis: **Voldria canviar moneda estrangera** (vul-*dri*-a cam-vi-*a* mu-*ne*-des-tran-*che*-ra; quisiera cambiar moneda extranjera).

Caixer: **Quina moneda vol canviar?** (*qui*-na mu-*ne*-da vol cam-vi-*a*; ¿qué moneda quiere cambiar?)

José Luis: **Dòlars per euros, és possible?** (*do*-lars per *eu*-rus es pu-*si*-bble; dólares por euros, ¿es posible?)

Caixer: **I tant! Quant vol canviar?** (i tan quan vol cam-vi-*a*; claro que sí. ¿Cuánto quiere cambiar?)

José Luis: **Voldria canviar 1.000 dòlars. Com va el canvi, avui?** (vul-*dri*-a cam-vi-*a* mil *do*-lars com val *cam*-vi a-*vui*; quisiera cambiar 1.000 dólares. ¿A cuánto va el cambio hoy?)

Caixer: **Són 743,108 €** (son set-*sens* qua-ran-ta-*tres* *eu*-rus amb sen vuit *sen*-tims; son 743,108 €).

José Luis: **Molt bé, perfecte** (mol be per-*fec*-te; muy bien, perfecto).

Caixer: **Com ho vol?** (com u vol; ¿cómo lo quiere?)

José Luis: **200 € en bitllets de 50, i la resta en bitllets de 20, sisplau** (do-*sens* *eu*-rus en bit-*llets* de sin-*cuan*-ta i la *res*-ta en bit-*llets* de vin sis-*plau*; 200 euros en billetes de 50, y el resto en billetes de 20, por favor).

Caixer: **Molt bé, aquí té els seus diners i el seu rebut** (mol be a-*qui* te els seus di-*nes* i el seu re-*but*; muy bien, aquí tiene su dinero y su recibo).

José Luis: **Gràcies, adéu-siau** (*gra*-si-es a-*deu* si-*au*; gracias, adiós).

FRASES HECHAS

DOS FRASES CON DINERO QUE SALUDAN

En catalán existe una fórmula familiar de saludarse mediante la expresión **Salut i peles!** (o **Salut i pessetes!**), que no requiere demasiada explicación para comprenderse, excepto que **peles** es la denominación coloquial de las antiguas pesetas.

Salut i força al canut! (sa-*lut* i *for*-sal ca-*nut*) es una expresión típica catalana. Se suele utilizar para despedirse de alguien o para hacer un brindis. La expresión siempre tiene un tono divertido y simpático. Su origen se remonta a la Edad Media, cuando los payeses catalanes llevaban una bolsita en la cadera, llamada **canut** (ca-*nut*; canuto), donde guardaban las monedas. La palabra **força** (*for*-sa) significa "fuerza", pero también "bastante". Por lo tanto, esta expresión suponía tener bastantes monedas en la bolsita. De modo que desear **Salut i força al canut** significaba desear salud y buenaventura económica.

Más servicios públicos en la ciudad

En esta breve lista te muestro los principales servicios públicos que puedes encontrar en una ciudad cualquiera:

l'ajuntament (la-yun-ta-*men*; el ayuntamiento)

la comissaria (la cu-mi-sa-*ri*-a; la comisaría)

l'Oficina de Treball de la Generalitat (lu-fi-*si*-na de tre-*bay* de la ye-ne-ra-li-*tat*; la Oficina de Trabajo de la Generalidad)

el jutjat (el yut-*chat*; el juzgado)

l'hotel (lu-*tel*; el hotel)

el mercat municipal (el mer-*cat* mu-ni-si-*pal*; el mercado municipal)

la gasolinera o benzinera (la ga-su-li-*ne*-ra o ben-si-*ne*-ra; la gasolinera)

el port (el port; el puerto)

la Generalitat de Catalunya (la *ye*-ne-ra-li-*tat* de ca-ta-*lu*-ña; la Generalidad de Cataluña).

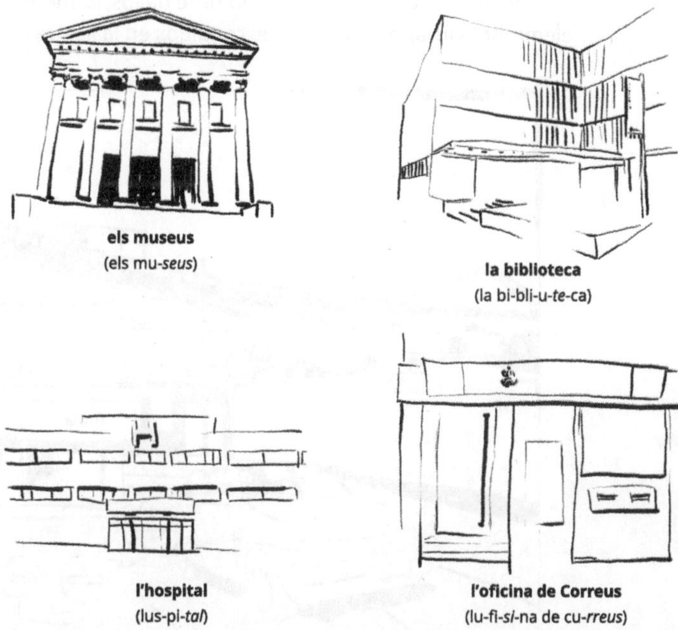

FIGURA 10-1: Los principales servicios públicos

CULTURA GENERAL

LA GENERALITAT DE CATALUNYA

La **Generalitat de Catalunya** es el sistema institucional en que se organiza políticamente el autogobierno de Cataluña. Está formada por **el Parlament** (el par-la-*men*; el Parlamento), **el president** (el pre-si-*den*; el presidente) de la Generalitat y **el Consell Executiu** o **Govern** (el cun-*sey* ec-se-cu-*tiu* o gu-*vern*; el Consejo Ejecutivo o Gobierno). Fue creada en 1931, después de la proclamación de la República en el Principat de Catalunya, aunque tiene sus orígenes en las Cortes Reales Catalanas durante el reinado de Jaime I el Conquistador (siglo XIII).

Juegos y ejercicios divertidos

Completa y acuérdate. Busca el nombre de los 10 medios de transporte y elementos urbanos que están escondidos en la ilustración.

EN ESTE CAPÍTULO

El ocio en la ciudad

Fiestas, deportes y espectáculos

Invitaciones

Preferencias

Capítulo 11
Qué hacer en el tiempo libre

El temps lliure (el tems *lliu*-re; el tiempo libre) hay que tomárselo con calma porque la **ciutat** (siu-*tat*; ciudad) posee una variada oferta de ocio y de espectáculos que no puedes perderte: cines, teatros, museos, clubes.... Pero sobre todo, si quieres estar al día de lo que se cuece en la urbe, en la culturilla urbana, acércate a los cafés o a los bares nocturnos de moda. En cambio, si lo que te gusta es el deporte, puedes optar por el juego nacional y pasártelo en grande en un partido de fútbol.

¿Qué hacer cuando no se sabe qué hacer? Los catalanes, en esta tediosa situación, lo tienen muy fácil, ya que simplemente salen a **fer un tomb** (fe un tom; dar una vuelta), a **passejar** (pa-se-*ya*; pasear) por las calles, el parque, un lugar conocido..., adonde sea. De hecho, pasear por la ciudad no solo es una costumbre también muy típica, sino que además brinda la oportunidad al visitante de conocer la historia de la ciudad y de mezclarse con sus habitantes.

En este capítulo vas a descubrir cómo hablar acerca de los espectáculos y los deportes y vas a conocer la vida nocturna y a aprender a expresarte sobre otras muchas actividades que pueden hacerse en el tiempo libre. Y lo más importante: ¡vas a aprender cómo aceptar una invitación de una persona interesante!

Aficiones y fiestas

CULTURA GENERAL

Un aspecto relacionado con el tiempo libre son los días festivos. Estas son algunas de las fiestas señaladas en la tradición catalana:

23 d'abril	**Sant Jordi, patró de Catalunya** (san *yor*-di pa-*tro de* ca-ta-*lu*-ña; San Jorge, patrón de Cataluña).
1 de març	**Diada de les Illes Balears** (di-*a*-da de les *i*-lles ba-le-*ars*; festividad de las Islas Baleares).
19 de març	**Cremada de les Falles a València** (cre-*ma*-da de les *fa*-lles a va-*len*-si-a; quema de las fallas en Valencia).
23 de juny	**Revetlla de Sant Joan** (re-*vet*-lla de san yu-*an*; verbena de San Juan).

FRASES HECHAS

EN NAVIDAD

Dice el refrán: **Per Nadal i Sant Esteve, cadascú a casa seva** (per na-*dal* i san tes-*te*-ve ca-das-*cu* a *ca*-sa *se*-va; en Navidad y San Esteban, cada cual en su casa), en que se recuerda la armonía de la familia unida. En estas fechas señaladas todo el mundo debe procurar estar junto a su familia.

CULTURA GENERAL

L'ONZE DE SETEMBRE, DIADA NACIONAL DE CATALUNYA

El 11 de Septiembre es una fecha histórica que corresponde a la rendición de Barcelona en 1714, después de un duro asedio del ejército borbónico de Felipe V de Castilla en el final de la guerra de Sucesión. Esta rendición supuso el fin de la nación catalana y la abolición de las constituciones del Principado. Pero el 11 de Septiembre ha permanecido como un símbolo de esa derrota. Se ha convertido en un acto de celebración pública y se ha escogido esa fecha como **Diada** (di-*a*-da; día señalado o fiesta) de Cataluña, que en Barcelona se conmemora con una ofrenda floral al monumento de Rafael Casanova, el **conseller en cap** (cun-se-*lle* en cap; primer consejero) a las órdenes del cual se encontraba la defensa de la ciudad en 1714.

11 de setembre	**Diada Nacional de Catalunya** (di-*a*-da na-si-u-*nal* de ca-ta-*lu*-ña; Festividad Nacional de Catalunya).
24 de setembre	**La Mercè, patrona de Barcelona** (la mer-*se* pa-*tro*-na de bar-se-*lo*-na; la Mercedes, patrona de Barcelona).
26 de desembre	**Sant Esteve** (san-tes-*te*-ve; San Esteban). Para los catalanes esta fiesta significa la continuación y culminación de la Navidad.

La ciudad te ofrece una buena oferta de ocio... a costa de quitarte **el sou** (el sou; el sueldo) mensual. Sobre todo para ir de fiesta, para conocer las diversiones de la noche. Desde **bars musicals** (bars mu-si-*cals*; bares musicales) hasta **cerveseries** (ser-ve-se-*ri*-es; cervecerías), **discoteques** (dis-cu-*te*-ques; discotecas), **sales de ball** (*sa*-les de ball; salas de baile), **teatres** (te-*a*-tres; teatros), restaurants...

Aunque lo mejor es consultar la **guia de l'oci** (*gui*-a de *lo*-si; guía del ocio) de tu ciudad y ver toda la oferta de locales, espectáculos y diversión... siempre teniendo en cuenta el lema que nos dan las instituciones:

» **conduir + alcohol o drogues, el pitjor viatge** (cun-du-*ir* mes al-cu-*ol* o *dro*-gues el pi-*cho* vi-*a*-che; conducir más alcohol o drogas, el peor viaje).

Haciendo las cosas conjuntamente

¿Qué puedo hacer este fin de semana en la ciudad? ¿Adónde puedo ir? ¿Con quién puedo quedar?... Si estas son las preguntas que te están martilleando la cabeza, no les des más vueltas y lánzate a decirle a alguien:

» **Vols sortir amb mi?** (vols sur-*ti* am mi; ¿quieres salir conmigo?)

Pronto te darás cuenta de que esta simple frase, aunque atrevida, no es suficiente para concertar una cita o conocer las preferencias de los demás. Así que tendrás que estudiar todavía un poco más si quieres tener más éxito.

Antes de seguir adelante, piensa en lo que quieres hacer, a quién quieres invitar. Recoge un poco de información. Visita el sitio web de tu ciudad o localidad o pide información en la **oficina de turisme** (u-fi-*si*-na de tu-*ris*-me). Y no te olvides de preguntar cómo se puede ir al sitio que deseas, qué medios de transporte hay o a qué hora comienza un espectáculo determinado.

Prueba con las preguntas de la tabla 11-1 y aprende también a responder:

TABLA 11-1 Preguntas y respuestas para invitar a salir a alguien

Para pedir lo que quiere hacer uno	Una posible respuesta
On vols anar? (on vols a-*na*; ¿adónde quieres ir?)	**Vull anar al teatre** (vuy a-*na* al te-*a*-tre; quiero ir al teatro).
Què vols fer? (que vols fe; ¿qué quieres hacer?)	**Vull anar a passejar** (vuy a-*na* a pa-se-*ya*; quiero ir a pasear).
On podem anar? (on pu-*dem* a-*na*; ¿adónde podemos ir?)	**Podem anar al museu** (pu-*dem* a-*na* al mu-*seu*; podemos ir al museo).
Què podem fer? (que pu-*dem* fe; ¿qué podemos hacer?)	**Podem anar de botigues** (pu-*dem* a-*na* de bu-*ti*-gues; podemos ir de tiendas).

¿Te apetece ir al cine?

El **cinema** (si-*ne*-ma; cine) es un buen lugar para invitar a alguien; pero también es un lugar excelente para aprender viendo **pel·lícules** (pe-*li*-cu-les; películas) en catalán (o dobladas). No solo en el cine puedes aprender el idioma, también, y quizás más intensamente, en el **teatre** (te-*a*-tre; teatro), a viva voz.

Esta es la frase clave para invitar a alguien al cine:

» **Vols venir al cine amb mi?** (vols ve-*ni* al *ci*-ne am mi; ¿quieres ir conmigo al cine?)

Y si tienes suerte, esta va a ser la respuesta que esperas:

» **I tant! Quan hi anem?** (i tan quan i a-*nem*; ¡pues claro! ¿Cuándo vamos?)

GRAMÁTICA

Como ya has visto en los capítulos 8 y 10, en catalán el pronombre **hi** indica el lugar, y tienes que utilizarlo delante del verbo, cuando no especificas el lugar porque ya se sobreentiende:

» **Hi anem dimecres** [al cine]**?** (ia-*nem* di-*me*-cres; ¿vamos el miércoles? — aquí el lugar sobreentendido es el cine).

En catalán puedes hablar perfectamente del **cine** (*si*-ne; cine), ya que es la forma popular de llamar al **cinema** (si-*ne*-ma; cine).

Pero seguro que te preguntarás **Quina pel·lícula fan?** (*qui*-na pel-*li*-cu-la fan; ¿qué película ponen?)

Si, por el contrario, el cine no es lo tuyo, otra opción es decir:

» **Anem a fer un tomb?** (a-*nem* a fe un tom; ¿vamos a dar una vuelta?)

Y el resultado tendría que ser equivalente:

» **Som-hi!** (*so*-mi; ¡vamos!)

Tomb (tom) es una palabra que significa giro, vuelta de una cosa. Por ejemplo **donar un tomb a la clau** (du-*na* un tom a la clau; dar una vuelta a la llave); pero **fer un tomb** es una frase hecha que significa dar un paseo corto, volviendo al punto de partida. Una expresión sinónima es **fer un volt** (fe un vol), donde **volt** significa el contorno o perímetro de una cosa.

» **Cada dia sortim a fer un tomb** (*ca*-da *di*-a sur-*tim* a fe un tom; todos los días salimos a dar una vuelta).

» **Vam anar a fer un volt per la ciutat** (vam a-*na* a fe un vol per la siu-*tat*; fuimos a dar una vuelta por la ciudad).

Hablando se entiende la gente

ESCUCHA

Ignacio va a hacer una reserva para esta noche en el teatro de la ópera. Quiere darle una sorpresa a su mujer, con la representación de *Don Giovanni* de W. A. Mozart. Por eso se dirige a la taquilla del teatro y habla con la taquillera.

Ignasi: **Em dóna dues entrades per a l'òpera d'avui a la nit?** (em *do*-na *du*-es en-*tra*-des per a *lo*-pe-ra da-*vui* a la nit; ¿me da dos entradas para la ópera de esta noche?)

Taquillera: **És una mica just per avui mateix. Miri: la platea ja està plena, però me'n queden a les llotges i al cinquè pis** (es *u*-na *mi*-ca yust per a-*vui* ma-*tesh mi*-ri la pla-*te*-a ya es-*ta ple*-na pe-*ro* men *que*-den a *llo*-ches i al sin-*que* pis; es un poco justo para hoy. Mire: la platea ya está completa, pero me quedan entradas en los palcos y en el quinto piso).

Ignasi: **Ui, no! El cinquè és massa amunt. M'estimo més una llotja** (ui no el sin-*que* es *ma*-sa a-*mun* mes-*ti*-mu mes *u*-na *llo*-cha; ¡uy, no! El quinto está muy arriba. Prefiero un palco).

Taquillera: **Com vulgui, però li costarà bastant més** (com *vul*-gui pe-*ro* li cus-ta-*ra* bas-*tan* mes; como quiera, pero le va a costar bastante más).

Ignasi: **M'és igual. És una sorpresa per a la meva dona. Es veu bé l'escenari?** (mes i-*gual* es *u*-na sur-*pre*-sa per a la *me*-va *do*-na es veu be les-se-*na*-ri; me da igual. Será una sorpresa para mi mujer. ¿Se ve bien el escenario?)

Taquillera:	**Des d'aquesta llotja podrà veure tot l'escenari sencer** (des da-*ques*-ta *llot*-cha pu-*dra* *veu*-re tot les-se-*na*-ri sen-*se*; desde este palco podrá ver todo el escenario).
Ignasi:	**Molt bé, me la quedo. Quant val?** (mol be me la *que*-du quan val; muy bien, me la quedo. ¿Cuánto vale?)
Taquillera:	**Són 147 € per persona** (son sen cua-*ran*-ta set *eu*-rus per per-*so*-na; son 147 € por persona).
Ignasi:	**Doncs sí que és car!** (dons si ques carr; ¡pues sí es caro!)

Cómo aceptar o rechazar invitaciones y dar excusas

Ante una propuesta de realizar una actividad con tus amigos, conocidos, parejitas y otros "saludados", tendrás la disyuntiva de aceptar o rechazar la invitación.

Una vez hayas aceptado una invitación para ir juntos a un espectáculo, un museo, un concierto de rock... y te hayas informado de la actividad, tendrás que aprender a decir cómo, cuándo y dónde quedáis. Estas fórmulas te servirán:

- **On quedem?** (on que-*dem*; ¿dónde quedamos?)
- **Com s'hi va?** (com si va; ¿cómo se va?)
- **Amb què s'hi va?** (am que si va; ¿con qué se va?)
- **A quina hora quedem?** (a qui-*no*-ra que-*dem*; ¿a qué hora quedamos?)
- **Quin dia quedem?** (quin *di*-a que-*dem*; ¿qué día quedamos?)

Pero si la cosa no te convence y prefieres rechazar la invitación, tendrás que excusarte lo mejor posible:

- **Em sap molt greu, però no podré venir** (em sap mol greu pe-*ro* no pu-*dre* ve-*ni*; me sabe muy mal, pero no podré ir).

» **Ho sento, però no puc venir** (u *sen*-tu pe-*ro* no puc ve-*ni*; lo siento, pero no puedo ir).

» **Ho sento, demà no em va bé** (u *sen*-tu de-*ma* nom va be; lo siento, mañana no me va bien).

Las excusas pueden ser de la más diversa índole. Empieza siempre con la fórmula **És que...** y luego dale la culpa al médico o a la lavadora. Siempre funciona (al menos una vez):

» **És que he d'anar al metge** (es que e da-*na* al *me*-che; es que tengo que ir al médico).

» **És que se m'ha espatllat la rentadora** (es que se mas-pat-*llat* la ren-ta-*do*-ra; es que se me ha estropeado la lavadora).

Imagínate que tienes una cita y te presentas tarde. La excusa tiene que ser muy buena, porque si no te dirán:

» **Ja era hora!** (ya *e-ro*-ra; ¡ya era hora!)

» **Com és que has vingut tan tard?** (com es cas vin-*gut* tan tarr; ¿cómo has llegado tan tarde?)

» **No hi valen excuses!** (no i *va*-len ecs-*cu*-ses; ¡no valen las excusas!)

Estas razones te pueden ayudar:

» **És que s'ha espatllat el metro i he hagut d'agafar un taxi** (es que sas-pat-*llat* el *me*-tru i e a-*gut* da-ga-*fa* un *tac*-si; es que el metro se ha estropeado y he tenido que coger un taxi).

GRAMÁTICA

Si has estado leyendo con atención, habrás notado que la frase anterior está en pasado. Observa esta expresión:

» **He hagut de...** (e a-*gut* de; he tenido que...)

Se forma con el verbo **haver** (a-*ve*; haber) conjugado en presente + el participio de **haver** + la preposición **de**.

He hagut d'agafar un taxi.

auxiliar + participio + de

La tabla 11-2 te muestra lo que puede pasar si te proponen hacer algo conjuntamente:

TABLA 11-2 **Expresiones para aceptar o rechazar invitaciones**

Propuesta	Aceptar	Rechazar
Veniu a prendre una copa? (ve-*niu* a *pen*-dre *u*-na *co*-pa; ¿venís a tomar una copa?)	**Jo sí que vinc** (jo si que vinc; yo sí voy).	**Jo no vinc. Me'n vaig a casa** (jo no vinc mem vach a *ca*-sa; yo no voy. Me voy a casa).
Us ve de gust anar al concert? (us ve de gust a-*na* al cun-*sert*; ¿os apetece ir al concierto?)	**Sí, anem-hi** (si a-*ne*-mi; sí, vamos).	**Nosaltres no venim. Ens n'anem** (nu-*sal*-tres no ve-*nim* ens na-*nem*; nosotros no iremos. Nos vamos).
Teniu ganes d'anar teatre? (te-*niu* *ga*-nes da-*na* al te-*a*-tre; ¿tenéis ganas de ir al teatro?)	**D'acord! Perfecte** (da-*cort* per-*fec*-te; de acuerdo! ¡Perfecto!)	**Jo no puc, me'n vaig a sopar amb la Laura** (jo no puc men vach a su-*pa* am la *lau*-ra; yo no puedo, me voy a cenar con Laura).

VERBOS

La tabla 11-3 te muestra el uso de los verbos **anarse'n**, **venir** y **voler**.

Fíjate que el verbo **anar-se'n** lleva pronombres equivalentes a me, te, se, nos, vos, se del castellano; pero además aquí le viene añadido un pronombre **en ('n)** para referirse al lugar (encontrarás más información sobre este tema en los capítulos 8 y 10). **En**, igual que **hi**, es también un pronombre de lugar:

» **me'n vaig** → me voy; donde **'n** se refiere a: "de aquí"; o sea: me voy de aquí.

TABLA 11-3 **Los verbos *anar-se'n*, *venir* y *voler***

Pronombre	Presente de anar-se'n	Presente de venir	Presente de voler
jo	**me'n vaig** (men vach; me voy)	**vinc** (vinc; vengo)	**vull** (vuy; quiero)
tu	**te'n vas** (ten vas; te vas)	**véns** (vens; vienes)	**vols** (vols; quieres)
ell / ella / vostè	**se'n va** (sen va; se va)	**ve** (ve; viene)	**vol** (vol; quiere)
nosaltres	**ens n'anem** (en na-*nem*; nos vamos)	**venim** (ve-*nim*; venimos)	**volem** (vu-*lem*; queremos)

Pronombre	Presente de anar-se'n	Presente de venir	Presente de voler
vosaltres	**us n'aneu** (us na-*neu*; os vais)	**veniu** (ve-*niu*; venís)	**voleu** (vu-*leu*; queréis)
ells / elles / vostès	**se'n van** (sen van; se van)	**vénen** (*ve*-nen; vienen)	**volen** (*vo*-len; quieren)

Cómo expresar gustos y preferencias

Para expresar gustos y preferencias sobre una cosa, un tema, una película, tu deporte favorito, empieza con la frase:

» **T'agrada...?** (ta-*gra*-da; ¿te gusta...?)

T'agrada... / T'agraden...

- **el futbol?** (el fut-*bol*; el fútbol?)
- **el basquetbol?** (el bas-quet-*bol*; el baloncesto?)
- **les pel·lícules de por?** (les pel-*li*-cu-les de po; las películas de miedo?)
- **les novel·les d'amor?** (les nu-*vel*-les da-*mor*; las novelas de amor?)
- **l'opera?** (*lo*-pe-ra; la ópera?)
- **anar al teatre?** (a-*na* al te-*a*-tre; ir al teatro?)

Las respuestas que puedes dar según tus preferencias pueden ser muy tajantes:

» **M'agrada molt** (ma-*gra*-da mol; me gusta mucho).

» **No m'agrada gens** (no ma-*gra*-da *yens*; no me gusta nada).

Sin embargo, los gustos ofrecen una gama más amplia de posibilidades y para eso resultan útiles los adverbios.

GRAMÁTICA

Los adverbios sirven para modificar el significado de un adjetivo, de un verbo o de otro adverbio, ampliando, precisando o matizando el significado de la palabra que acompañan. Para expresar tus preferencias utiliza estos:

Adverbios afirmativos	**Adverbios negativos**
molt (mol; mucho)	**gens** (yens; nada)
força (*for*-sa; bastante)	**no gaire** (no *gai*-re; no mucho)
bastant (bas-*tan*; bastante)	**gens ni mica** (yens ni *mi*-ca; nada de nada)

Para expresar una opinión sobre un espectáculo, utiliza las fórmulas **Que + adjetivo** y **Quin / -a / -s / -es + sustantivo** y el grado superlativo **-íssim**, **-íssima**, **-íssims**, **-íssimes**:

QUE
- **divertit!** (que di-ver-*tit*; ¡qué divertido!)
- **bo!** (que bo; ¡qué bueno!)
- **dolent!** (que du-*len*; ¡qué malo!)
- **avorrit!** (que-vu-*rrit*; ¡qué aburrido!)
- **interessant!** (quin-te-re-*san*; ¡qué interesante!)
- **pesat!** (que pe-*sat*; ¡qué pesado!)

QUIN
- **avorriment!** (quin a-vu-rri-*men*; ¡qué aburrimiento!)
- **tip de riure!** (quin tip de *riu*-re; ¡qué hartazgo de reír!)

QUINA
- **gràcia!** (*qui*-na *gra*-si-a; ¡qué gracia!)
- **interpretació!** (*qui*-na in-ter-pre-ta-si-*o*; ¡qué interpretación!)

És el millor → **concert** (es el mi-*llo* cun-*sert*; es el mejor concierto)

És el pitjor → **partit** (es el pi-*cho* par-*tit*; es el peor partido)

ÉS
- **boníssim** (es bu-*ni*-sim; es buenísimo)
- **avorridíssima** (es a-vu-rri-*di*-si-ma; es aburridísima)

SÓN
- **divertidíssims** (son di-ver-ti-*di*-sims; son divertidísimos)
- **pesadíssimes** (son pe-sa-*di*-si-mes; son pesadísimas)

Pregúntales a los demás utilizando los pronombres **li** (a usted, él o ella), **els** (a ustedes, ellos o ellas) y **us** (a vosotros), que te presenté ya en el capítulo 3:

» **Li agrada el futbol?** (li a-*gra*-da el fut-*bol*; ¿le gusta el fútbol?)

» **Els agraden les pel·lícules de riure?** (els a-*gra*-den les pel-*li*-cu-les de *riu*-re; ¿les gustan las películas de risa?)

» **Us agraden els esports d'aventura?** (us a-*gra*-den els es-*ports* da-ven-*tu*-ra; ¿os gustan los deportes de aventura?)

Seguramente te preguntarán si te gusta más un deporte que otro, un espectáculo concreto, etc. Ahora estás entrando en el terreno de las comparaciones:

» **Què t'agrada més, el futbol o l'handbol?** (que ta-*gra*-da mes el fut-*bol* o lan-*bol*; ¿qué te gusta más, el fútbol o el balonmano?)

Entonces debes responder con propiedad:

» **M'agrada més el futbol** (ma-*gra*-da més el fut-*bol*; me gusta más el fútbol).

» **M'estimo més l'handbol** (mes-*ti*-mu mes lan-*bol*; prefiero el balonmano).

FRASES HECHAS

En catalán, cuando se prefiere algo por encima de otra cosa, a menudo se usa la expresión **m'estimo més...**, que tiene el sentido de preferir, pero no de "querer más".

» **Què t'estimes més: anar al cine o al teatre?** (que tes-*ti*-mes mes a-*na* al *si*-ne o al te-*a*-tre; ¿qué prefieres: ir al cine o al teatro?)

No te quedes indiferente ni respondas con estas evasivas. Así no vas a ganar amigos:

» **Tant me fa** (tan me fa; me da igual).

» **M'és igual** (mes i-*gual*; me da igual).

Hablando se entiende la gente

ESCUCHA

Ignacio y Ana son un matrimonio feliz. Es domingo por la tarde en Barcelona. Ignacio intenta convencer a su mujer para salir de casa.

Ignasi: **Per què no anem al cine?** (per que no a-*nem* al *si*-ne; ¿por qué no vamos al cine?)

Anna: **No em ve de gust. Em fa mandra sortir** (nom ve de gust em fa *man*-dra sur-*ti*; no me apetece. Me da pereza salir).

Ignasi: **I si anem a passejar per les Rambles?** (i si a-*nem* a pa-se-*ya* per les *ram*-bles; ¿vamos a pasear por las Ramblas?)

Anna: **No, tampoc em ve de gust. La veritat és que estic molt cansada** (no tam-*poc* em ve de gust la ve-ri-*tat* es ques-*tic* mol can-*sa*-da; no, tampoco me apetece. Estoy muy cansada, la verdad).

Ignasi: **De debò que estàs tan cansada?** (de de-*bo* ques-*tas* tan can-*sa*-da; ¿de verdad que estás tan casada?)

Anna: **Per què ho dius?** (per-*queu* dius; ¿por qué lo dices?)

Ignasi: **Perquè per sopar podríem anar a fer una mariscada al port Olímpic** (per-*que* per su-*pa* pu-*dri*-em a-*na* fe *u*-na ma-ris-*ca*-da al port u-*lim*-pic; porque podríamos ir a cenar una mariscada en el puerto Olímpico).

Anna: **Bona idea! Sí, anem-hi!** (*bo*-na i-*de*-a si a-*ne*-mi; ¡buena idea! ¡Sí, vamos!)

FRASES HECHAS

Cuando te apetezca una cosa, di:

» **Em ve de gust!** (em ve de gus).

Pero si no te apetece, di:

» **No em ve de gust!** (nom ve de gus).

Jamás debes traducir por "me viene o no de gusto", sino simplemente "me apetece o no me apetece".

GRAMÁTICA

Habrás observado que en la frase **passejar per les Rambles**, para expresar el lugar por donde se pasa se utiliza la preposición **per** (per;

por). Ahora observa que esta preposición al entrar en contacto con el artículo **el** se contrae en la forma **pel**; en contacto con el artículo **els** se contrae en **pels**.

» **Puja pel primer carrer** (*pu*-ya pel *pri*-me ca-*rre*; sube por la primera calle).

» **Puja pels carrers Independència o Dos de Maig** (*pu*-ya pels ca-*rres* in-de-pen-*den*-si-a o dos de mach; sube por las calles Independencia o Dos de Mayo).

Los deportes

¿Acaso eres un **esportista** (es-pur-*tis*-ta; deportista) o un **aficionat** (a-fi-si-u-*nat*; aficionado) a los **esports** (es-*ports*; deportes)? Tanto si eres un espectador como si practicas algún deporte puedes disfrutar de muchos partidos y competiciones deportivas durante toda la temporada por televisión o asistiendo al **camp de futbol** (cam de fut-*bol*; campo de fútbol) o al **estadi** (es-*ta*-di; estadio).

Como no podía ser de otra manera, el fútbol es el deporte nacional, el que atrae a más espectadores y el que mueve más pasiones. Els **jugadors** (yu-ga-*dos*; jugadores) se enfrentan por **equips** (e-*quips*; equipos) en una **lliga** (*lli*-ga; liga) anual hasta que solo queda un ganador.

CULTURA GENERAL

Los equipos catalanes que gozan de más fama y afición son el **Barça** (*bar*-sa; el Barcelona) y l'**Espanyol** (es-pa-*ñol*), ambos de Barcelona, sobre todo cuando se enfrentan en un *derby* o cuando juegan contra el mayor rival, el Real Madrid. En estos **partits** (par-*tits*; partidos) la afición se desborda. Y no digamos cuando el **Barça** gana la liga o algún título: entonces todos los **barcelonistes** (bar-se-lu-*nis*-tes; barcelonistas) se dirigen a la **font** (fon; fuente) de Canaletes, ubicada en las Ramblas de Barcelona, que quedan abarrotadas por miles y miles de seguidores que celebran una emotiva fiesta que durará hasta altas horas de la madrugada.

¿Y a ti qué deportes te gustan? Esta es una buena manera de empezar una conversación:

» **Quins esports t'agraden?** (quins es-*ports* ta-*gra*-den; ¿qué deportes te gustan?)

» **M'agrada jugar a tennis** (ma-*gra*-da yu-*ga* a *ten*-nis; me gusta jugar al tenis).

Jugar (yu-*ga*; jugar) es el verbo más juguetón, útil para expresar todas las actividades deportivas y no tan deportivas:

Jugar a (ju-ga a; jugar al...):

- **futbol** (fut-bol: fútbol)
- **handbol** (an-bol; balonmano)
- **basquetbol** (bas-quet-bol; baloncesto)
- **tennis** (ten-nis; tenis)
- **escacs** (es-cacs; ajedrez)
- **frontó** (frun-to; frontón)
- **hoquei** (u-quei; hockey)
- **cartes** (car-tes; cartas)

Hay algunos deportes de competición que no se "juegan", sino que se practican:

» **la natació** (la na-ta-si-*o*; natación)

» **l'escalada** (les-ca-*la*-da; la escalada)

» **el ciclisme** (el si-*clis*-me; el ciclismo)

» **el motorisme** o **motociclisme** (el mu-tu-*ris*-me o mu-tu-si-*clis*-me; el motorismo)

» **les carreres de cotxes** (les ca-*rre*-res de *co*-ches; las carreras de coches)

¿Y tú qué haces en el tiempo libre?

Ahora que llegas al final del capítulo estás en condiciones de poder explicar lo que te gusta hacer en tu tiempo libre, además de ser una buena manera de presentarte a los demás. Cuando te pregunten **I tu què fas en el temps lliure?** (i tu que fas en el tems *lliu*-re; ¿y tú qué haces en el tiempo libre?) puedes responder lo siguiente:

» **Vaig al cine** (vach al *si*-ne; voy al cine).

» **De tant en tant vaig al gimnàs** (de tan en tan vach al yim-*nas*; de vez en cuando voy al gimnasio).

» **Sovint vaig al bar amb els amics** (su-*vin* vach al bar am bels a-*mics*; a menudo voy al bar con los amigos).

» **A mi el que m'agrada és no fer res** (a mi el que ma-*gra*-da es no fe res; a mí lo que me gusta es no hacer nada).

» **Jo vaig a jugar a futbol amb els companys de la feina** (yo vach a yu-*ga* a fut-*bol* am bels cum-*pañs* de la *fei*-na; yo voy a jugar al fútbol con los compañeros de trabajo).

» **Jo aprofito el temps lliure per llegir, sobretot novel·les de misteri** (yo a-pru-*fi*-tu el tems *lliu*-re per lle-*yi* so-bre-*tot* nu-*vel*-les de mis-*te*-ri; yo aprovecho el tiempo libre para leer, sobre todo novelas de misterio).

» **A mi m'agradaria fer un creuer pel Nil, però no tinc diners!** (a mi ma-gra-da-*ri*-a fe un cre-u-*e* pel nil pe-*ro* no tinc di-*nes*; a mí me gustaría hacer un crucero por el Nilo, ¡pero no tengo dinero!)

» **Al matí me'n vaig a passejar pel carrer, i a la tarda em quedo a casa a mirar la tele** (al ma-*ti* men vach a pa-se-*ya* pel ca-*re* i a la *tar*-da em *que*-du a *ca*-sa a mi-*ra* la *te*-le; por la mañana voy a pasear por las calles, y por la tarde me quedo en casa a mirar la tele).

GRAMÁTICA

A diferencia del castellano, que siempre utiliza **por** en las expresiones "por la mañana", "por la tarde", "por la noche", en catalán debes utilizar la preposición **a**:

» **al matí** (al ma-*ti*; por la mañana)

» **a la tarda** (a la *tar*-da; por la tarde)

» **a la nit** (a la nit; por la noche)

RECUERDA

En catalán "dar" no es lo mismo que "hacer". En castellano decimos "dar una vuelta", "dar un paseo", "dar una clase (impartir)", "dar un beso"... Pero cuando hables en catalán tienes que sustituir el verbo dar por **fer** (fe; hacer):

» **fer un tomb, un volt** (fe un tom, un vol)

» **fer un passeig** (fe un pa-*sech*)

» **fer una classe** (fe *u*-na *cla*-se)

» **fer un petó** (fe un pe-*to*)

Explicar lo que haces en tu tiempo libre también te brinda la oportunidad de contar tus actividades cotidianas, por ejemplo de un sábado cualquiera, y es también un buen modo de presentarte. En la figura 11-1 te muestro las actividades que puedes hacer en un día, desde que te levantas hasta que te acuestas. Apréndetelo de memoria, si puedes, y luego practícalo tú mismo, pero ahora con tus actividades reales.

FIGURA 11-1: Actividades de un sábado cualquiera

1. **Em llevo a les 10 del matí** (em *lle*-vu a les deu del ma-*ti*; me levanto a las 10 de la mañana).
2. **Em dutxo** (em *du*-chu; me ducho).
3. **Em preparo l'esmorzar** (em pre-*pa*-ru les-mur-*sa*; me preparo el desayuno).
4. **Escolto música** (es-*col*-tu *mu*-si-ca; escucho música).
5. **Surto a comprar el diari i a passejar** (*sur*-tu a cum-*pra* el di-*a*-ri i a pa-se-*ya*; salgo a comprar el periódico y a pasear).
6. **Vaig a dinar a casa dels pares** (vach a di-*na* a *ca*-sa dels *pa*-res; voy a comer en casa de mis padres).
7. **A la tarda surto a fer un volt amb els amics** (a la *tar*-da *sur*-tu a fe un vol am els a-*mics*; por la tarde salgo a dar una vuelta con los amigos).
8. **Al vespre sopem en un restaurant** (al *ves*-pre su-*pem* en un res-tau-*ran*; por la noche cenamos en un restaurante).
9. **Després anem a fer unes copes** (des-*pres* a-*nem* a fe *u*-nes *co*-pes; después vamos a tomar unas copas).
10. **Torno a casa a peu i me'n vaig a dormir molt cansat** (*tor*-nu a *ca*-sa a peu i men vach a dur-*mi* mol can-*sat*; vuelvo a casa a pie y me voy a dormir muy cansado).

Palabras para recordar

fer un tomb	fe un tom	dar una vuelta
vols sortir amb mi?	vols sur-*ti* am mi	¿quieres salir conmigo?
què podem fer?	que pu-*dem* fe	¿qué podemos hacer?
i tant!	i tan	¡claro!
som-hi!	*so*-mi	¡vamos!
on quedem?	on que-*dem*	¿dónde quedamos?
com s'hi va?	com si va	¿cómo se va?
t'agrada...?	ta-*gra*-da	¿te gusta...?
on vols anar?	on vols a-*na*	¿adónde quieres ir?
em sap greu	em sap greu	me sabe mal
ho sento	u *sen*-tu	lo siento
em ve de gust	em ve de gus	me apetece
que divertit!	que di-ver-*tit*	¡qué divertido!
quin avorriment!	quin a-vu-rri-*men*	¡qué aburrimiento!
quina gràcia!	*qui*-na *gra*-si-a	¡qué gracia!
tant me fa	tan me fa	me da igual

Juegos y ejercicios divertidos

Observa el diálogo del ejemplo, y escribe otro similar para aceptar o rechazar esta invitación, pero ahora con argumentos diferentes:

Ejemplo:

—Hi aniràs, a l'exposició fotogràfica?

—Ui, no puc! Em sap molt greu, però seré fora de la ciutat. I tu?

—Jo sí que hi aniré. M'agrada molt la fotografia esportiva. I tu, Mireia, que hi aniràs?

—Ui, no! Quin avorriment.

El director del Centre d'Esports Olímpics de la Universtitat de Lleida, el Sr. Pere Comelles,

es complau a invitar-vos a l'acte d'inauguració de l'exposició de fotografies *Els esports de muntanya*, que tindrà lloc el dia 21 de juny a les 6 del vespre a la sala d'actes del Centre.

Lleida, maig del 2007

En acabar l'acte, se servirà un refrigeri

EN ESTE CAPÍTULO

- Conocer la cocina catalana
- Entender y saber pedir lo que nos gusta
- Hacer valoraciones sobre la comida
- Cocinar

Capítulo 12
Saboreando la cocina

La cocina catalana tiene fama de ser una de las mejores del mundo. Además, también es un aspecto que forma parte de la personalidad de los catalanes. Es un arte culinario que, según la tradición, ha ido creciendo y enriqueciéndose desde la Edad Media, cuando gozó de gran fama, pues sus habitantes se las ingeniaron con lo que les daba la tierra para elaborar platos suculentos.

En pleno siglo XXI, los catalanes también pueden sentirse orgullosos de su gastronomía, pues junto con las novísimas creaciones de Ferran Adrià, Carme Ruscalleda y otros cocineros de primer orden, la cocina catalana ha adquirido un enorme prestigio internacional.

Pero la gastronomía no es solo prestigio y fama; también hay que tener en cuenta los hábitos, pues es un hecho consumado que hoy se come más pizza y hamburguesas que el típico y catalanísimo **pa amb tomàquet** (pam tu-*ma*-quet; pan con tomate). Aun así, sigue leyendo para aprender algunas expresiones gastronómicas claves para seleccionar y pedir comida en cualquier parte de los Países Catalanes. Pues sabido es que con viandas ajenas no cuesta dar cenas. Así que, **bon profit!** (bon pru-*fit*; ¡buen provecho!)

Beber y comer son cosas que hay que hacer

Cuando tu estómago te reclama comida o cuando tu garganta te pide a gritos algo para beber, usa estas expresiones para aplacar tus ardientes deseos:

- **Tinc gana** (tinc *ga*-na; tengo hambre).
- **Tinc set** (tinc *set*; tengo sed).

¿Se te ha abierto el apetito? Pues ahora te voy a describir las diferentes comidas que se suelen tomar al día.

Cuando tienes hambre por la mañana pregunta:

- **Què hi ha per esmorzar?** (que ia per es-mur-*sa*; ¿qué hay para desayunar?)

Y aquí tienes lo más típico para desayunar:

- **ous ferrats amb cansalada** (ous fe-*rrats* am can-sa-*la*-da; huevos fritos con beicon)
- **una truita a la francesa** (*u*-na *trui*-ta a la fran-*se*-sa; una tortilla a la francesa)
- **cereals** (se-re-*als*; cereales)
- **torrades amb melmelada** (tu-*rra*-des am mel-me-*la*-da; tostadas con mermelada)
- **un entrepà de pernil** (un en-tre-*pa* de per-*nil*; un bocadillo de jamón)
- **un suc de taronja** (un suc de ta-*ron*-cha; un zumo de naranja)
- **cafè** (ca-*fe*; café)

Entre la 13:30 y las 14:00 es la hora del almuerzo:

- **Què hi ha per dinar?** (que ia per di-*na*; ¿qué hay para almorzar?)

A las 21:00 puedes empezar a preguntar:

- **Què hi ha per sopar?** (que ia per su-*pa*; ¿qué hay para cenar?)

Todos estos platos podrían ser un típico menú para el almuerzo o la cena:

- » **amanida** (a-ma-*ni*-da; ensalada)
- » **una paella [d'arròs]** (u-na pa-e-lla da-*rros*; paella)
- » **fideus a la cassola** (fi-*deus* a la ca-*so*-la; fideos a la cazuela)
- » **bistec de vedella** (bis-*tec* de ve-*de*-lla; bistec de ternera)
- » **pollastre a la planxa** (pu-*llas*-tre a la *plan*-cha; pollo a la plancha)
- » **peix** (pesh; pescado)
- » **lluç al forn** (llus al forn; merluza al horno)
- » **verdura** (ver-*du*-ra; verdura)
- » **fruita** (*frui*-ta; fruta)

Puede que alguien te pregunte **Que t'estimes més, carn o peix?** (que tes-*ti*-mes mes carn o pesh; ¿qué prefieres, carne o pescado?) o **Ets vegetarià?** (ets ve-ye-ta-ri-*a*; ¿eres vegetariano?).

Durante las comidas se suele beber **vi** (vi; vino) o **cervesa** (cer-*ve*-sa; cerveza) y **aigua** (*ai*-gua; agua). En verano es típica la combinación dulzona y fresca de **vi amb gasosa** (vi am ga-*so*-sa; vino con gaseosa), frecuentemente bebida en **porró** (pu-*rro*; porrón).

RECUERDA

En catalán el **esmorzar** no es el almuerzo. Para los catalanes existen tres comidas principales en el día, además del **berenar** (be-re-*na*; la merienda):

- » **Els àpats** (els *a*-pats; las comidas):
  - **esmorzar** (es-mur-*sa*; desayuno)
  - **dinar** (di-*na*; almuerzo o comida)
  - **sopar** (su-*pa*; cena)

Cómo reservar una mesa en un restaurante

Comer en un restaurante te ofrece la posibilidad de degustar la cocina catalana y familiarizarte con la cultura y las costumbres del país. Pero te aconsejo que reserves mesa antes de presentarte al local que te han recomendado, ya que puede que te digan: **Ho sento, està ple** (u *sen*-tu es-*ta* ple; lo siento, está lleno). Pues, como dicen los catalanes: **A la taula d'en Bernat, qui no hi és, no hi és comptat** (a la *tau*-la den ber-*nat* qui no ies no ies cum-*tat*; en la mesa de Bernardo, quien no está, no está).

Hablando se entiende la gente

ESCUCHA

José Luis y Lucía van a probar un restaurante nuevo en la ciudad que recientemente ha cobrado mucha fama, así que deciden llamar por teléfono para hacer una reserva.

Empleat: **Restaurant Plaerdemavida, bon dia** (restau-*ran* pla-*e*-de-ma-*vi*-da bon *di*-a; restaurante Placerdemivida, buenos días).

José Luis: **Voldria reservar una taula per a dues persones per sopar** (vul-*dri*-a re-ser-*va* *u*-na *tau*-la per a *du*-es per-*so*-nes per su-*pa*; quisiera reservar una mesa para dos para cenar).

Empleat: **A nom de qui?** (a nom de qui; ¿su nombre?)

José Luis: **José Luis Menéndez**.

Empleat: **A quina hora?** (a *qui*-*no*-ra; ¿a qué hora?)

José Luis: **a 2/4 de 10** (a dos quarts de deu; a las nueve y media).

Empleat: **Molt bé, Sr. Menéndez, aquest vespre, una taula per a dues persones a 2/4 de 10** (mol be se-*ño* me-*nen*-des a-*quet* *ves*-pre *u*-na *tau*-la per a *du*-es per-*so*-nes a dos quarts de deu; muy bien, Sr. Menéndez, esta noche, una mesa para dos a las nueve y media).

En cambio, Mercedes acaba de llegar a la ciudad y entra en un concurrido restaurante con la intención de conseguir una mesa.

ESCUCHA

Mercè: **Bon dia, una taula per dinar, sisplau** (bon *di*-a *u*-na *tau*-la per di-*na* sis-*plau*; buenos días, una mesa, por favor).

Cambrer: **Ha fet reserva?** (a fet re-*ser*-va; ¿tiene hecha reserva?)

Mercè: **No, em sap greu** (no em sap greu; no, lo siento).

Cambrer: **Vol que l'apunti a la llista d'espera?** (vol que la-*pun*-ti a la *llis*-ta des-*pe*-ra; ¿quiere que le apunte en la lista de espera?)

Mercè: **Quant de temps m'hauré d'esperar?** (quan de tems mau-*re* des-pe-*ra*; ¿cuánto tiempo tendré que esperar?)

Cambrer: **No gaire, uns vint minuts** (no *gai*-re uns vin mi-*nuts*; no mucho, unos veinte minutos).

Mercè: **D'acord, m'espero. Em dic Mercè** (da-*cort* mes-*pe*-ru em dic mer-*se*; de acuerdo me espero. Me llamo Mercedes).

Cambrer: **Molt bé, vol prendre alguna cosa al bar mentrestant?** (mol be vol *pen*-dre al-*gu*-na *co*-sa al bar men-tres-*tan*; muy bien, ¿quiere tomar algo en el bar mientras tanto?)

Comprender la carta y pedir lo que nos gusta

Saber escoger lo que te ofrecen a veces puede ser una tarea complicada, puesto que algunos platos del menú tienen nombres muy creativos o, simplemente, estás a punto de probar manjares que no conoces. Pero no te preocupes, pregúntale al **cambrer** (cam-*bre*; camarero) y déjate aconsejar. En la tabla 12-1 encuentras algunas preguntas útiles.

TABLA 12-1 Preguntas útiles en un restaurante

Què li poso? (que li *po*-su; ¿qué le pongo?)	Esta es la pregunta típica que suelen hacer en los bares, a la que puedes responder con el clásico: **Un cafè amb llet, sisplau** (un ca-*fe* am llet sis-*plau*; un café con leche, por favor).
Què farem per dinar? (que fa-*rem* per di-*na*; ¿qué tomaremos para el almuerzo?)	Esta es la pregunta típica de un restaurante de menús diarios. Fíjate que en catalán **fer** (fe; hacer) también quiere decir "comer o beber": **fer un cafè** (fe un ca-*fe*; tomar un café).
Què prendran, els senyors? (que pen-*dran* els se-*ños*; ¿qué tomarán los señores?)	Esta pregunta, más cortés, la oirás en un buen restaurante.

Pero antes de contestar te han surgido algunas dudas:

- **Perdoni, què és això?** (per-*do*-ni *ques* a-*sho*; perdone, ¿esto qué es?)
- **Em pot explicar què és l'escalivada?** (em pot ex-pli-*ca ques* les-ca-li-*va*-da; ¿me puede explicar qué es la escalivada?)
- **Vostè què em recomana?** (vus-*te quem* re-cu-*ma*-na; ¿usted qué me recomienda?)

Y además de todo esto, puede haber opciones adicionales: cómo quieres la carne, la sopa, el pescado, el vino, etc. Echa un vistazo a la tabla 12-2.

TABLA 12-2 Valoraciones sobre la comida

Plato	Opción
el bistec / el filet (el bis-*tec* / el fi-*let*; el bistec / el filete)	**cru / al punt / fet** (cru / al pun / fet; crudo / al punto / muy hecho)
la sopa (la *so*-pa; la sopa)	**ben calenta / tèbia / freda** (ben ca-*len*-ta / *te*-bi-a / *fre*-da; muy caliente / tibia / fría)
el peix (el pesh; el pescado)	**fresc / congelat** (fresc / cun-che-*lat*; fresco / congelado)
el vi (el vi; el vino)	**blanc / negre / rosat** (balnc / *ne*-gre / ru-*sat*; blanco / tinto / rosado)
l'aigua (*lai*-gua; el agua)	**amb gas / sense gas** (am gas / *sen*-se gas; con gas / sin gas)

Hablando se entiende la gente

ESCUCHA

José Luis y Lucía están ya en el restaurante, escogiendo los platos de la carta. El camarero les atiende y aconseja en su decisión.

Cambrer: **Què prendran els senyors?** (que pen-*dran* els se-*ños*; ¿qué tomarán los señores?)

José Luis: **Què és l'escalivada?** (que es les-ca-li-*va*-da; ¿qué es la escalivada?)

Cambrer: **És una mena d'amanida d'albergínies, pebrots i cebes, cuits al caliu** (es *u*-na *me*-na da-ma-*ni*-da dal-ber-*yi*-ni-es pe-*brots* i *se*-bes cuits al ca-*liu*; es una especie de ensalada de berenjenas, pimientos y cebolla asados al rescoldo).

José Luis: **Al caliu?** (al ca-*liu*; ¿al rescoldo?)

Cambrer: **Sí, senyor: vol dir entre les brases** (si se-*ño* vol di *en*-tre les *bra*-ses; sí, señor: quiere decir entre brasas).

José Luis: **Ah! Per a mi una escalivada, doncs** (a per a mi *u*-nas-ca-li-*va*-da dons; ¡ah! Para mí una escalivada, pues).

Lucía: **Jo vull una amanida catalana. I de segon un filet de vedella** (jo vuy *u*-na-ma-*ni*-da ca-ta-*la*-na i de se-*gon* un fi-*let* de ve-*de*-lla; yo quiero una ensalada catalana. Y de segundo un filete de ternera).

Cambrer: **Com el vol?** (com el vol; ¿cómo lo quiere?)

Lucía: **Al punt** (al pun; al punto).

Cambrer: **I vostè què prendrà de segon?** (i vus-*te* que pen-*drà* de se-*gon*; y usted, ¿qué tomará de segundo plato?)

José Luis: **Vostè què em recomana?** (vus-*te* quem re-cu-*ma*-na; ¿usted qué me recomienda?)

Cambrer: **Què s'estima més, carn o peix?** (que ses-*ti*-ma mes carn o pesh; ¿qué prefiere, carne o pescado?)

José Luis: **Potser peix, és fresc?** (put-*se* pesh es fresc; tal vez pescado, ¿está fresco?)

Cambrer: **I tant! Agafi el llobarro al forn, és la nostra especialitat** (i tan a-*ga*-fi el llu-*ba*-rru al forn es la *nos*-tra es-pe-si-a-li-*tat*; ¡claro que sí! Pida la lubina al horno, es nuestra especialidad).

José Luis: **D'acord** (da-*cort*; de acuerdo).

Cambrer: **I per beure?** (i per *beu*-re; ¿para beber?)

José Luis: **Una ampolla de vi blanc i aigua sense gas** (*u*-nam-*po*-lla de vi blanc i *ai*-gua *sen*-se gas; una botella de vino blanco y agua sin gas).

Cambrer: **Vol veure la carta de vins?** (vol *beu*-re la *car*-ta de vins; ¿quiere ver la carta de vinos?)

José Luis: **Sí, sisplau** (si sis-*plau*; sí, por favor).

Lucía: **Jo m'estimaria més vi negre** (jo mes-ti-ma-*ri*-a mes vi *ne*-gre; yo preferiría vino tinto).

VERBOS

Para aprender a pedir los platos necesitas conocer bien el verbo **prendre** (*pen*-dre; tomar). Observa que la *r* de la primera sílaba ha caído en la pronunciación del modelo infinitivo, es decir, no suena. También ocurre en las formas del futuro, como aquí verás.

TABLA 12-3 El verbo *prendre*, un verbo muy glotón

Pronombre	Presente	Futuro
jo	**prenc** (prenc; tomo)	**prendré** (pen-*dre*; tomaré)
tu	**prens** (prens; tomas)	**prendràs** (pen-*dras*; tomarás)
ell / ella / vostè	**pren** (pren; toma)	**prendrà** (pen-*dra*; tomará)
nosaltres	**prenem** (pre-*nem*; tomamos)	**prendrem** (pen-*drem*; tomaremos)
vosaltres	**preneu** (pre-*neu*; tomáis)	**prendreu** (pen-*dreu*; tomaréis)
ells / elles / vostès	**prenen** (*pre*-nen; toman)	**prendran** (pen-*dran*; tomarán)

RECUERDA

PEZ O PESCADO

Los catalanes no distinguen entre el pescado y el pez, es decir, entre el pez vivo o muerto, pues sabido es que un pescado es un pez comestible sacado del agua. Tú no dices en un restaurante "Quiero pez", sino "Quiero pescado"; pero en catalán basta con decir solo: **Vull peix** (vuy pesh).

CULTURA GENERAL

LO QUE DISTINGUE A LA COCINA CATALANA

La cocina en los Países Catalanes es, en general, distinta según cada región. Pero la mayoría de los platos guisados tienen algo en común, ya que están compuestos por dos salsas básicas: la **picada** (pi-*ca*-da; picada catalana) y el **sofregit** (su-fre-*yit*; sofrito). La picada es el resultado de majar dentro de un mortero **all** (ay; ajo), **julivert** (yu-li-*verr*; perejil), **ametlles** (a-*met*-lles; almendras), **pinyons** (pi-*ñons*; piñones), **safrà** (sa-*fra*; azafrán), **pa** (pa; pan), etc. El **sofregit** es un condimento a base de tomate y cebolla fritos.

La **samfaina** es otra creación característica, una mezcla de verduras (tomates, pimientos, berenjenas y cebollas) sofritas en una sartén. El **allioli** (*a*-lli-*o*-li; alioli, ajoaceite), la salsa de las salsas, está hecha solo con **all** (ay; ajo) y **oli** (*o*-li; aceite).

El **pa amb tomàquet** (pam tu-*ma*-quet; pan con tomate) es una de las preparaciones más típicas de la cocina catalana; consiste en una rebanada de pan, tradicionalmente tostado, untado con tomate maduro, un poco de aceite y sal.

Las ensaladas catalanas se caracterizan por sus especialidades. La **escalivada** (es-ca-li-*va*-da) está compuesta por diferentes verduras (berenjenas, pimientos y cebolla) asadas al calor del fuego y luego dejadas enfriar. El **xató** (sha-*to*), la ensalada típica de las costas de Garraf, está hecha con escarola, **tonyina** (tu-*ñi*-na; atún), **bacallà esqueixat** (ba-ca-*lla* es-que-*shat*; bacalao desmenuzado), **filets de seitó** (fi-*lets* de *sei*-tó; filetes de anchoa) y **olives** (u-*li*-ves; aceitunas), y está aliñada con una salsa de ajos y tomates **escalivats**, pimientos, avellanas, aceite, sal y vinagre, llamada **romesco** (ru-*mes*-cu; salsa picante).

La cuenta, por favor

Cuando hayas terminado de comer, el camarero retirará los platos y te preguntará si deseas postre, café o licores. A continuación te brindo el vocabulario apropiado para terminar bien la comida.

Cuando vas al restaurante, lo más típico es tomar dulces o **pastisseria** (pas-ti-se-*ri*-a; pastelería), pero también es habitual tomar helados y sofisticados postres a base de frutas. Últimamente el postre en los restaurantes se ha convertido en un verdadero arte.

Lo más típico:

- **mel i mató** (mel i ma-*to*; miel con requesón)
- **músic** (*mu*-sic; músico, compuesto de frutos secos y vino moscatel)
- **flam** (flam; flan)
- **crema catalana** (*cre*-ma ca-ta-*la*-na; crema catalana)

Cuando hayas terminado tu postre y tomado café, es corriente que el camarero te ofrezca gratuitamente algún digestivo o **xarrup** (sha-*rrup*; chupito) de licor. Es para que no te acalores cuando te traiga el **compte** (el *com*-te; la cuenta), pues ha llegado la hora de pagar:

- **Cambrer: el compte, sisplau** (cam-*bre* el *com*-te sis-plau; camarero: la cuenta, por favor).

GRAMÁTICA

Ya has visto en los capítulos 7 y 10 que en catalán algunos géneros cambian con respecto al castellano. En la comida, estos son los cambios:

TABLA 12-4 Nuevos géneros de los sustantivos

Son masculinos	Son femeninos
els espinacs (els es-pi-*nacs*; las espinacas)	**una olor** (*u*-na u-*lo*; un olor)
el llegum (el lle-*gum*; la legumbre)	**una aroma** (un a-*ro*-ma; un aroma)
el pebre (el *pe*-bre; la pimienta)	**la nespra** (la *nes*-pra; el níspero)
	les postres (les *pos*-tres; los postres)
	la xocolata (la shu-cu-*la*-ta; el chocolate)
	la crep (la crep; el crep)
	una escalopa (*u*-nas-ca-*lo*-pa; un escalope)

Valoraciones sobre la comida o la bebida

Cuando pruebas un plato o comes un alimento que ya conoces, después de hincar el diente tendrás que aprender a describir su gusto, su olor, su consistencia... Aquí te muestro una manera de hacerlo:

- **La sopa és freda!** (la *so*-pa es *fre*-da; ¡la sopa está fría!)
- **Aquest cafè crema!** (a-*quet* ca-*fe* *cre*-ma; ¡este café quema!)

Gracias a nuestra lengua las personas podemos percibir cuatro sabores diferentes:

- **amarg** (a-*marc*; amargo)
- **dolç** (dols; dulce)
- **salat** (sa-*lat*; salado)
- **agre** o **àcid** (*a*-gre o *a*-cit; agrio o ácido)

Y además, estas sensaciones:

- **calent** (ca-*len*; caliente)
- **suau** (suau; suave)
- **picant** (pi-*can*; picante)
- **fort** (forr; fuerte)
- **insípid** (in-*si*-pit; insípido, soso)
- **fred** (fret; frío)
- **aspre** (*as*-pre; áspero)

Incluso te puedo mostrar toda una gama de calor:

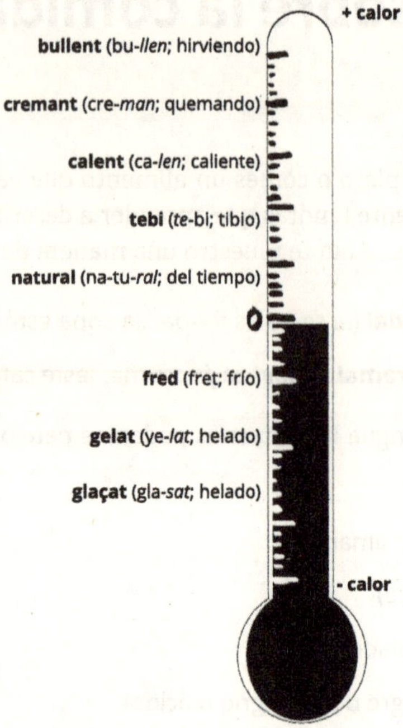

FIGURA 12-1: Grados de calor

Y aquí va un ejemplo:

- **L'aigua és insípida! Vull vi!** (*lai*-gua es in-*si*-pi-da vuy vi; ¡el agua es insípida! ¡Quiero vino!)

A menudo un sabor te recuerda otro, es decir, **té gust de...** (te gus de; sabe a...). Así puedes expresarlo:

- **Aquest iogurt té gust de maduixa** (a-*quet* iu-*gur* te gust de ma-*du*-sha; este yogur sabe a fresas).
- **Aquesta xocolata té gust de taronja** (a-*ques*-ta shu-cu-*la*-ta te gust de ta-*ron*-cha; este chocolate sabe a naranja).

Una receta mágica

Ahora que ya has probado un montón de platos de la gastronomía catalana, ha llegado el momento de entrar en la cocina y ponerse manos a la obra. Y si no sabes cómo empezar, pregunta:

- **Què he de fer?** (que e de fe; ¿qué tengo que hacer?)

Hablando se entiende la gente

ESCUCHA

José Luis y Lucía quieren aprender a cocinar platos típicos catalanes. Por eso, José Luis ha invitado a cenar a Miguel, un compañero del trabajo, cocinero de afición, que le va a enseñar cómo se prepara el **sofregit**.

José Luis: **Què he de fer primer?** (que e de fe pri-*me*; ¿qué tengo que hacer primero?)

Miquel: **Primer has de tallar la ceba molt fina** (pri-*me* as de ta-*lla* la *se*-ba mol *fi*-na; primero tienes que cortar la cebolla muy fina).

José Luis: **Entesos. I després la poso a la cassola, oi?** (en-*te*-sus i des-*pres* la *po*-su a la ca-*so*-la oi; entendido. Y después la pongo en la cazuela, ¿verdad?)

Miquel: **Sí, però has d'esperar que l'oli estigui calent** (si pe-*ro* as des-pe-*ra* que *lo*-li es-*ti*-gui ca-*len*; sí, pero tienes que esperar a que el aceite esté caliente).

José Luis: **I després hi afegeixo el tomàquet?** (i des-*pres* i a-fe-*ye*-shu el tu-*ma*-quet; ¿y luego le añado el tomate?)

Miquel: **No encara. Has d'esperar que la ceba estigui una mica rossa, i aleshores li afegeixes el tomàquet pelat i tallat ben fi** (non-*ca*-ra as des-pe-*ra* que la *se*-ba es-*ti*-gui *u*-na *mi*-ca *ro*-sa i a-les-*ho*-res li a-fe-*ye*-shes el tu-*ma*-quet pe-*lat* i ta-*llat* ben fi; todavía no. Tienes que esperar a que la cebolla esté un poco dorada, y entonces le añades el tomate pelado y cortado finamente).

José Luis: **Hi tiro la sal?** (i *ti*-ru la sal; ¿echo la sal?)

Miquel: **Remena-ho una mica i ja li pots tirar la sal** (re-*me*-nau *u*-na *mi*-ca i ya li pots ti-*ra* la sal; remuévelo un poco y ya le puedes echar la sal).

José Luis:	**I res més?** (i res mes; ¿nada más?)
Miquel:	**Ja està. Només cal que vagis remenant la salsa de tant en tant fins que quedi ben lligada. Si veus que et queda seca, li pots afegir una mica de brou** (yas-*ta* nu-*mes* cal que *va*-yis re-me-*nan* la *sal*-sa de tan en tan fins que *que*-di ben lli-*ga*-da si veus quet *que*-da *se*-ca li pots a-fe-*yi* *u*-na *mi*-ca de brou; ya está. Solo es necesario ir removiendo la salsa de vez en cuando hasta que esté bien ligada. Si ves que queda seca, le puedes añadir un poco de caldo).

Palabras para recordar

bon profit!	bon pro-fit	¡buen provecho!
tinc gana	tin *ga*-na	tengo hambre
tinc sec	tin set	tengo sed
què hi ha per esmorzar?	que ia per es-mur-*sa*	¿qué hay para desayunar?
què hi ha per dinar?	que ia per di-*na*	¿qué hay para comer?
què hi ha per sopar?	que ia per so-*pa*	¿qué hay para cenar?
voldria reservar una taula per…	vul-*dria* re-ser-va *u*-na *tau*-la per	quisiera reservar una mesa para…
un cafè amb llet, siusplau	un ca-*fe* am llet sis-*plau*	un café con leche, por favor
perdoni, què és això?	per-*do*-ni ques a-*sho*	perdone, ¿esto qué es?
vostè què em recomana?	vus-*te* quem re-cu-*ma*-na	¿usted qué me recomienda?
una ampolla de vi blanc	*u*-nam-*po*-lla de vi blanc	una botella de vino blanco

Juegos y ejercicios divertidos

Tu jefe te ha invitado a cenar en un restaurante, pero tiene una singularidad: es un **bufet lliure** (bu-*fet lliu*-re; bufé). Así que tienes que elegir los platos tú mismo. A ver si eres capaz de identificar todos los elementos que están expuestos en el bufé de autoservicio.

EN ESTE CAPÍTULO

- Describir enfermedades y estados de ánimo
- Visitar al médico
- Entender explicaciones médicas
- Pedir asistencia urgente

Capítulo 13

¡Doctor, qué mal me encuentro!

Cuando te encuentres mal y no sepas qué hacer, ¡llama a un médico! O mejor, tómatelo con calma y si ves que sobrevives, que puedes salir de tu casa e ir al médico por tu propio pie, entonces no es nada grave. Aunque una visita de prevención nunca está de más, y los médicos tienen el deber de curarte, la mayoría de las veces te curan solo con sus palabras, gran remedio estas para **el malalt imaginari** (el ma-*lal* i-ma-yi-*na*-ri; el enfermo imaginario).

Así que nunca digas **Doctor, no sé què tinc... Doctor, no sé què em passa... Em moro...** (duc-*to* no se que tinc duc-*to* no se quem *pa*-sa em *mo*-ru; doctor, no sé qué tengo... Doctor, no sé qué me pasa... Me muero...), porque la respuesta del facultativo será muy clara: **Vostè gemega molt, però és comèdia** (vus-*te* ye-*me*-ga mol pe-*ro* es cu-*me*-di-a; usted gimotea mucho, pero solo es comedia).

Aunque si estás realmente enfermo o se trata de una urgencia médica, sigue leyendo estas páginas.

Cómo describir un dolor o una enfermedad

Cuando el doctor te pregunte **On li fa mal?** (on li fa mal; ¿dónde le duele?), tendrás que ser muy clarito en tus respuestas. Ante las siguientes preguntas:

» **Què li passa?** (que li *pa*-sa; ¿qué le pasa?)

» **Què té?** (que te; ¿qué tiene?)

» **Què li fa mal?** (que li fa mal; ¿qué le duele?)

» **On li fa mal?** (on li fa mal; ¿dónde le duele?)

» **Com es troba?** (com es *tro*-ba; ¿cómo se encuentra?)

» **Com està?** (com es-*ta*; ¿cómo está?)

Empieza tu respuesta diciendo:

» **Em trobo malament** (em *tro*-bu ma-la-*men*; me encuentro mal).

Los verbos que más necesitas son **trobar-se** (tru-*bar*-se; encontrarse), **tenir** (te-*ni*; tener) y **fer** (fe; hacer):

» **Em trobo més bé** (em *tro*-bu mes be; me encuentro mejor).

» **Em trobo millor** (em *tro*-bu mi-*llo*; me encuentro mejor).

» **Em trobo més malament** (em *tro*-bu mes ma-la-*men*; me encuentro peor).

» **Em trobo pitjor** (em *tro*-bu pi-*cho*; me encuen tro peor).

Y ahora di qué tienes:

» **Tinc febre** (tinc *fe*-bre; tengo fiebre).

» **Tinc tos** (tinc tos; tengo tos).

» **Tinc la grip** (tinc la grip; tengo la gripe).

O bien:

Tinc mal de... (tinc mal de; tengo dolor de...)
- **cap** (cap; cabeza)
- **queixal** (que-*shal*; muela)
- **coll** (coy; cuello)
- **panxa** (*pan*-sha; barriga)

¿Y qué más te duele, hermoso?

- **Em fa mal l'esquena** (em fa mal les-*que*-na; me duele la espalda).
- **Em fa mal l'espatlla** (em fa mal les-*pat*-lla; me duele el hombro).
- **Em fa mal el peu** (em fa mal el peu; me duele el pie).

RECUERDA

No confundas la **esquena** con la **espatlla**, pues son partes del cuerpo diferentes. Aunque **espatlla** se parezca al castellano "espalda", se refiere al hombro y no a la espalda, que se traduce como **esquena**.

Para preguntarle a alguien sobre un accidente, usa la fórmula:

- **Què t'ha passat** (que ta pa-*sat*; ¿qué te ha pasado?)

Hablando se entiende la gente

ESCUCHA

Julián se ha hecho un buen corte en el dedo con un cúter, de modo que lo lleva vendado aparatosamente. Cuando llega a su casa, su mujer le pregunta qué le ha pasado.

Dora: **Què t'ha passat?** (que ta pa-*sat*; ¿qué te ha pasado?)

Julià: **M'he fet un tall al dit** (me fet un tay al dit; me he hecho un corte en el dedo).

Dora: **Deixa-m'ho veure. Amb què t'ho has fet, això?** (*de*-sha-mu *veu*-re am que tu as fet a-*sho*; déjame ver. ¿Con qué te lo has hecho?)

Julià: **Amb el cúter, mentre tallava paper al despatx** (am el *cu*-ter *men*-tre ta-*lla*-va pa-*pe* al des-*pach*; con el cúter, mientras cortaba papel en el despacho).

Dora: **Què dius ara! Hauries d'anar al metge perquè et posi l'antitetànica** (que dius *a*-ra au-*ri*-es da-*na* al *me*-che per-*quet po*-si lan-ti-te-*ta*-ni-ca; ¡qué me dices! Tendrías que ir al médico para que te pusiera la antitetánica).

Los consejos del doctor

Una vez le hayas explicado al médico tus síntomas, este te dirá qué debes hacer. Si por ejemplo le dices **Doctor, estic molt gras!** (duc-*to* es-*tic* mol gras; doctor, ¡estoy muy gordo!), la verdad es que no hace falta hablar con un médico para oír estas respuestas:

- **Hauria de fer exercici** (au-*ri*-a de fe ec-ser-*si*-si; tendría que hacer ejercicio).
- **No hauria de menjar tant** (no au-*ri*-a de men-*ya* tan; no tendría que comer tanto).

Si le dices **Em fa mal de queixal** (em fa mal de que-*shal*; me duelen las muelas), te enviará al **arrencaqueixals** (a-*rren*-ca-que-*shals*; sacamuelas):

- **Hauria d'anar al dentista perquè li arrenqui el queixal** (au-*ri*-a da-*na* al den-*tis*-ta per-*que* li a-*rren*-qui el que-*shal*; debería ir al dentista para que le saque la muela).

Acabas de aprender a utilizar una *perífrasis verbal*, que en castellano equivale a decir "tendría que" o "debería", y funciona con la fórmula: **Haver + de + infinitivo**. Observa la conjugación en la tabla 13-1:

TABLA 13-1 El condicional de *haver*

Pronombre	Condicional
jo	**hauria** (au-*ri*-a; habría)
tu	**hauries** (au-*ri*-es; habrías)
ell /ella / vostè	**hauria** (au-*ri*-a; habría)
nosaltres	**hauríem** (au-*ri*-em; habríamos)
vosaltres	**hauríeu** (au-*ri*-eu; habríais)
ells / elles / vostès	**haurien** (au-*ri*-en; habrían)

GRAMÁTICA

Para las comparaciones, usa los adverbios comparativos de la tabla 13-2.

TABLA 13-2 **Los adverbios de comparación**

Adverbio de comparación	Equivalencias
més bé (mes be; más bien)	**millor** (mi-*llo*; mejor)
més malament (mes ma-la-*men*; más mal)	**pitjor** (pi-*cho*; peor)

La tabla 13-3 te muestra algunos síntomas de enfermedad y te da consejos para tratarlos:

TABLA 13-3 **Síntomas de enfermedad y posibles soluciones**

Síntoma	Remedio-consejo
Què et passa? (quet *pa*-sa; ¿qué te pasa?)	**Què m'aconselles?** (que ma-cun-*se*-lles; ¿qué me aconsejas?)
No hi veig gaire bé (noi vech *gai*-re be; no veo muy bien).	**Hauries de portar ulleres** (au-*ri*-es de pur-*ta* u-*lle*-res; deberías llevar gafas).
Tinc mal de panxa (tinc mal de *pan*-sha; tengo dolor de barriga).	**Hauries d'anar al metge** (au-*ri*-es da-*nal* *me*-che; deberías ir al médico).
Tinc mal de queixal (tinc mal de que-*shal*; tengo dolor de muelas).	**Hauries d'anar al dentista** (au-*ri*-es da-*nal* den-*tis*-ta; deberías ir al dentista).
Estic rebentat (es-*tic* re-ben-*tat*; estoy reventado).	**No hauries de treballar tant** (no au-*ri*-es de tre-ba-*lla* tan; no tendrías que trabajar tanto).

Accidentes y enfermedades frecuentes

Los siguientes ejemplos te ayudarán a describir los accidentes y las enfermedades más frecuentes.

» **Accidents** (ac-si-*dens*; accidentes):

- **la punxada d'un cactus** (la pun-*sha*-da dun *cac*-tus; el pinchazo de un cactus)
- **el cop** (el cop; el golpe)
- **el tall** (el tay; el corte)
- **el braç trencat** (el bras tren-*cat*; el brazo roto)

» **Malalties** (ma-lal-*ti*-es; enfermedades):

- **l'al·lèrgia** (lal-*ler*-gi-a; la alergia)
- **la febre** (la *fe*-bre; la fiebre)
- **el mal de queixal** (el mal de que-*shal*; el dolor de muelas)
- **el refredat** (el re-fre-*dat*; el resfriado)

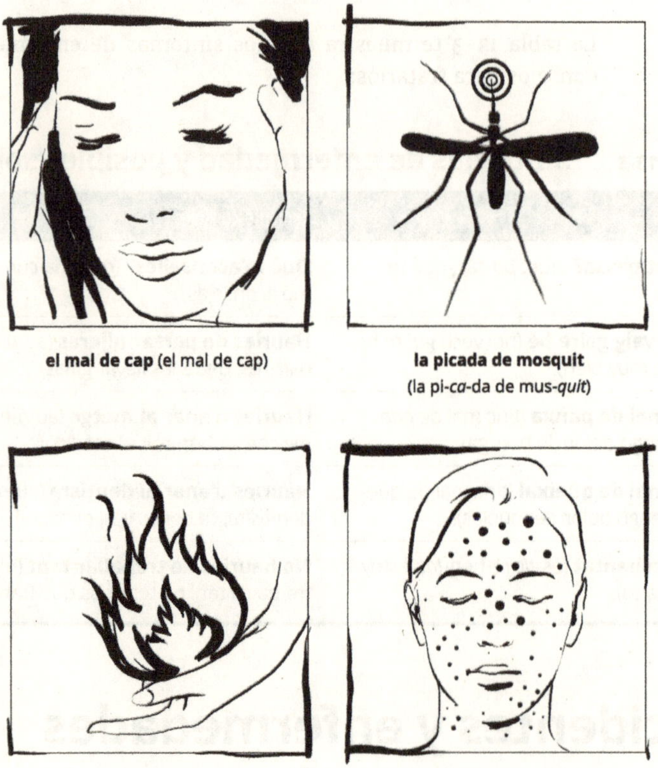

FIGURA 13-1: Accidentes y enfermedades frecuentes

Hablando se entiende la gente

ESCUCHA

Andrés va al médico porque le duele la espalda. Le explica los síntomas y el doctor le examina y le da su diagnóstico.

Doctor: **Bon dia, què li passa?** (bon *di*-a que li *pa*-sa; buenos días, ¿qué le ocurre?)

Andreu: **Miri, doctor, és que em fa molt de mal l'esquena** (*mi*-ri duc-*to* es quem fa mol de mal les-*que*-na; mire, doctor, es que me duele mucho la espalda).

Doctor: **Quan fa que li passa?** (quan fa que li *pa*-sa; ¿cuánto tiempo hace que le ocurre?)

Andreu: **Una setmana** (*u*-na sem-*ma*-na; una semana).

Doctor: **Tregui's la camisa i estiri's a la llitera. On li fa mal? Aquí?** (*tre*-guis la ca-*mi*-sa i es-*ti*-ris a la lli-*te*-ra on li fa mal a-*qui*; quítese la camisa y échese en la camilla. ¿Dónde le duele? ¿Aquí?)

Andreu: **Sí, aquí als ronyons, i després també tinc unes punxades molt fortes al clatell. És greu, doctor?** (si a-*qui* als ru-*ñons* i des-*pres* tam-*be* tinc *u*-nes pun-*sha*-des mol *for*-tes al cla-*tey* es greu duc-*to*; sí, aquí en los riñones, y también tengo unas punzadas muy fuertes en la nuca. ¿Es grave, doctor?)

Doctor: **Té les lumbars i les cervicals molt carregades. A què es dedica?** (te les lum-*bars* i les ser-vi-*cals* mol ca-rre-*ga*-des a ques de-*di*-ca; tiene las lumbares y las cervicales muy cargadas. ¿A qué se dedica?)

Andreu: **Sóc dissenyador gràfic, i em passo el dia assegut davant de l'ordinador** (soc di-se-ña-*do gra*-fic i em *pa*-su el *di*-a a-se-*gut* da-*van* de lur-di-na-*do*; soy diseñador gráfico y me paso el día sentado delante del ordenador).

Doctor: **Hauria de seure en una cadira ergonòmica, amb l'esquena ben recta, els colzes a l'alçada de la taula i els peus completament recolzats a terra** (au-*ri*-a de *seu*-re en *u*-na ca-*di*-ra er-gu-*no*-mi-ca am les-*que*-na ben *rec*-ta els *col*-ses a lal-*sa*-da de la *tau*-la i els peus cum-*ple*-ta-*men* re-cul-*sats* a *te*-rra; debería sentarse en una silla ergonómica, con la espalda recta, los codos a la altura de la mesa y los pies completamente apoyados en el suelo).

Andreu: **D'acord. I res més?** (da-*cort* i res mes; de acuerdo. ¿Algo más?)

Doctor: **Hauria d'anar al massatgista de tant en tant** (au-*ri*-a da-*na* al ma-sa-*chis*-ta de tan en tan; debería ir al masajista de vez en cuando).

Expresar estados de ánimo y sensaciones físicas

Expresar un estado de ánimo o un estado físico puede ser vital en determinados momentos. Qué mejor que poder decirle a alguien **Em sento molt feliç amb tu!** (em *sen*-tu mol fe-*lis* am tu; me siento muy feliz contigo), o gritar a pleno pulmón: **Que content que estic!** (que cun-*ten* ques-*tic*; ¡qué contento estoy!)

Pero desgraciadamente no siempre va a ser así. De modo que ahora te voy a presentar otros estados de ánimo. Puedes construirlos con el verbo **estar** (es-*ta*; estar). Empieza diciendo simplemente **Estic...** (es-*tic*; estoy...):

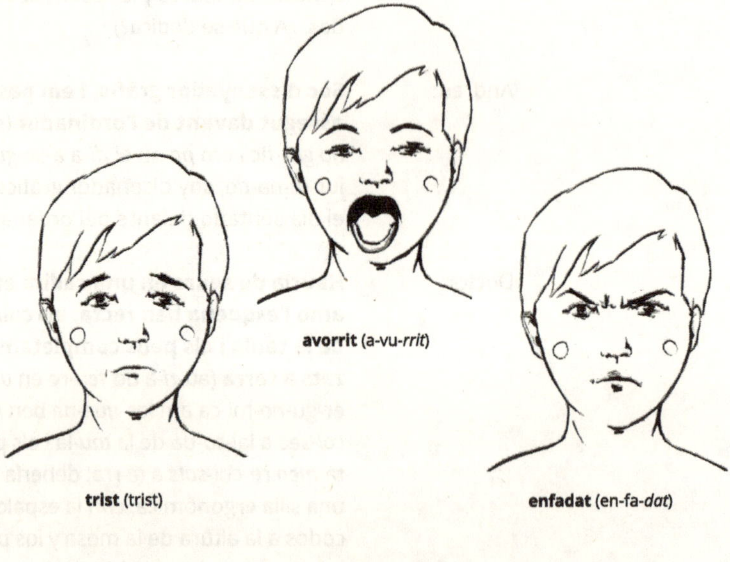

FIGURA 13-2: Algunos estados de ánimo

» **cansat** (can-*sat*; cansado)

» **adormit** (a-dur-*mit*; dormido)

» **desesperat** (de-ses-pe-*rat*; desesperado)

» **deprimit** (de-pri-*mit*; deprimido)

Aunque lo peor que puede ocurrirte es tener que decir **Estic enamorat!** (es-*tic* e-na-mu-*rat*; ¡estoy enamorado!), el peor de los males: el **mal d'amor** (mal da-*mor*; mal de amor).

VERBOS

El verbo **tenir** (te-*ni*) también te será útil para los siguientes casos. Solo di **tinc** (tinc; tengo), por ejemplo: **Tinc fred!** (tinc fret; ¡tengo frío!)

» **Tinc...**

- **calor** (ca-*lo*; calor)
- **son** (son; sueño)
- **ganes de riure** (*ga*-nes de *riu*-re; ganas de reír)
- **ganes de plorar** (*ga*-nes de plu-*ra*; ganas de llorar)

Ha llegado el momento de presentarte diversos estados físicos. Empieza diciendo simplemente **Estic...** (es-*tic*; estoy...):

» **Estic...**

- **malalt** (ma-*lal*; enfermo)
- **constipat** (cuns-ti-*pat*; constipado)
- **marejat** (ma-re-*yat*; mareado)

El 061 y el SEM

El 061 es el teléfono que atiende todas las urgencias médicas en Cataluña y que el **Sistema d'Emergències Mèdiques** (SEM-Sistema de Emergencias Médicas) pone al alcance de todos los ciudadanos las 24 horas del día.

Si crees que necesitas una **atenció sanitària urgent** (a-ten-si-*o* sa-ni-*ta*-ri-a ur-*yen*; atención sanitaria urgente), el 061 te dará consejo telefónico y atención *in situ* de los profesionales sanitarios, y si es necesario también un traslado en **ambulància** (am-bu-*lan*-si-a; ambulancia). Para cubrir todas las emergencias el SEM cuenta con un **centre coordinador** (*sen*-tre cu-ur-di-na-*do*; Centro Coordinador) donde se reciben todas las llamadas del 061.

Durante el día, en horario laboral, puedes dirigirte a los **centres d'atenció primària** o CAP (*sen*-tres da-ten-si-*o* pri-*ma*-ri-a; centros de atención primaria), donde los médicos se ocuparán de tu salud. Y para las urgencias supergraves te atenderán en cualquier **hospital públic** (us-pi-*tal* *pu*-blic; hospital público).

Los desastres naturales

Las catástrofes y los desastres naturales también son casos de emergencia que debes conocer, aunque sean menos comunes que tus pequeñas emergencias, como caer de bruces, que en catalán decimos **caure de morros** (*cau*-re de *mo*-rrus; caer de morros). Por eso es útil aprender la siguiente terminología, por si acaso, pues más vale prevenir que curar.

Estas son algunas de las catástrofes que pueden ocurrir cerca de aquí, lejos de aquí o quizás delante de tus mismas narices:

- **terratrèmol** (te-rra-*tre*-mul; terremoto)
- **foc** (foc; fuego)
- **incendi forestal** (in-*sen*-di fu-res-*tal*; incendio forestal)
- **inundació** (i-nun-da-si-*o*; inundación)
- **rierades** (ri-e-*ra*-des; riadas)
- **torb** (torp; ventisca)

RECUERDA

En estos casos, y aun en otros que no te expongo, necesitas ayuda o tienes que **demanar socors** (de-ma-*na* su-*cors*; pedir socorro). Entonces va a ser fundamental que en una de estas situaciones de emergencia recuerdes las palabras adecuadas, pues no hay tiempo de consultar *Catalán para Dummies*. Por lo tanto, memoriza las siguientes expresiones:

- **Socors!** (su-*cors*; ¡socorro!)
- **Ajudi'm, sisplau!** (a-*yu*-dim sis-*plau*; ¡ayúdeme, por favor!)
- **Que algú m'ajudi!** (quel-*gu* ma-*yu*-di; ¡que alguien me ayude!)
- **Truquin a una ambulància, de pressa!** (*tru*-quin a *u*-nam-bu-*lan*-si-a de *pre*-sa; ¡llamen a una ambulancia, de prisa!)

FRASES HECHAS

Aun así, ten en cuenta el proverbio **Ajuda't i t'ajudaré** (a-*yu*-dat i ta-yu-da-*re*; ayúdate y te ayudaré), que es una buena expresión con la que se recomienda no dejar a la ayuda de otro aquello que uno puede hacer por sí mismo.

LOS PAÍSES CATALANES, UNA ZONA CON MUCHA "MOVIDA"

CULTURA GENERAL

En todo el ámbito de los Países Catalanes se dan muestras de **moviments sísmics** (mu-vi-*mens sis*-mics; movimientos sísmicos), desde los Pirineos hasta Valencia, donde tampoco se salvan las poblaciones costeras, con frecuentes epicentros en el mar. Por fortuna todas estas **sacsejades** (sac-se-*ya*-des; sacudidas) son de poca intensidad.

A pesar de todo, algunos terremotos famosos y desastrosos ocurrieron hace siglos, como el de 1424, que destruyó por completo en Cataluña la ciudad de Olot y algunos pueblos del entorno, o el de 1429, que destruyó la pirenaica población de Puigcerdà. No menos importantes fueron los terremotos que arrasaron Xàtiva (Valencia) en 1396 o Alacant en 1828, e incluso el de Menorca en 1654.

Si tienes que advertir a los demás de cualquier **perill** (pe-*rill*; peligro), no te atragantes y da la voz de alarma con estas palabras:

» **Compte!** (*com*-te; ¡cuidado!)
» **Atenció!** (a-ten-si-*o*; ¡atención!)
» **Vigila!** (vi-*yi*-la; ¡atención!)

Palabras para recordar

em trobo malament	em *tro*-bu ma-la-*men*	me encuentro mal
em trobo millor	em *tro*-bu mi-*llo*	me encuentro mejor
em trobo pitjor	em *tro*-bu pi-*cho*	me encuentro peor
em fa mal...	em fa mal...	me duele...
tinc calor	tinc ca-*lo*	tengo calor
estic constipat	es-*tic* cuns-ti-*pat*	estoy constipado

Juegos y ejercicios divertidos

Gozar de buena salud es primordial, y a veces cuesta poco mejorar nuestra calidad de vida. Ya sé que trabajas demasiado y vives pendiente del reloj. Pero te voy a dar algunos consejos para que pienses en tu salud y en cómo puedes mejorarla. Analízate a ti mismo: pon una cruz donde corresponda en este test, y... ¡tú mismo!

	massa	molt / molta	força	poc / poca	gens	mai
Treballo						
Dormo						
Faig esport						
Surto de festa						
Bec aigua						
Menjo fruita						
Prenc begudes alcohòliques						
Fumo						
Faig l'amor						
Sóc optimista						

5

Conocer los Países Catalanes a fondo

EN ESTA PARTE . . .

Esta parte te proporciona la información que necesitas para llevar tu catalán de viaje por todas las regiones que comparten este idioma: desde Andorra y Cataluña hasta Valencia, desde las Islas Baleares hasta el sur de Francia e incluso hasta la pequeña ciudad de Alguer en Cerdeña. Estos capítulos han sido diseñados especialmente para ti, porque llevas dentro la sed de saber y necesitas conocer algunos aspectos culturales y el vocabulario apropiado para recorrer todo el territorio de habla catalana preguntando un montón de cosas.

EN ESTE CAPÍTULO

- Pequeñas excursiones de fin de semana
- Nombres de lugar en catalán
- Cómo alojarse en un hotel
- Expresar fechas y números

Capítulo 14 Cuando llegan las vacaciones

Te encuentras residiendo (o viajando) en un nuevo país, con una lengua diferente de la tuya, el catalán. Esta tierra de acogida te gusta, pero todavía no la conoces a fondo. Y quieres hacerlo. Necesitas hacerlo. Cuando llegan las vacaciones es el momento apropiado para viajar por los Países Catalanes y conocer a sus gentes, sus paisajes, su cultura.

En este capítulo podrás ver algunas de las opciones que los catalanes tienen en su tierra para ocupar el tiempo libre fuera de la ciudad, empezando por el fin de semana, hasta que llegan las verdaderas vacaciones de Navidad, Semana Santa o verano. También aprenderás a reservar una habitación de hotel, a hablar con el personal del establecimiento y a escoger los servicios que puedan ofrecerte.

El fin de semana

El **cap de setmana** (cap de sem-*ma*-na; el fin de semana) es un buen momento para salir de la ciudad y alejarse de la rutina del trabajo. Los catalanes tienen por costumbre dedicar el fin de semana a hacer una gran variedad de actividades: **anar d'excursió** (a-*na* decs-cur-si-*o*; ir de excursión) a la montaña, esquiar en los Pirineos en invierno, ir a la playa en verano, practicar **esports d'aventura** (es-*ports* da-ven-*tu*-ra; deportes de aventura), hacer turismo siguiendo la Ruta del Arte Románico o visitando poblaciones de interés histórico y artístico o, simplemente, hacer un picnic dominguero en un **bosc** (bosc; bosque) cercano a la carretera.

Realmente se aburre quien quiere. Fíjate en las actividades de Mónica cuando disfruta de sus vacaciones, pues es una chica muy dinámica, que **no s'avorreix mai** (no sa-vu-*rreix* mai; no se aburre nunca):

» **Els diumenges se'n va d'excursió a la muntanya** (els diu-*men*-ches sen va decs-cur-si-*o* a la mun-*ta*-ña; los domingos se va de excursión al monte).

EL "CAP DE SETMANA" NO ES LA "CABEZA DE LA SEMANA"

GRAMÁTICA

Te habrás dado cuenta de que la palabra **cap** se utiliza muchísimo en catalán, y no siempre se refiere a la cabeza. Eso es porque se trata de una palabra con multitud de significados. He aquí los ejemplos más usuales del uso de **cap**:

- **cap** (cabeza): **Tinc el cap gros** (tinc el cap gros; tengo la cabeza grande).
- **cap** (individuo): **Toquen tres pomes per cap** (*to*-quen tres *po*-mes per cap; tocan tres manzanas por cabeza).
- **cap** (punta o extremo de una cosa): **El cap d'una corda** (el cap *du*-na *cor*-da; el cabo de una cuerda).
- **cap** (jefe): **El cap d'una empresa** (el cap *du*-nam-*pre*-sa; el jefe de una empresa).
- **cap d'any** (primer día del año): **L'1 de gener és cap d'any** (lu de ye-*ne* es cap dañ; el 1 de enero es año nuevo).
- **cap** (algún): **Tens cap llapis?** (tens cap *lla*-pis; ¿tienes un lápiz?)
- **cap** (ninguno): **No té cap germà** (no te cap yer-*ma*; no tiene ningún hermano).
- **cap a** (hacia): **Vine cap aquí** (*vi*-ne cap a-*qui*; ven aquí).

» **A l'hivern se'n va a esquiar** (a li-*vern* sen vas-qui-*a*; en invierno se va a esquiar).

» **A l'estiu se'n va a la Costa Brava a fer submarinisme** (a les-*tiu* sen va a la *cos*-ta *bra*-va a fer sub-ma-ri-*nis*-me; en verano se va a la Costa Brava a hacer submarinismo).

Si no sabes qué hacer un domingo cualquiera, pregúntale a tu vecino:

» **I tu què fas diumenge?** (i tu que fas diu-*men*-che; ¿y tú qué haces el domingo?)

Las respuestas son:

» **Cada diumenge vaig al poble on vaig néixer** (*ca*-da diu-*men*-che vach al *po*-ble on vach *ne*-she; todos los domingos me voy al pueblo donde nací).

» **Em llevo a trenc d'alba i me'n vaig d'excursió** (em *lle*-vu a trenc *dal*-ba i men vach decs-cur-si-*o*; me levanto al amanecer y me voy de excursión).

» **Aquest cap de setmana vull fer un viatge per veure el Pirineu** (a-*quet* cap de sem-*ma*-na vuy fe un vi-*a*-che per *veu*-re el pi-ri-*neu*; este fin de semana voy a hacer un viaje para ver el Pirineo).

Ante estas opciones cabe preguntarse **Val la pena anar-hi?** (val la *pe*-na a-*na*-ri; ¿vale la pena ir?) para responder con un vehemente **I tant!** (i tan; ¡pues claro!).

A TRENC D'ALBA I LLEVAR-SE

FRASES HECHAS

La expresión **Em llevo a trenc d'alba** significa "al amanecer", cuando clarea el día. Esta frase tiene asimismo la compañía del verbo **llevar** (lle-*va*), que significa "levantar" o "levantarse", pero también se traduce en castellano como "quitar". O sea que **llevar-se del llit** (lle-*var*-se del llit) es como decir "quitarse o quitar a alguien de la cama". En otros casos es más evidente su significado literal: **Li va llevar la vida** (li va lle-*va* la *vi*-da; le quitó la vida).

Hablando se entiende la gente

ESCUCHA

Mónica pregunta a su amigo Martín qué va a hacer el próximo fin de semana. Siguiendo este diálogo aprenderás a utilizar el futuro para expresar lo que vas a hacer muy pronto.

Mònica: **Què faràs aquest cap de setmana?** (que fa-*ras* a-*quet* cap de sem-*ma*-na; ¿qué harás este fin de semana?)

Martí: **Dissabte em quedaré a casa i diumenge me n'aniré d'excursió amb els amics** (di-*sap*-te em que-da-*re* a *ca*-sa i diu-*men*-che me na-ni-*re* decs-cur-si-*o* am bels a-*mics*; el sábado me quedaré en casa y el domingo iré de excursión con los amigos).

Mònica: **I on anireu?** (i on a-ni-*reu*; ¿adónde iréis?)

Martí: **Anirem a fer senderisme al Montseny. I tu, què faràs?** (a-ni-*rem* a fe sen-de-*ris*-me al mun-*señ* i tu que fa-*ras*; iremos a hacer senderismo en el Montseny. ¿Y tú qué vas a hacer?)

Mònica: **Jo me n'aniré a escalar a Montserrat** (yo me na-ni-*res*-ca-*la* a mun-se-*rrat*; yo me iré a escalar a Montserrat).

Sigue practicando con el futuro en los casos que te presenta la tabla 14-1. Utilizando nuevas posibilidades comunicativas acabarás por dominar el catalán:

TABLA 14-1 Actividades de fin de semana

Situación	Verbo en futuro + ejemplo
El cap de setmana (el cap de sem-*ma*-na; el fin de semana)	**aniré d'excursió** (a-ni-*re* decs-cur-si-*o*; iré de excursión).
Diumenge (diu-*men*-che; domingo)	**faré una passejada pel Montseny** (fa-*re* *u*-na pa-se-*ya*-da pel mun-*señ*; daré un paseo por el Montseny).

(continúa)

(continuación)

Situación	Verbo en futuro + ejemplo
Dissabte (di-*sap*-te; sábado)	**vindré amb vosaltres** (vin-*dre* am vu-*sal*-tres; iré con vosotros).
Demà passat (de-*ma* pa-*sat*; pasado mañana)	**marxaré de viatge cap a França** (mar-sha-*re* de vi-*a*-che *ca*-pa *fran*-sa; marcharé de viaje hacia Francia).

VERBOS

El futuro es un tiempo verbal muy sencillo en catalán, pues tan solo tienes que añadirle al infinitivo las terminaciones **-é**, **-às**, **-à**, **-em**, **-eu**, **-an**:

» **sortir** (sur-ti; salir)

sorti**ré** (sur-ti-*re*; saldré)

sorti**ràs** (sur-ti-*ras*; saldrás)

sorti**rem** (sur-ti-*rem*; saldremos)

sorti**reu** (sur-ti-*reu*; saldréis)

sorti**ran** (sur-ti-*ran*; saldrán)

Como la mayoría de los verbos de la segunda conjugación (terminados en **-er** y en **-re**) son irregulares, para hacer el futuro cambia un poco el infinitivo, pero las terminaciones son siempre las mismas:

» **fer** (fe; hacer)

far**é** (fa-*re*; haré)

far**às** (fa-*ras*; harás)

far**à** (fa-*ra*; hará)

far**em** (fa-*rem*; haremos)

far**eu** (fa-*reu*; haréis)

far**an** (fa-*ran*; harán)

On aniràs de vacances? (on a-ni-*ras* de va-*can*-ses; ¿adónde irás de vacaciones?), esta es la cuestión, esta es la pregunta clave; por tanto, para que no te pillen desprevenido, memoriza preguntas básicas semejantes:

» **Quan hi aniràs?** (quan ia-ni-*ras*; ¿cuándo vas a ir?)

» **Quants dies t'hi estaràs?** (quans *di*-es ti es-ta-*ras*; ¿cuántos días vas a estar?)

» **Amb què hi aniràs?** (am que ia-ni-*ras*; ¿en qué vas a ir?)

» **Amb qui hi aniràs?** (am qui ia-ni-*ras*; ¿con quién vas a ir?)

» **Quin itinerari seguiràs?** (quin i-ti-ne-*ra*-ri se-gui-*ras*; ¿qué itinerario vas a seguir?)

» **Quin lloc triaràs?** (quin lloc tri-a-*ras*; ¿qué lugar elegirás?)

Para que no te pierdas por ahí

Para conocer bien los Países Catalanes, y, claro está, el mundo entero, te hace falta consultar los mapas que te muestren bien por dónde puedes perderte y los nombres de esos lugares.

En primer lugar, te presento los Países Catalanes:

FIGURA 14-1: Los Países Catalanes

Si lo que te gusta es el mar y la **platja** (*pla*-cha; playa), puedes acercarte a la costa levantina, viajar hasta las Baleares o recorrer la Costa Brava y **l'Empordà** (lem-pur-*da*; el Ampurdán) para disfrutar del paisaje marino y **prendre el sol** (*pen*-dre el sol; tomar el sol) echado en la **sorra** (*so*-rra; arena), a la **riba** (*ri*-ba; orilla) del mar, y luego bañarte en las **onades** (o-*na*-des; olas). O mejor aún: **navegar amb vaixell** (nave-*ga* am va-*shey*; navegar en barco).

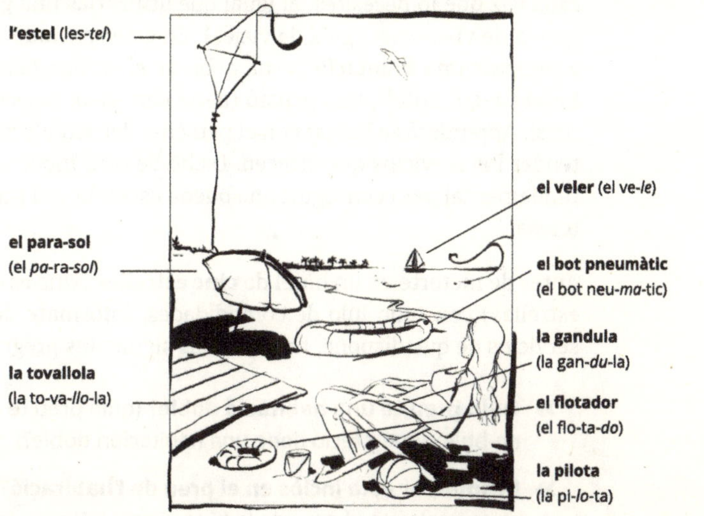

FIGURA 14-2: Vocabulario de la playa

Y a continuación te presento el continente donde se encuentra mi maravilloso país:

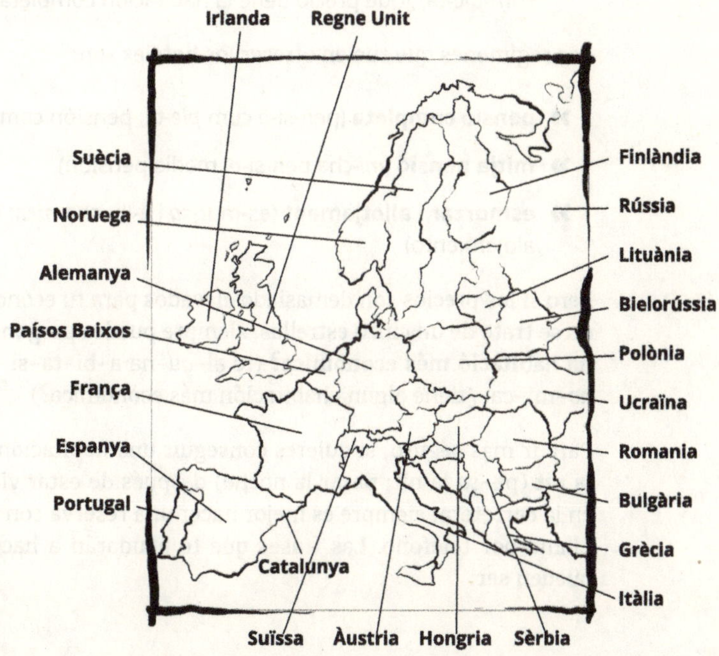

FIGURA 14-3: Los países de Europa

Cómo alojarse en un hotel

Cuando vayas de viaje lleva contigo *Catalán para Dummies* y sácalo cada vez que lo necesites, al igual que utilizarías una **guia de viatges** (*gui*-a de vi-*a*-ches; guía de viajes). En este apartado vas a aprender a reservar **una habitació** (*u*-na a-bi-ta-si-*o*; una habitación) en un **hotel** (u-*tel*; hotel), una **pensió** (*u*-na pen-si-*o*; pensión) o una casa rural. Aprenderás a hablar con el personal del establecimiento y a entender los servicios que ofrecen. Dicho de otro modo: aquello que es fundamental para conseguir una buena estancia y al precio que te interesa.

Antes de meterte en un hotel de **cinc estrelles** (sinc es-*tre*-lles; cinco estrellas) con todo lujo de comodidades, infórmate del precio y los servicios de que dispone, haciendo las siguientes preguntas:

- **Quin preu té una habitació doble?** (quin preu te *u*-na-bi-ta-si-*o* *do*-bble; ¿qué precio tiene una habitación doble?)
- **L'esmorzar esta inclòs en el preu de l'habitació?** (les-mur-*sa* es-*ta* in-*clos* en el preu de la-bi-ta-si-*o*; ¿el desayuno está incluido en el precio de la habitación?)
- **Quin preu té la pensió completa?** (quin preu te la pen-si-*o* cum-*ple*-ta; ¿qué precio tiene la habitación completa?)

Los regímenes que suelen ofrecer los hoteles son:

- **pensió completa** (pen-si-*o* cum-*ple*-ta; pensión completa)
- **mitja pensió** (*mi*-cha pen-si-*o*; media pensión)
- **esmorzar i allotjament** (es-mur-*sa* i a-llu-cha-*men*; desayuno y alojamiento)

Pero si los precios son demasiado elevados para tu economía, aunque no se trate de un cinco estrellas, siempre puedes preguntar: **Té alguna habitació més econòmica?** (te al-*gu*-na a-bi-ta-si-*o* mes e-cu-*no*-mi-ca; ¿tiene alguna habitación más económica?)

Para ir más seguro, si quieres conseguir una habitación para **passar la nit** (pa-*sa* la nit; pasar la noche) después de estar viajando horas en la carretera, siempre es mejor hacer una reserva con anticipación. Llama por teléfono. Las frases que te ayudarán a hacer la reserva pueden ser:

» **Voldria reservar una habitació per aquest cap de setmana** (vul-*dri*-a re-ser-*va u*-na-bi-ta-si-*o* per a-*quet* cap de sem-*ma*-na; quisiera reservar una habitación para este fin de semana).

» **Tenen habitacions lliures per aquest cap de setmana** (*te*-nen a-bi-ta-si-*ons lliu*-res per a-*quet* cap de sem-*ma*-na; ¿tienen habitaciones libres para este fin de semana?)

» **Voldria reservar una habitació doble per la primera setmana d'agost** (vul-*dri*-a re-ser-*va u*-na-bi-ta-si-*o do*-bble per la pri-*me*-ra sem-*ma*-na da-*gos*; querría reservar una habitación doble para la primera semana de agosto).

Pero si todo está completo tendrás que aprender a decir esto:

» **Em podria recomanar algun altre hotel?** (em pu-*dri*-a re-cu-ma-*na* al-*gun al*-tre u-*tel*; ¿podría recomendarme otro hotel?)

» **Coneix un altre lloc on pugui trobar habitacions lliures?** (cu-*nesh* u-*nal*-tre lloc on *pu*-gui tru-*ba* a-bi-ta-si-*ons lliu*-res; ¿sabe de algún lugar donde pueda encontrar habitaciones libres?)

Y este es el léxico básico del mundo hotelero:

» **data d'arribada** (*da*-ta da-rri-*ba*-da; fecha de llegada)

» **data de sortida** (*da*-ta de sur-*ti*-da; fecha de salida)

» **l'ascensor** (las-sen-*so*; el ascensor)

» **el grum** (el grum; el botones)

» **la recepció** (la re-sep-si-*o*; la recepción)

» **l'equipatge** (le-qui-*pa*-che; el equipaje)

» **la maleta** (la ma-*le*-ta; la maleta)

» **la clau** (la clau; la llave)

» **l'escala d'incendis** (les-*ca*-la din-*sen*-dis; la escalera de incendios)

¡COMO UN HUEVO!

FRASES HECHAS

En los periodos vacacionales todo está lleno... ¡como un huevo! Esta expresión queda un poco rara en castellano, pero en catalán es muy normal, y si oyes por ahí **És ple com un ou!** (es ple com un ou; ¡está lleno como un huevo!), quiere decir que un lugar está completamente lleno de gente, que no hay plazas (si se trata de un hotel).

RECUERDA

¡Ah! Y no te olvides de darle **propina** (pru-*pi*-na) al **grum** (grum; botones) por subirte el equipaje a tu habitación. En general, en los hoteles europeos es costumbre dar propina al personal, y no hacerlo se considera grosero.

Los servicios que puede ofrecerte además un hotel, con un cargo extra en tu cuenta, son el **servei de bugaderia** (ser-*vei* de bu-ga-de-*ri*-a; servicio de lavandería), el **servei d'habitacions** (ser-*vei* da-bi-ta-si-*ons*; servicio a la habitación), **internet** y el **minibar** (mi-ni-*bar*; minibar). Pero antes de utilizar estos servicios te aconsejo que consultes en la lista de precios, no vaya a ser que te lleves una buena sorpresa a la hora de pagar tu cuenta. En cambio, hay servicios más simpáticos que no te costarán nada, como el **servei de despertador** (ser-*vei* de des-per-ta-*do*; servicio de despertador), **els bressols** (bre-*sols*; cunas), **els coixins** (cu-*shins*; almohadas) y las **mantes** (*man*-tes; mantas).

Hablando se entiende la gente

ESCUCHA

Estos ejemplos te ayudarán a entender los diálogos necesarios para reservar una habitación de hotel.

a)

Mònica: **Bon dia, hi ha habitacions lliures?** (bon *di*-a ia-bi-ta-si-*ons* *lliu*-res; buenos días, ¿tienen habitaciones libres?)

Recepcionista: **No senyora, ho sento, està tot ple** (no se-*ño*-ra u *sen*-tu es-*ta* tot ple; no señora, lo siento, está completo).

Mònica: **No hi ha cap habitació lliure pels voltants?** (no ia cap a-bi-ta-si-*o lliu*-re pels vul-*tans*; ¿no hay ninguna habitación libre en los alrededores?)

Recepcionista: **Pot preguntar-ho al poble següent, però em sembla que no n'hi ha cap. És temporada alta** (pot pre-gun-*ta*-ru al *po*-bble se-*güen* pe-*ro* em *sem*-bla que no nia cap es tem-pu-ra-*dal*-ta; puede preguntar en el siguiente pueblo, pero me parece que no hay ninguna. Es temporada alta).

b)

Martí: **Voldria reservar una habitació** (vul-*dri*-a re-ser-*va u*-na-bi-ta-si-*o*; quisiera reservar una habitación).

Recepcionista: **Com la vol, doble o individual?** (com la vol *do*-bble o in-di-vi-du-*al*; ¿cómo la quiere, doble o individual?)

Martí: **Doble i amb bany inclòs** (*do*-bble iam bañ in-*clos*; doble y con baño incluido).

Recepcionista: **Quants dies s'hi estarà?** (quans *di*-es si es-ta-*ra*; ¿cuántos días va a estar?)

Martí: **Només una nit** (nu-*mes u*-na nit; solo una noche).

Recepcionista: **Molt bé, l'emorzar és inclòs en el preu** (mol be les-mur-*sa* es in-*clos* en el preu; muy bien, el desayuno está incluido en el precio).

GRAMÁTICA

Para expresar si hay una habitación libre en un hotel, como acabas de ver en las situaciones anteriores, se usa el verbo **haver** (a-*ve*; haber) conjugado en presente más el pronombre **hi**: **hi ha** (ia), que significa "hay". Pero, además, cuando se tiene que sustituir el sustantivo "habitación", aparece un nuevo pronombre, **en**, que al unirse con **hi** se reduce a **n'**. Observa estos ejemplos:

- **no n'hi ha cap** (no nia cap; no hay ninguna): **n'** sustituye a "habitación".
  - **n'hi ha dues** (nia *du*-es; hay dos): **n'** sustituye a "habitaciones". **Hi** sustituye siempre al lugar (aquí).

Encontrarás más información sobre este pronombre en el capítulo 7.

Expresar las fechas y otros números

Para expresar las fechas lo tienes muy fácil; si no te acuerdas, repasa la tabla 14-2 con los números ordinales.

- **Té la reserva feta pel 31 de juny del 2007** (te la re-*ser*-va *fe*-ta pel *tren*-ta u de yuñ del dos mil set; tiene la reserva hecha para el 31 de junio de 2007).
- **Vull una habitació pel primer de juliol** (vuy *u*-na-bi-ta-si-*o* pel pri-*me* de yu-li-*ol*; quiero una habitación para el primero de julio).
- **Voldria una habitació per la segona setmana de juliol** (vul-*dri*-a *u*-na-bi-ta-si-*o* per la se-*go*-na sem-*ma*-na de yu-li-*ol*; quisiera una habitación para la segunda semana de julio).
- **L'habitació és al tercer pis** (la-bi-ta-si-*o* es al ter-*se* pis; la habitación está en el tercer piso).
- **Agafi l'ascensor i pugi fins al segon pis** (a-*ga*-fi las-sen-*so* i *pu*-yi fins al se-*gon* pis; tome el ascensor y suba hasta el segundo piso).

RECUERDA

Observa que para escribir la abreviatura de estos números solo se utiliza la última letra de cada palabra.

TABLA 14-2 Los números ordinales

Número ordinal + abreviatura	Pronunciación / traducción
primer, primera (1r / 1a)	(pri-*me* pri-*me*-ra; primero, primera)
segon, segona (2n / 2a)	(se-*gon* se-*go*-na; segundo, segunda)
tercer, tercera (3r / 3a)	(ter-*se* ter-*se*-ra; tercero, tercera)
quart, quarta (4t / 4a)	(cuart *cuart*-ta; cuarto, cuarta)
cinquè, cinquè (5è / 5a)	(sin-*que* sin-*que*-na; quinto, quinta)

Número ordinal + abreviatura	Pronunciación / traducción
sisè, sisena (6è / 6a)	(si-*se* si-*se*-na; sexto, sexta)
setè, setena (7è / 7a)	(se-*te* se-*te*-na; séptimo, séptima)
vuitè, vuitena (8è / 8a)	(vui-*te* vui-*te*-na; octavo; octava)
novè, novena (9è / 9a)	(nu-*ve* nu-*ve*-na; noveno, novena)
desè, desena (10è / 10a)	(de-*se* de-*se*-na; décimo, décima)

Palabras para recordar

cap de setmana	cap de sem-*ma*-na	fin de semana
anar d'excursió	a-*na* decs-cur-si-*o*	ir de excursión
muntanya	mun-*ta*-ña	montaña
vacances	va-*can*-ses	vacaciones
sorra	*so*-rra	arena
riba del mar	*ri*-ba del mar	orilla del mar
passar la nit	*pa*-sa la nit	pasar la noche
habitacions lliures	ha-bi-ta-si-*ons llíu*-res	habitaciones libres

Juegos y ejercicios divertidos

Ejercicio 1

Observa las siguientes fotografías de destacados monumentos y paisajes conocidos. Escribe cuál de ellos te gusta más para pasar las vacaciones. Haz una lista de las cosas que te gustan y que no te gustan de cada lugar.

Ejercicio 2

Mònica ha recibido esta postal de su amigo Pol.

Dimecres, 3 d'agost
T'escric des de Ciutadella, a Menorca.
M'agraden les platges d'aquí, sobretot les cales petites, perquè les aigües són molt netes i transparents. Aquí s'està més bé que a la ciutat. Cada dia em llevo tard, esmorzo i després me'n vaig a la platja a banyar-me i a prendre el sol fins a l'hora de dinar. Dino a l'hotel, i havent dinat faig una migdiada i deprés surto a passejar pel poble. Al vespre vaig a fer copes i a lligar amb les estrangeres... Això és vida!
Una abraçada,
Pol

Escribe tú una postal parecida sobre tus vacaciones.

EN ESTE CAPÍTULO

Parques naturales

Una excursión a pie

Algunos animales

Capítulo 15

¡Qué admirable cosa es la naturaleza!

¡Qué admirable cosa es la naturaleza y cómo nos ata a la vida! Así lo decía Jenofonte, un historiador y filósofo de la antigua Grecia. El territorio que abarca los Países Catalanes es extenso y en él se encuentra una especial belleza natural. Puedes gozar tanto de auténticos paisajes de **muntanya** (mun-*ta*-ña; montaña) como de **zones costaneres** (*so*-nes cus-ta-*ne*-res; zonas costeras) y **platges** (*pla*-ches; playas) fantásticas.

En este capítulo te presento algunas situaciones para tus viajes y aventuras en la naturaleza más salvaje, las rutas y los senderos culturales o el escenario del arte.

Recorriendo los parques naturales

Si lo que te gusta es la montaña o la nieve, tienes una gran oferta de parques naturales. La conservación de estos ecosistemas depende en gran parte del comportamiento de los visitantes. Así que antes de visitarlos tendrás que informarte de la **Normativa de Protecció** (nur-ma-*ti*-va de pru-tec-si-*o*; normativa de protección) en las casas de información de los guardas, así como de las **condicions metereològiques** (cun-di-si-*ons* me-te-re-u-*lo*-yi-ques; condiciones metereológicas), para que no te pille un buen **xàfec** (*sha*-fec; chaparrón).

Te presento los parques naturales más destacados por regiones geográficas:

- Cataluña:
  - Parc nacional d'Aigüestortes i Estany de Sant Maurici
  - Alt Pirineu
  - Montseny
  - Montserrat
- Comunidad Valenciana:
  - La Albufera
  - Penyal d'Ifac
  - Desert de les Palmes
- Baleares:
  - Parc Nacional de l'Arxipèlag de Cabrera

CULTURA GENERAL

EL PARQUE NATURAL DE LA MUNTANYA DE MONTSERRAT

El parque natural de la Muntanya de Montserrat está formado quizás por la montaña más famosa de todas, gracias a que entre rocas agrestes, de curiosas formas, denominadas **agulles** (a-*gu*-lles; agujas), únicas en el mundo, se encuentra ubicado el **santuari** (san-tu-*a*-ri; santuario) de la **Verge Moreneta** (*ver*-ye mu-re-*ne*-ta; virgen morena), lo que lo convierte en uno de los más visitados. Allí se encuentra uno de los monasterios benedictinos más célebres de Europa.

En estos lugares puedes practicar una infinidad de actividades, como:

» **esquí de muntanya o de fons** (es-*qui* de mun-*ta*-ña o de fons; esquí de montaña o de fondo) → en el Pirineo, **a l'hivern** (a li-*vern*; en invierno)

» **excursionisme** (ecs-cur-si-o-*nis*-me; excursionismo) → tot l'any (tot lañ; todo el año)

» **escalada** (es-ca-*la*-da; escalada) → tot l'any

» **caiac en rius i llacs** (ca-*iac* en rius i llacs; kayak en ríos y lagos) → tot l'any

» **anar a buscar bolets** (a-*na* a bus-*ca* bu-*lets*; ir a buscar setas) → a la tardor (a la tar-do; en otoño)... Pero, atención, existen zonas restringuidas para *cazar* setas en los parques naturales; así que deberás ir a otros montes.

CULTURA GENERAL

LA TRADICIÓN DE LAS SETAS, ENTRE LA GASTRONOMÍA Y EL DEPORTE

Sobre todo en Cataluña, cuando llega la **tardor** (la tar-*do*; el otoño), **els bolets** (els bu-*lets*; las setas) adquieren un gran protagonismo, mostrándonos sus variedades y colores: **rovellons** (ru-ve-*llons*; níscalos), **llanegues** (lla-*ne*-gues; higróforos), **ceps** (seps; setas de Burdeos), **rossinyols** (ru-si-*ñols*; rebozuelos)... Ya ves: no todo son simples **xampinyons** (sham-pi-*ñons*; champiñones).

La tradición ha convertido el hecho de salir al bosque a buscar setas en una de las actividades gastronómicas y culturales más importantes. Cada otoño hay más gente que se suma a esta suculenta tradición. Pero lo más importante es saber que es necesario conocer muy bien las especies que vas a recoger, ya que existen muchísimas clases de setas; algunas pueden ser poco sabrosas, otras verdaderas delicatessen e incluso las hay que están... ¡de muerte!, pues así de tiesos se quedan quienes por ignorancia las cocinan, sin saber que son muy venenosas.

Así que tómatelo con calma, ya que conocer bien las setas requiere experiencia y habilidad.

Caminante: andando se hace el camino

Para escapar del estrés de la ciudad y de la vida laboral, una buena opción es adentrarse en la montaña. Antes de empezar a andar, de iniciar el **tresc** (tresc; el trekking), consigue información sobre los senderos. Estas preguntas te servirán:

» **On puc trobar informació dels itineraris del parc?** (on puc tru-*ba* in-fur-ma-si-*o* dels i-ti-ne-*ra*-ris del parc; ¿dónde puedo encontrar información de los itinerarios del parque?)

» **Quina dificultat té aquest recorregut?** (*qui*-na di-fi-cul-*tat* te a-*quet* re-cu-rre-*gut*; ¿qué dificultad tiene este recorrido?)

» **Quantes hores es triga per fer el recorregut sencer?** (*quan*-tes *o*-res es *tri*-ga per fe el re-cu-rre-*gut* sen-*se*; ¿cuántas horas se tarda en hacer el recorrido entero?)

» **És perillós?** (es pe-ri-*llos*; ¿es peligroso?)

En los parques naturales hay caminos señalizados, como los **GR - senders de gran recorregut** (sen-*des* de gran re-cu-rre-*gut*; sendero de Gran Recorrido), balizados con **senyals vermells i blancs** (se-*ñals* ver-*meys* i blancs; señales rojas y blancas) que van guiando al caminante. Normalmente son senderos de una longitud superior a los 50 km, pensados para jornadas de varios días, que pasan por antiguas vías rurales pero que constituyen itinerarios de carácter excursionista, geográfico y cultural.

Aquí te presento tres que destacan por su interés paisajístico o cultural:

» **GR-3: Sender central de Catalunya.** Es un circuito que sale de **Lleida** (*llei*-da; Lérida) y regresa de nuevo después de recorrer más de 200 km, pasando por múltiples poblaciones y paisajes de gran interés.

» **GR-6: Sender de pelegrinatge** (pe-le-gri-*na*-che; peregrinación) de Barcelona a Montserrat, en 52 km, a través de bellos bosques. Suele hacerse en un día o una noche.

» **GR-7: De Andorra al Ebro.** Gran sendero que sale del Pirineo andorrano, y que tras recorrer casi 400 km llega a la desembocadura del Ebro, para adentrarse luego en la Comunidad de Valencia y seguir hasta el sur de la península ibérica.

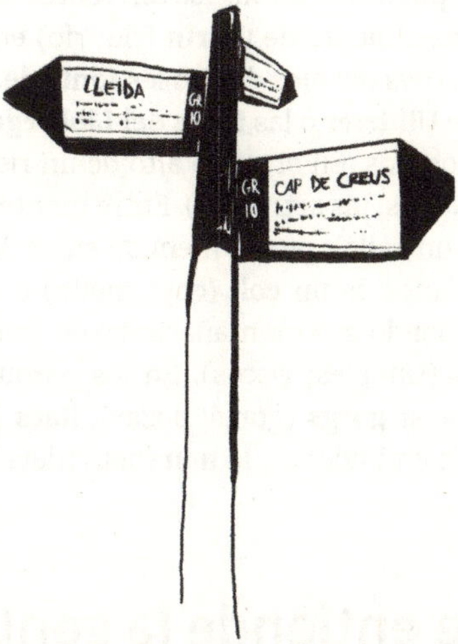

FIGURA 15-1: Poste señalizador de senderos de Gran Recorrido

Ahora ya estás listo para calzarte tus **botes de muntanya** (*bo*-tes de mun-*ta*-ña; botas de montaña), coger tu equipo y empezar a andar. En general, está prohibido acampar en los parques, a no ser que haya **zones d'acampada** (*so*-nes da-cam-*pa*-da; zonas de acampada) habilitadas para plantar tu **tenda** (*ten*-da; tienda). Infórmate antes de salir, y entérate de los **refugis** (re-*fu*-yis; refugios) de montaña con guarda que existen y de los servicios que ofrecen para que no te pierdas en la montaña: **dormir** (dur-*mi*; dormir), **restaurant** (res-tau-*ran*; restaurante), **companyia de guies** (cum-pa-*ñi*-a de *gui*-es; compañía de guías), etc.

Este es el equipo mínimo que necesitarás:

- **motxilla** (mu-*chi*-lla; mochila)
- **sac de dormir** (sac de dur-*mi*; saco de dormir)
- **roba d'abric** (*ro*-ba da-*bric*; ropa de abrigo)
- **roba per la pluja** (*ro*-ba per la *plu*-ya; ropa para la lluvia)
- **llanterna** (llan-*ter*-na; linterna)
- **queviures** (que-*viu*-res; víveres)
- **cantimplora** (can-tim-*plo*-ra; cantimplora)
- **brúixola i mapa** (*bru*-xu-la i *ma*-pa; brújula y mapa)

Andando por el monte puedes observar los diferentes accidentes geográficos. El lugar del nacimiento de un **riu** (riu; río) en catalán suele denominarse **ulls de...** (uys de; ojos de...) o **les fonts de...** (les fons de; las fuentes de...), como **Ulldeter** o las **fonts del Llobregat**, que indican el nacimiento de ambos ríos. En el curso alto de un río están **les serralades** (les se-rra-*la*-des; las serranías). Entre monte y monte existe **una vall** (*u*-na vay; un valle); pero a menudo entre dos **cims** (sims; picos) lo que encontramos es un **coll** (coy; cuello) o un **port** (port; puerto) de montaña. Cuando una montaña acaba de una forma abrupta, se forman **cingles** (*sin*-gles; riscos). En los parques del Pirineo también podrás encontrar **gorgs** (gorcs; pozas), **llacs** (llacs; lagos) y **coves** (*co*-ves; cuevas); en invierno, la **neu** (neu; nieve) cubre el paisaje completamente.

Hablando se entiende la gente

ESCUCHA

Mónica va de visita al Parque Nacional de Aigüestortes y Estany de Sant Maurici. A su llegada, el guarda del parque le informa sobre lo que puede hacerse en la zona y cuál debe ser su actitud y comportamiento según la normativa de protección de este ecosistema.

Guarda: **Benvinguda al parc** (ben-vin-*gu*-dal parc; bienvenida al parque).

Mònica: **És permès acampar al parc?** (es per-*mes* a-cam-*pa* al parc; ¿está permitido acampar en el parque?)

Guarda: **No, ho sento. L'acampada lliure és prohibida. Hauràs d'anar als refugis guardats, amb servei d'àpats i begudes. Aquest mapa explica com anar-hi** (no u *sen*-tu la-cam-*pa*-da *lliu*-re es prui-*bi*-da au-*ras* da-*na* als re-*fu*-yis guar-*dats* am ser-*vei* *da*-pats i be-*gu*-des a-*quet* *ma*-pa ex-*pli*-ca com a-*na*-ri; no, lo siento. La acampada libre está prohibida. Tendrás que ir a los refugios guardados, con servicio de comidas y bebidas. Este mapa explica cómo ir).

Mònica: **Ja ho veig. Cal anar seguint els senyals blancs i vermells fins al refugi, oi?** (yau vech cal a-*na* se-*guin* els se-*ñals* blancs i ver-*meys* fins al re-*fu*-yi oi; ya lo veo. Es necesario seguir las señales blancas y rojas hasta el refugio, ¿verdad?)

Guarda: **Exacte, i també has de tenir molta cura de no abandonar els camins senyalitzats** (ec-*sac*-te i tam-*be* as de te-*ni* *mol*-ta *cu*-ra de no a-ban-du-*na* els ca-*mins* se-ña-lit-*sats*; exacto, y también tienes que tener mucho cuidado de no abandonar los caminos señalizados).

Mònica: **Per què?** (per que; ¿por qué?)

Guarda: **És per la teva seguretat i per la preservació de l'espai natural** (es per la *te*-va se-gu-re-*tat* i per la pre-*ser*-va-si-*o* de les-*pai* na-tu-*ral*; es para tu seguridad y para la preservación del espacio natural).

Mònica: **Què més he de tenir en compte?** (que mes e de te-*ni* en *com*-te; ¿qué más debo tener en cuenta?)

Guarda: **No s'ha de pertorbar la tranquil·litat del lloc, ja que podries espantar els animals, que tampoc es poden capturar ni caçar!** (no sa de per-tur-*ba* la tran-quil-li-*tat* del lloc ya que pu-*dri*-es es-pan-*tals* a-ni-*mals* que tam-*poc* es *po*-den cap-tu-*ra* ni ca-*sa*; no debes perturbar la tranquilidad del lugar, ya que podrías asustar a los animales, ¡que tampoco se pueden capturar ni cazar!)

Mònica: **Res més?** (res mes; ¿nada más?)

Guarda: **Procura de no malmetre les flors i els arbres, i sobretot: no es pot encendre foc** (pro-*cu*-ra de no mal-*me*-tre les flors i els *a*-bres i *so*-bre-*tot* nos pot en-*sen*-dre foc; procura no estropear las flores y los árboles y, sobre todo, no enciendas fuego).

A bicho que no conozcas, no le pises la cola

Al estar en contacto con la naturaleza, sobre todo si recorres los parques naturales de los Pirineos catalanes, es muy probable que puedas observar una fauna particular. A continuación te presento los nombres de algunos animales salvajes que, si hay suerte, se cruzarán en tu camino; en caso contrario tendrás que agudizar tus sentidos para identificarlos, pero ¡cuidado!, no intentes tocarlos, pues aunque no suelen atacar al hombre, siguen siendo animales salvajes.

» **Mamífers** (ma-*mi*-fers; mamíferos) del Pirineo catalán:

- **isard** (i-*sart*; rebeco)
- **porc senglar** (porc sen-*gla*; jabalí)
- **ermini** (er-*mi*-ni; armiño)
- **marmota** (mar-*mo*-ta; marmota)
- **cabirol** (ca-bi-*rol*; corzo)
- **esquirol** (es-qui-*rol*; ardilla)
- **ós** (os; oso)
- **llop** (llop; lobo)

CADA OVEJA CON SU PAREJA

Estas son algunas familias de animales con nombres muy distintos:

Mascle (*mas*-cle; macho)	Femella (fe-*me*-lla; hembra)	Cadells (ca-*deys*; cachorros)
cavall (ca-*vay*; caballo)	**euga** (*eu*-ga; yegua)	**poltre** (*pol*-tre; potro)
ase (*a*-se; asno)	**somera** (su-*me*-ra; asno)	**pollí** (pu-*lli*; pollino)
porc (porc; cerdo)	**truja** (*tru*-ya; cerda)	**garrí** (ga-*rri*; cochinillo)
marrà (ma-*rra*; verrón)	**ovella** (u-*ve*-lla; oveja)	**anyell** (a-*ñey*; cordero)
gall (gay; gallo)	**gallina** (ga-*lli*-na; gallina)	**pollet** (pu-*llet*; polluelo)
gos (gos; perro)	**gossa** (*go*-sa; perra)	**cadell** (ca-*dey*; cachorro)

EN TIERRA DE LOBOS... AÚLLA

Estos son **els crits** (els crits; los gritos) de algunos animales:

Animal	Grito
cavall (ca-*vay*; caballo)	**renilla** (re-*ni*-lla; relincha)
vaca (*va*-ca; vaca)	**mugeix** (mu-*yesh*; muge)
gos (gos; perro)	**borda** (*bor*-da; ladra)
gat (gat; gato)	**miola** (mi-*o*-la; maúlla)
granota (gra-*no*-ta; rana)	**rauca** (*rau*-ca; croa)

» **Ocells** (u-*seys*; pájaros) de los bosques más recónditos:
- **picot negre** (pi-*cot* *ne*-gre; pito negro)
- **gall fer** (gay fer; urogallo)
- **mussol** (mu-*sol*; búho)
- **voltor** (vul-*to*; buitre)
- **àguila** (*a*-gui-la; águila)
- **trencalòs** (*tren*-ca-*los*; quebrantahuesos)

» **Serps** (serps; serpientes):
- **escursó** (es-cur-*so*; víbora). **Verinosa** (ve-ri-*no*-sa; venenosa)
- **colobra** (cu-*lo*-bra; culebra). **No verinosa**

» **Peixos de riu** (*pe*-shus de riu; peces de río):
- **truita** (*trui*-ta; trucha)

Claro está que los animales de tierra más corrientes, que encontrarás en cualquier **casa de pagès** (*ca*-sa de pa-*yes*; casa de payés o de campo) son **el gos** (el gos; el perro), **el gat** (el gat; el gato), **el cavall** (el ca-*vay*; el caballo), **el bou** (el bou; el buey), **la vaca** (la *va*-ca; la vaca), **les ovelles** (les u-*ve*-lles; las ovejas), **les cabres** (les *ca*-bres; las cabras) y **els conills** (els cu-*niys*; los conejos).

En los parques pirenaicos existe una vegetación muy distinta de la del resto de los bosques y espacios naturales del conjunto de los Países Catalanes. Según la altitud y el clima del sitio donde te encuentres, puedes ver **pins** (pins; pinos) y **avets** (a-*vets*; abetos), **roures** (*rou*-res; robles), **bedolls** (be-*dolls*; abedules), los majestuosos **boscos de faigs** (*bos*-cus de fachs; bosques de hayas), **praderies** (pra-de-*ri*-es; praderas) de **falgueres** (fal-*gue*-res; helechos), **orquídees** (ur-*qui*-

de-es; orquídeas) y la famosa **flor de neu** (flor de neu; flor de nieve o edelweiss).

GRAMÁTICA

En verdad que puedes enterarte de cosas interesantes preguntando a la gente lo que ha hecho en sus viajes, o mejor aún, explicando tus experiencias. Empieza preguntándole a alguien **Has estat alguna vegada a...?** (as es-*tat* al-*gu*-na ve-*ga*-da a; ¿has estado alguna vez en...?). De este modo practicas el **perfet d'indicatiu**, que en castellano se llama *pretérito perfecto compuesto.*

Fíjate en los siguientes ejemplos:

» **Has estat alguna vegada al parc natural del Montseny?** (as es-*tat* al-*gu*-na ve-*ga*-da al parc na-tu-*ral* del mun-*señ*; ¿has estado alguna vez en el parque natural del Montseny?)

» **Has vist mai una bandada d'isards?** (as vist mai *u*-na ban-*da*-da di-*sarts*; ¿has visto alguna vez una manada de rebecos?)

» **Has seguit alguna vegada un GR?** (as se-*guit* al-*gu*-na ve-*ga*-da un ye *e*-rra; ¿has seguido alguna vez un GR?)

» **Has seguit mai un itinerari de la Ruta del Romànic?** (as se-*guit* mai un i-ti-ne-*ra*-ri de la *ru*-ta del ru-*ma*-nic; ¿has seguido alguna vez un itinerario de la Ruta del Románico?)

» **Has pujat alguna vegada al cim d'una muntanya?** (as pu-*jat* al-*gu*-na ve-*ga*-da al sim *du*-na mun-*ta*-ña; ¿has subido alguna vez a la cumbre de una montaña?)

Para responder a las preguntas de este tipo tienes que decir lo siguiente:

» **Sí, hi he estat. Hi he fet moltes excursions** (si ie es-*tat* ie fet *mol*-tes ecs-cur-si-*ons*; sí, he estado. He hecho muchas excursiones por el parque).

» **No, mai he vist cap isard** (no mai e vist cap i-*sarr*; no, jamás he visto ningún rebeco).

» **Sí, n'he seguits tres, d'itineraris del romànic** (si ne se-*guits* tres di-ti-ne-*ra*-ris del ru-*ma*-nic; sí, he seguido tres itinerarios del románico).

» **Només he pujat al Matagalls, un dels cims més alts del massís del Montseny** (nu-mes e pu-*yat* al ma-ta-*gays* un dels sims mes als del ma-*sis* del mun-*señ*; solamente he subido al Matagalls, una de las cumbres más altas del macizo del Montseny).

LA RUTA DEL ROMÁNICO, TAMBIÉN EN EL PIRINEO CATALÁN

CULTURA GENERAL

La **Vall de Boí** (vay de bu-*i*; Valle de Boí) es la cuna del **art romànic català** (art ru-*ma*-nic ca-ta-*la*; arte románico catalán). El valle se encuentra entre altos **cims** (sims; cimas) que superan los 3.000 metros, donde el agua cobra formas muy diferentes: **cascades** (cas-*ca*-des; cascadas), **torrents** (tu-*rrens*; torrentes) y **rierols** (ri-e-*rols*; riachuelos).

El arte románico en este valle es el más representativo y genuino. Se trata de un conjunto formado por nueve templos construidos entre los siglos XI y XII, declarados patrimonio de la humanidad. Se reparte por los pueblos de Coll, Cardet, Barruera, Durro, Boí, Erill la Vall y Taüll, donde destacan los esbeltos **campanars** (cam-pa-*nas*; campanarios), como el de Sant Climent de Taüll, o las tallas y **retaules** (re-*tau*-les; retablos). Pero por encima de todo, el conjunto de pinturas murales que se conservan en el Museu Nacional d'Art de Catalunya, en Barcelona, como el famoso pantocrátor de Taüll.

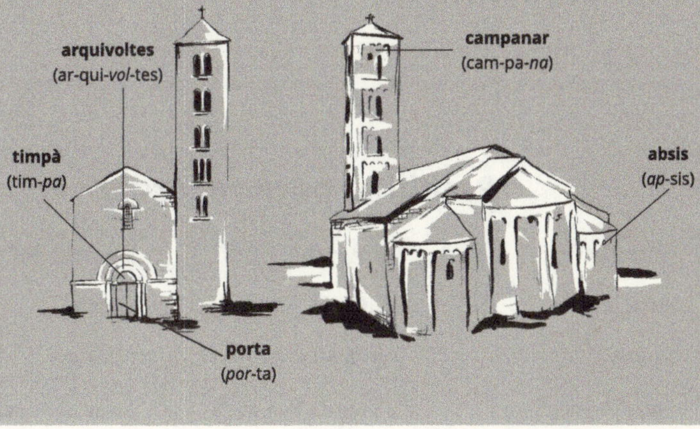

VERBOS

El **pretèrit indefinit** expresa el pasado y se conjuga siguiendo esta fórmula: el presente de **haver** (a-*ve*; haber) y el participio del verbo principal. Observa la conjugación en la tabla 15-1:

TABLA 15-1 **El perfet d'indicatiu**

He		**estat** (e es-*tat*; has estado)
Has		**estat** (as es-*tat*; has estado)
Ha	+ participio	**estat** (a es-*tat*; ha estado)
Hem	del verbo principal	**estat** (em es-*tat*; hemos estado)
Heu		**estat** (eu es-*tat*; habéis estado)
Han		**estat** (an es-*tat*; han estado)

Los tiempos compuestos se forman pues, con las formas correspondientes del verbo **haver** y el **participi** (par-ti-*si*-pi; participio) del verbo en cuestión, como puedes ver en los modelos de conjugación del capítulo 2.

RECUERDA

En las frases interrogativas y condicionales, la palabra **mai** (mai; nunca) significa también **alguna vegada** (alguna vez), como es el caso de los ejemplos que aparecen más arriba (**Has vist mai alguna bandada d'isards?**).

Palabras para recordar

és perillós?	es pe-ri-*llos*	¿es peligroso?
motxilla	mu-*chi*-lla	mochila
llanterna	llan-*ter*-na	linterna
botes de muntanya	*bo*-tes de mun-*ta*-ña	botas de montaña
tenda	*ten*-da	tienda
bruixola	*bru*-xu-la	brújula

Juegos y ejercicios divertidos

Pon a prueba tus conocimientos. Elige la respuesta correcta y revisa tus respuestas en el apéndice D.

(1) Quin temps ha fet aquest cap de setmana?

a) Plourà molt

b) Ha plogut molt

c) Plou molt

(2) On puc trobar informació sobre els itineraris del parc?

a) En pots trobar aquí

b) Pots trobar a internet

c) En trobaré aquí

(3) Quina dificultat té aquest recorregut?

a) És gaire difícil

b) És poc difícil

c) És gens difícil

(4) És perillós?

a) No l'és

b) No ho és

c) No és

(5) Has estat alguna vegada al parc natural del Montseny?

a) Sí que hi he estat

b) No estat mai

c) No estaré mai

(6) Has vist mai una bandada d'isards?

a) Dues

b) No, dues vegades

c) Sí, una vegada

(7) Has seguit alguna vegada un GR?

a) No, mai he fet

b) Sí, en vaig seguir un fa temps

c) Sí, en segueixo

(8) On aniràs per vacances?

a) No sé

b) No ho sé

c) Aniré mai de vacances

6

Los decálogos

EN ESTA PARTE . . .

Has llegado al final del libro y, por tanto, ya entiendes bastante bien el catalán; además, estoy seguro de que lo hablas en numerosas ocasiones. Sin embargo, para concluir tu conocimiento del idioma es muy conveniente que conozcas también las tradiciones pertenecientes al folklore catalán, así como algunos de los personajes que han marcado la historia de este pueblo. Cierto es que el lenguaje es imprescindible para conectar con la identidad de un pueblo, pero es insuficiente para conocerlo bien: también necesitas aprender de su cultura y sus gentes, entre otros aspectos no menos relevantes. Como decía San Agustín, si quieres conocer a una persona no le preguntes lo que piensa sino lo que ama.

Los decálogos de tu *Catalán para Dummies* son el remate final para conocer la idiosincrasia del pueblo catalán. En los capítulos 16 y 17 te voy a presentar diez ítems: seis tradiciones populares y cuatro personajes que hicieron historia. Pero además, me complacerá ofrecerte un último capítulo (18) con una lista de consejos que te serán muy útiles para incrementar tu catalán de manera rápida y eficaz, al mismo tiempo que te permitirán conocer más a fondo a los catalanes, viviendo entre ellos.

EN ESTE CAPÍTULO

Capítulo 16
Seis tradiciones catalanas populares (y varias más)

Este capítulo te va a mostrar algunas tradiciones del folklore vinculadas a la cultura catalana. Para aprender una lengua no solo es necesario practicar la conversación en determinadas situaciones, sino también conocer las raíces más profundas de la tierra, sus voces y sus almas.

Aquí te presento una serie de tradiciones y festividades. Te enseñarán a conocer mejor la personalidad de los catalanes y te permitirán adquirir nuevo vocabulario para que hagas grandes frases en tus vivaces conversaciones sobre estos temas.

Las fiestas mayores, riqueza de símbolos y bestiarios

Las **festes majors** (*fes*-tes ma-*yos*; fiestas mayores) son el conjunto de solemnidades con que una población celebra la fiesta anual de su patrón o conmemora un hecho importante de su historia, como por ejemplo la **Festa de moros i cristians** (*fes*-ta de *mo*-rus i cris-ti-*ans*; fiesta de moros y cristianos) de muchas localidades valencianas, que escenifica la victoria cristiana sobre los musulmanes. La mayoría de estas fiestas suele celebrarse con la llegada de la primavera, pero sobre todo en verano. Entonces las calles se adornan y engalanan y se respira un ambiente general de solemnidad y festejo.

Todas las fiestas mayores, e incluso las representaciones religiosas como el Corpus, que se celebran en los pueblos catalanes al menos desde el siglo XIII, están llenas de un rico **bestiari** (bes-ti-*a*-ri; bestiario) de animales grotescos y fabulosos originarios de antiguos cultos, o de seres fantásticos que en esta ocasión salen a las calles y se pasean en alegre **processó** (pru-se-*so*; procesión) entre las gentes. Este es sin duda el elemento más vistoso.

Aquí te presento algunas de estas figuras, para que puedas identificarlas si algún día vas a una fiesta popular:

TABLA 16-1 Principales figuras de las fiestas mayores

Figura	Significado
La mulassa (la mu-*la*-sa; la mula)	Una mula muy desfigurada, adornada con telas y faldones, que abre el paso en una procesión o pasacalle. La mula es símbolo de la humildad, la paciencia y el coraje.
El bou (el bou; el buey)	Figura de cartón que representa un buey, que simboliza la sumisión, la paciencia y el sufrimiento. Encabeza los pasacalles asustando a la chiquillería.
L'àguila (*la*-gui-la; el águila)	Figura de teatro representada por un muñeco que lleva una paloma blanca en la boca, protagonista del **ball de l'àguila** (bay de *la*-gui-la; baile del águila). Representa el poder.
El drac (el drac; el dragón)	Dragón de cartón pintado, de aspecto monstruoso, que saca fuego por la boca. Simboliza el mal, y concretamente al diablo.
La víbria (la *vi*-bri-a; la tarasca o víbora)	Figura que representa un animal hembra fabuloso en forma de serpiente y dragón, relacionada sobre todo en la leyenda de Sant Jordi, patrón de Cataluña.

Figura	Significado
Els cavallets (els ca-va-*llets*; los caballitos)	Figura en forma de caballo, con un agujero ancho para que pueda pasar a través de él un **ballaire** (ba-*llai*-re; danzarín) que simula ser un jinete. Un faldón disimula las patas del animal al tiempo que esconde las del hombre.
Els gegants (el ye-*gans*; los gigantes)	Muñecos de madera y de cartón de grandes proporciones, tradicionales de diversos países europeos; en Cataluña se documentan desde el siglo XIV.
El capgròs (el *cap-gros*; el cabezudo)	Figura formada por una persona con la cabeza metida en una gran cabeza de cartón, que parece corta de cuerpo. Acompaña siempre a los gigantes y persigue a los chiquillos.

FIGURA 16-1: Figuras de las fiestas mayores

Los actos más divertidos, en los que puedes participar o ser un espectador más, son estos:

- **cercaviles** (ser-ca-*vi*-les; pasacalles)
- **balls d'envelat** (bays den-ve-*lat*; bailes de carpa)
- **balls de sardanes** (bays de sar-*da*-nes; bailes de sardanas)
- **correbous** (co-rre-*bous*; corridas de bueyes)

- **correfocs** (co-rre-*focs*; correfuegos, espectáculos con fuegos artificiales y personajes fantásticos)
- **castells** (cas-*teys*; castillos)
- **fires** (*fi*-res; ferias)

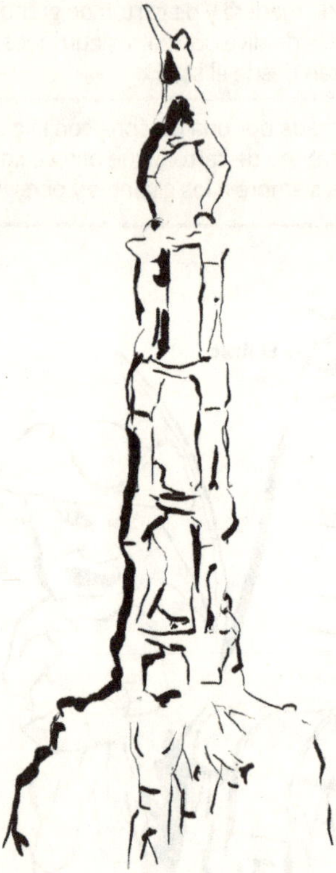

FIGURA 16-2: Un castell

La sardana, la danza más hermosa de todas

La sardana tiene su origen en las comarcas del norte de Cataluña, concretamente en la zona que va del Rosellón (sur de Francia) a La Selva (en el noroeste de Cataluña, cerca de la Costa Brava), pasando por el Ampurdán (más al norte), donde estaba más arraigada. Se trata de la danza catalana más popular, y según dicen los versos de Joan Maragall:

La sardana és la dansa més bella (la sar-*da*-na es la *dan*-sa mes *be*-lla; la sardana es la danza más bella)
de totes les danses que es fan i es desfan (de *to*-tes les *dan*-ses ques fan i es des-*fan*; de todas las danzas que se hacen y deshacen).

Una **cobla de músics** (*co*-bla de *mu*-sics; copla de músicos) toca la sardana en una banda de viento de 12 instrumentos. Cuatro de estos instrumentos (**tenora**, **tiple**, **flabiol** y **tamboril**) son típicamente catalanes; los otros (trompeta, trombón, fiscorno y contrabajo) son más convencionales.

La forma de bailarla es muy curiosa y de orígenes muy remotos: consiste en hacer un coro, con las manos unidas, punteando y replegando los pies en el suelo al son de la música (ver figura 16-3).

Els castells, verdaderas torres humanas

Uno de los actos más significativos de las **festes majors** en las poblaciones cercanas a Tarragona son els **castells** (els cas-*teys*; los castillos). Se llaman así a las torres humanas que construye una **colla** (*co*-lla; grupo) de hombres montados sobre las espaldas de otros (ver figura 16-2). Els **castells** son una práctica única en el mundo, y destacan por la habilidad e ingenio para construir un gran castillo humano y luego desmontarlo sin que nadie se caiga. El castillo debe coronarlo un niño al que llaman **enxaneta** (en-sha-*ne*-ta).

La verbena de San Juan

Cuando llega el verano, en la noche del 23 de junio, vigilia de San Juan, se reúnen un sinfín de costumbres y misterios. Desde las civilizaciones más antiguas se celebraba en este día el **solstici d'estiu** (sols-*ti*-si des-*tiu*; solsticio de verano), pues es el momento del año en que el Sol se encuentra en el punto más alto del cenit y es visible durante más tiempo. Es el día más largo del año.

Según la tradición, para que el día durase 24 horas seguidas se encendían **fogueres** (fu-*gue*-res; hogueras) que iluminaban el cielo nocturno hasta la salida del sol. Estos **focs** (focs; fuegos) tenían un significado purificador, ya que protegían de:

» **les malalties** (les ma-lal-*ti*-es; las enfermedades)

» **els lladres** (els *lla*-dres; los ladrones)

» **embruixaments i encanteris** (em-bru-sha-*mens* i en-can-*te*-ris; embrujos y encantamientos)

En la mayor parte de los Países Catalanes se reúnen los amigos, familiares y vecinos alrededor de una **foguera** (fu-*gue*-ra; hoguera) durante la **revetlla de Sant Joan** (re-*vet*-lla de san yu-*an*; la verbena de San Juan), y tienen la costumbre de lanzar **pertards** (pe-*tarts*; petardos) y **focs d'artifici** (focs dar-ti-*fi*-si; fuegos artificiales), ya que se trata de la **festa del foc** (*fes*-ta del foc; fiesta del fuego). Se acompaña la fiesta con una buena comilona —la típica **coca de pinyons** (*co*-ca de pi-*ñons*; torta de piñones) o de **fruites confitades** (*frui*-tes cun-fi-*ta*-des; frutas confitadas)— y **xampany** (sham-*pañ*; champán), al ritmo de una buena música y bailoteo, verdadera esencia de la fiesta.

CULTURA GENERAL

LA VERBENA O LA REVETLLA

La verbena designa la fiesta de la noche de San Juan, que los catalanes llamamos **revetlla** (re-*vet*-lla). El hecho es que existe la creencia de que los romanos recogían en la noche de San Juan la hierba llamada verbena, que traía suerte y buenaventura, y de aquí pasó a llamarse también verbena a la fiesta.

Otro elemento característico de la **revetlla de Sant Joan** son los **guarniments** (guar-ni-*mens*; adornos) con que se decoran las calles y espacios destinados a la fiesta. Estos adornos pueden ser:

- **fanals** (fa-*nals*; farolillos)
- **garlandes** (gar-*lan*-des; guirnaldas)
- **serrells i banderetes** (se-*rreys* i ban-de-*re*-tes; flecos y banderitas)

También hay instrumentos divertidos para participar en la ocasión:

- **espantasogres** (es-*pan*-ta-*so*-gres; matasuegras)
- **serpentines** (ser-pen-*ti*-nes; serpentinas)
- **barrets de paper** (ba-*rrets* de pa-*pe*; sombreros de papel)

Tots Sants, la fiesta de los muertos

La tardor (la tar-*do*; el otoño) es un tiempo de transición entre **l'estiu** (les-*tiu*; el verano) y **l'hivern** (li-*vern*; el invierno). La fiesta de **Tots Sants** (tots sans; Todos los Santos) determina el inicio del ciclo de la tierra, ya que después de la abundancia en **les collites** (les cu-*lli*-tes; las cosechas) del verano llega la muerte aparente de **la natura** (la na-*tu*-ra; la naturaleza). También es el momento de **la sembra** (la *sem*-bra; la siembra), que nos promete el renacimiento de la vida y el regreso del buen tiempo.

Desde tiempos remotísimos, diferentes culturas y civilizaciones, desde los **celtes** (*sel*-tes; celtas) a los **egipcis** (e-*yip*-sis; egipcios), han celebrado a principios de noviembre una fiesta dedicada al **record dels difunts** (re-*cort* dels di-*funs*; recuerdo de los difuntos). **Tots Sants** es, pues, la **festa dels morts** (*fes*-ta dels morts; fiesta de los muertos), en un momento en que la misma naturaleza parece morir:

» **Les fulles dels arbres cauen i la terra sembla esmorteïda** (les *fu*-lles dels *a*-bres *ca*-uen i la *te*-rra *sem*-bla es-mur-te-*i*-da; las hojas de los árboles caen y la tierra queda como muerta).

» **Els camps es quedaran erms fins que la primavera retorni la vida** (els cams es que-da-*ran* erms fins que la pri-ma-*ve*-ra re-*tor*-ni la vi-da; los campos se quedan yermos hasta que la primavera devuelva la vida).

Se cree que en la noche de **Tots Sants** las **ànimes** (*a*-ni-mes; almas) de los antepasados volvían a sus casas para estar junto a sus familiares, pues eran considerados protectores del hogar. Por eso los familiares vivos encienden fuego o **espelmes** (es-*pel*-mes; velas) en recuerdo a los difuntos.

En los Países Catalanes, una de las costumbres más típicas de esta festividad es **la castanyada** (la cas-ta-*ña*-da; la castañada), popularizada por la figura de **la castanyera** (la cas-ta-*ñe*-ra; la castañera), una mujer que puedes encontrar en las calles de los pueblos y las ciudades vendiendo **castanyes torrades i calentes** (cas-*ta*-ñes tu-*rra*-des i ca-*len*-tes; castañas tostadas y calientes) envueltas en una **paperina** (pa-pe-*ri*-na; papelina). Actualmente las **castanyades** son celebraciones populares, al aire libre, donde además de castañas hay **coques** (*co*-ques; tortas), vino moscatel, baile, etc.

Aparte de las castañas, también hay dos comidas típicas de esta festividad: los **panellets** (pa-ne-*llets*; bollos de mazapán) y la **fruita**

confitada (*frui*-ta cun-fi-*ta*-da; fruta confitada). Los **panellets**, hechos con **ametlla** (a-*met*-lla; almendra), **sucre** (*su*-cre; azúcar) y **rovell d'ou** (ru-*vey* dou; yema), son típicos de Cataluña, y parece ser que su origen guarda relación con las comidas funerarias rituales; el carácter mortuorio de los **panellets** ha desaparecido ya de las costumbres ancestrales y estos son, sin duda alguna, un elemento sabrosísimo de la fiesta.

La fiesta de **Tots Sants** se lleva también a la calle con representaciones teatrales, como el famoso **ball de la mort** (bay de la mort; baile de la muerte), que tiene sus orígenes en la antigüedad y que se extiende por toda Europa.

FIGURA 16-3: El vocabulario de la sardana

Fer cagar el tió en Navidad

Con **el solstici d'hivern** (el sols-*ti*-si di-*vern*; el solsticio de invierno) llega **el Nadal** (el na-*dal*; la Navidad). Una de las celebraciones frecuentes es **fer cagar el tió** (fe ca-*ga* el ti-*o*), lo que literalmente significa "hacer cagar el tronco"; así de claro, aunque no debes tomarlo como una frase grosera, sino todo lo contrario, pues se trata de un dicho divertido y, además, dedicado a los niños.

¿Qué es el **tió**? El **tió** es un leño o tronco que se considera sagrado, o dormido, como dormida está la naturaleza en esta estación. Pero el objetivo del **tió** es ser portador de **dolços** (*dol*-sus; dulces) y **joguines** (ju-*gui*-nes; juguetes) para los niños alrededor del fuego hogareño de la Navidad.

Según la tradición, **el foc de Nadal** (el foc de na-*dal*; el fuego de Navidad) representa **els esperits dels avantpassats** (els es-pe-*rits* dels a-*van*-pa-*sats*; los espíritus de los antepasados) que se reúnen con toda la familia. Este tronco también es símbolo de la fertilización. El leño arbóreo representa la naturaleza adormecida, que hay que despertar a golpes para que dé sus frutos, que en esta ocasión son dulces y juguetes.

El proceso de **fer cagar el tió** consiste en coger un gran tronco y taparlo con una manta, debajo de la cual los adultos han escondido caramelos y juguetes, para después darle fuertes golpes con un palo, al tiempo que se canta:

Caga, tió, (*ca*-ga ti-*o*; caga, tió)
caga neules i torró (*ca*-ga *neu*-les i tu-*rro*; caga barquillos y turrón)
d'avellana i de pinyó, (da-ve-*lla*-na i de pi-*ño*; de avellana y de piñón)
i si són dels fins, millor (i si son dels fins mi-*llo*; y si son de los finos, mejor)

Después de esta ceremonia, el **tió** se sacrifica en el fuego del hogar, que da calor al frío del invierno. Así es como el **tió de Nadal** (el ti-*o* de na-*dal*; el tió de Navidad) se convierte en un símbolo de culto al hogar y a la unión familiar. Esta festividad navideña tiene por objetivo reunir a la familia para celebrar con solemnes y abundantes comidas, presididas por **les neules** (les *neu*-les; los barquillos) y **els torrons** (els tu-*rrons*; los turrones) en los postres, y acompañadas del tradicional **xampany** (sham-*pañ*; champán) catalán, también llamado **cava** (*ca*-va; champán).

Más tradiciones populares

TABLA 16-2 Otras tradiciones populares representativas

Fecha	Tradición	Significado
17 de gener	**Els tres tombs** (els tres toms; las tres vueltas)	Fiesta en la que los gremios llevan a bendecir sus caballerías; los animales van adornados lujosamente. Parece ser que la comitiva daba tres vueltas a la manzana de la iglesia de Sant Antoni de Barcelona.
febrer	**El carnestoltes** (el car-nes-*tol*-tes; el carnaval)	Nombre habitual del carnaval en los Países Catalanes. El **carnestoltes** es un muñeco de paja, vestido con ropajes, que se colgaba en los balcones y las ventanas de las casas durante el carnaval; el último día era quemado.
19 de març	**Les falles** (les *fa*-lles; las fallas)	Es la denominación popular de las fiestas de San José, patrón de los carpinteros, en Valencia. Está catalogada como fiesta de interés turístico internacional. A las 12 de la noche se queman los **ninots** (ni-*nots*; muñecos) o fallas.
23 de abril	**La festa de Sant Jordi** (la *fes*-ta de san *yor*-di; la fiesta de San Jorge)	**Sant Jordi** es el patrón de Cataluña. Esta festividad también coincide con el Día Mundial del Libro, de modo que se convierte en una fiesta cultural y popular al mismo tiempo. En las calles se montan tenderetes con las últimas novedades editoriales. Es costumbre regalar un libro y una rosa.
11 de maig	**La fira de Sant Ponç** (la *fi*-ra de san pons; la feria de San Poncio)	Es una feria que se celebra en Barcelona. Está asociada con las plantas medicinales y los productos del campo, la fruta confitada, los caramelos y las mermeladas.
30 de maig	**La festa de Corpus** (la *fes*-ta de *cor*-pus; la fiesta del Corpus)	Es costumbre adornar las calles con alfombras de flores y las casas con enramadas. En las calles se celebran entremeses y pasacalles, con gigantes y cabezudos, además de animales fabulosos.
29 de juny	**El dia de Sant Pere** (el *di*-a de san *pe*-re; el día de San Pedro)	Patrón de los pescadores. Es costumbre en este día celebrar procesiones a pie, cerca del mar, y en barcas, para bendecir las aguas, las barcas nuevas y a los marineros. También se encienden fogatas, como en la verbena de San Juan.
7 de juliol	**Els raiers** (els ra-*ies*; los almadieros)	Fiesta en la que se recuerda el antiguo oficio de bajar por los ríos la madera talada en los bosques pirenaicos hasta la desembocadura del Ebro. Los troncos, que forman almadías, eran transportados por el **raier** (ra-*ie*; almadiero) río abajo.

(continúa)

(continuación)

Fecha	Tradición	Significado
agost	**Les festes majors** (les *fes*-tes ma-*yos*; las fiestas mayores)	En agosto se celebran la mayoría de fiestas mayores en los pueblos de los Países Catalanes.
setembre	**La verema** (la ve-*re*-ma; la vendimia)	La vendimia es la principal actividad del mes de septiembre. Se forman **colles** (*co*-lles; grupos) de **veremadors** (ve-re-ma-*dos*; vendimiadores) que dan origen a celebraciones, bailes, canciones y fiestas populares.
11 de novembre	**La matança del porc** (la ma-*tan*-sa del porc; la matanza del cerdo)	Fiesta popular del otoño, de carácter familiar, en que se mataba en las casas de campo al cerdo para aprovechar su carne y elaborar embutidos. Se acompaña con cenas y bailes, según las regiones.
desembre	**El pessebre** (el pe-*se*-bre; el pesebre)	Una de las tradiciones navideñas es el pesebre, representación plástica del misterio de la Navidad, que se suele montar con figurillas. Hay poblaciones en donde incluso organizan pesebres vivientes, un tipo de representación teatral muy arraigada en Cataluña.

Palabras para recordar

castell	cas-*tey*	castillo
cobla de músics	*co*-bbla de *mu*-sics	copla de músicos
colla	*co*-lla	grupo
foguera	fo-*gue*-ra	hoguera
focs d'artifici	focs dar-ti-*fi*-si	fuegos artificiales
Nadal	na-*dal*	Navidad

EN ESTE CAPÍTULO

Pequeñas biografías de grandes hombres

Sus frases más destacadas

Breves textos en catalán

Capítulo 17
Cuatro personajes que hicieron historia (en realidad, muchos más)

Has llegado al último capítulo de *Catalán para Dummies*, y estoy seguro de que ya practicas el catalán incluso con más destreza de la que te esperabas. Porque además no estás solo: aquellos que lo hablan desde siempre lo comparten contigo con total normalidad.

En este capítulo quiero presentarte algunos personajes que por su esfuerzo y trabajo dejaron una profunda huella en la cultura y la vida catalanas y adquirieron una gran proyección mundial. Son hombres que, además de su origen catalán, se sentían muy arraigados a su tierra. Sus méritos profesionales y humanos han sido reconocidos internacionalmente.

Voy a darte algunos de sus datos biográficos más característicos, al tiempo que te expondré sus opiniones en sus propias palabras. Quizás quieras aprenderte algunas de estas frases célebres. Sigue adelante con la lectura y descubrirás cosas sorprendentes.

El violonchelista y pacifista Pau Casals

El maestro Pau Casals (1876-1973) fue un hombre excepcional. Compositor, director de orquesta y violonchelista. Es famoso por su especial interpretación de Bach y de su canción-símbolo del folklore catalán, ***El cant dels ocells*** (el can dels u-*seys*; *El canto de los pájaros*). Fue un innovador en la técnica de tocar el violonchelo, su instrumento y medio de expresión, que tocó ante reyes y jefes de estado.

Fundó del célebre trío Cortot-Thibaut-Casals, con el cual recorrió Europa y adquirió un gran prestigio. Fue además un gran patriota, un acérrimo defensor del catalanismo y, por encima de todo, un paladín infatigable de la paz, la libertad y las minorías oprimidas. Fue Pau Casals quien rechazó la oferta de los nazis para ir a tocar para Hitler cuando éstos ocuparon Francia, donde el maestro sufría exilio.

Así empezaba su célebre discurso, de clara exaltación patriótica, el 24 de octubre de 1971, en la ONU, cuando le fue otorgada la Medalla de la Paz:

» **Jo sóc català. Avui Catalunya ha quedat reduïda a unes províncies d'Espanya. Però què ha estat Catalunya? Catalunya ha estat la nació més gran del món. Us diré per què: Catalunya va tenir el primer Parlament, molt abans que Anglaterra. I fou a Catalunya on hi va haver el principi de les nacions unides. Totes les autoritats de Catalunya es van reunir al segle XI a Toluges per parlar de pau. Pau al món, perquè Catalunya ja estava contra la guerra, contra allò que les guerres tenen d'inhumà. Això era Catalunya! I jo estic tant content d'ésser aquí, amb vosaltres, content i commugut...** (yo soc ca-ta-*la* a-*vui* ca-ta-*lu*-ña a que-*dat* re-du-*i*-da a *u*-nes pru-*vin*-si-es des-*pa*-ña pe-*ro* que a es-*tat* ca-ta-*lu*-ña ca-ta-*lu*-ña a es-*tat* la na-si-*o* mes gran del mon us di-*re* per que ca-ta-*lu*-ña va te-*ni* el pri-*me* par-la-*men* mol a-*bans* que an-gla-*te*-rra i fou a ca-ta-*lu*-ña on i va a-*ve* el prin-*si*-pi de na-si-*ons* u-*ni*-des *to*-tes les au-tu-ri-*tats* de ca-ta-*lu*-ña es van reu-*ni* al *se*-ggle *on*-se a tu-*lu*-yes per par-*la* de pau pau al mon per-*que* ca-ta-*lu*-ña jas-*ta*-va *con*-tra la *gue*-rra *con*-tra a-*llo* que les *gue*-rres *te*-nen di-nu-*ma* a-*sho* *e*-ra ca-ta-*lu*-ña i yos-*tic* tan cun-*ten* de-*se* a-*qui* am vu-*sal*-tres cun-*ten* i cum-mu-*gut*; yo soy catalán. Hoy Cataluña ha quedado reducida a unas provincias de España. ¿Pero qué fue Cataluña? Cataluña fue la nación más grande del mundo. Os diré por qué: Cataluña tuvo el primer Parlamento, mucho antes que Inglaterra. Fue en Cataluña donde hubo el principio de las naciones unidas. Todas las autoridades de Cataluña se reunieron en el siglo XI en Toluges para hablar de paz. Paz en el mundo, porque Cataluña ya estaba en contra de la guerra, contra lo que las guerras tienen de inhumano. ¡Esto era Cataluña! Y yo estoy tan contento de estar aquí con vosotros, contento y conmovido...)

El pintor Joan Miró

Joan Miró nació en Barcelona en 1893 y falleció en Palma de Mallorca en 1983. Fue pintor, escultor, grabador y ceramista. Considerado uno de los máximos representantes del arte vanguardista europeo, de una línea imaginativa, superrealista y profundamente lírica. En su obra destaca el interés por el subconsciente y el amor a su patria. Su ingenio consistió en abandonar los métodos convencionales de la pintura para crear una expresión original y moderna.

En 1978 el **Govern** (gu-*vern*; gobierno) de la **Generalitat de Catalunya** le otorgó la Medalla de Oro en reconocimiento por su obra, que realizó en todo el mundo en provecho de Cataluña.

Obras destacadas:

La masia (1920) — *La masía*

Terra llaurada (1924) — *Tierra labrada*

El carnaval de l'Arlequí (1925) — *El carnaval del Arlequín*

Sèrie de 3 pintures: Blau (1961) — *Serie de 3 pinturas: Azul*

Dones i ocell davant la lluna (1974) — *Mujeres y pájaro delante de la luna*

L'esperança del condemnat a mort (1974) — *La esperanza del condenado a muerte*

Sus frases:

» **Quan em situo davant d'una tela, mai no sé què faré. Sóc el primer sorprès quan veig el que surt** (quan em si-*tu*-u da-*van* *du*-na *te*-la mai no se que fa-*re* soc el pri-*me* sur-*pres* quan vech el que surt; cuando me sitúo delante de una tela, nunca sé lo que haré. Soy el primer sorprendido cuando veo lo que sale).

» **Les obres últimes són tres grans teles blaves. He trigat molt a fer-les. No pas a pintar-les, sinó a meditar-les. M'ha calgut molt d'esforç, una gran tensió interior, per arribar al despullament que volia** (les *o*-bres *ul*-ti-mes son tres grans *te*-les *bla*-ves e tri-*gat* mol a *fer*-les no pas a pin-*tar*-les si-*no* a me-di-*tar*-les ma cal-*gut* mol des-*fors* *u*-na gran ten-si-*o* in-te-ri-*or* per a-rri-*ba* al des-pu-lla-*men* que vu-*li*-a; las obras últimas son tres grandes telas azules. He tardado mucho en hacerlas. No en pintarlas, sino en meditarlas. Me ha sido necesario mucho esfuerzo, una gran tensión interior, para llegar a la desnudez que quería).

» **Quan pinto, amanyago el que faig, i l'esforç per donar a aquestes coses una vida expressiva em desgasta d'una manera terrible** (quan *pin*-tu a-ma-*ña*-gu el que fach i les-*fors* per du-*na* a a-*ques*-tes *co*-ses *u*-na *vi*-da ecs-pre-*si*-va em des-*gas*-ta *du*-na ma-*ne*-ra te-*rri*-bble; cuando pinto, acaricio lo que hago, y el esfuerzo para dar a estas cosas una vida expresiva me desgasta de una manera terrible).

» **La meva obra no ha de ser del present, sinó del passat —en les fonts de la pura expressió de l'esperit— i del futur** (la me-*vo*-bra no a de se del pre-*sen* si-*no* del pa-*sat* en les fons de la *pu*-ra ecs-pre-si-*o* de les-pe-*rit* i del fu-*tur*; mi obra no tiene que ser del presente, sino del pasado —en las fuentes de la pura expresión del espíritu— y del futuro).

El arquitecto Antoni Gaudí

Nació en Reus en 1852 y murió en Barcelona en 1926. Arquitecto de fama internacional conocido sobre todo por la construcción del templo de la Sagrada Familia en Barcelona. Su grandeza reside en su esfuerzo por superar los estilos históricos y eclécticos, alcanzando un estilo propio. De 1900 a 1917 tiene lugar su etapa más creativa, en que construye obras como el parque Güell o la casa La Pedrera, en Barcelona. Gaudí fue un hombre de una profunda religiosidad, de una gran voluntad de perfección, de un enorme civismo y de un gran amor por su tierra. Figura principal del modernismo arquitectónico, pronto se convertiría en el máximo arquitecto de Cataluña y en una de las primeras figuras mundiales del arte decimonónico.

Así lo definió el escritor Josep Pla:

» **Gaudí és el català del seu temps que, havent estat més entranyablement adherit primer a Catalunya i després al Mediterrani, té una dimensió universal més vasta, una volada d'arc d'obertura més llarguera** (gau-*di* es el ca-ta-*la* del seu temps que a-*ven* es-*tat* mes en-tra-*ña*-bble-men a-de-*rit* pri-*me* a ca-ta-*lu*-ña i des-*pres* al me-di-te-*rra*-ni te *u*-na di-men-si-*o* u-ni-ver-*sal* mes vas-ta *u*-na vu-*la*-da darc du-ver-*tu*-ra mes llar-*gue*-ra; Gaudí es el catalán de su tiempo que, estando más entrañablemente adherido primero a Cataluña y después al Mediterráneo, tiene una dimensión universal más vasta, un arco de mucha más apertura).

Su larga frase:

» **El meu pare feia perols; el meu avi patern feia perols; el meu avi matern també feia perols. Temps enrere vingué una vella veïna de casa, que m'havia conegut d'infant, i, en veure el Temple de la Sagrada Família, ingènuament, exclamà: Ai, ai! Fa el mateix que feia quan era petit! I tenia raó. És una aptitud, acumulada per herència, la qui em mou i em guia** (el meu *pa*-re *fe*-ia pe-*rols* el meu *a*-vi pa-*tern* fe-*ia* pe-*rols* el meu *a*-vi ma-*tern* tam-*be* *fe*-ia pe-*rols* tems en-*re*-re vin-*gue* *u*-na *ve*-lla ve-*i*-na de *ca*-sa que ma-*vi*-a cu-ne-*gut* din-*fan* i en *veu*-re el *tem*-ple de la sa-*gra*-da fa-*mi*-li-a in-*ye*-nu-a-men ex-*cla*-ma ai ai fal ma-*tesh* que *fe*-ia quan *e*-ra pe-*tit* i te-*ni*-a ra-*o* es *u*-na ap-ti-*tut* a-cu-mu-*la*-da per e-*ren*-si-a la qui em mou i em *gui*-a; mi padre hacía peroles; mi abuelo paterno hacía peroles; mi abuelo materno también hacía peroles. Hace tiempo vino una vieja vecina de casa, que me había conocido de niño, y, al ver el templo de la Sagrada Familia, ingenuamente exclamó: ¡Ay, ay! ¡Es lo mismo que hacía cuando era pequeño! Y tenía razón. Es una aptitud acumulada por herencia, la que me mueve y me guía).

El lingüista Pompeu Fabra, padre de la lengua catalana

Pompeu Fabra (1868-1948) en parte es el culpable de que hayas leído este libro, pues este gran lingüista sentó las bases ortográficas y gramaticales de la lengua catalana moderna, planteando su fijación y reforma ortográfica.

Considerado el ordenador de la lengua catalana, Fabra era ingeniero industrial de profesión, por lo que fue autodidacta en el estudio del catalán. Consiguió una cátedra de lengua en la Diputación de Barcelona, y más tarde fue miembro y presidente del **Institut d'Estudis Catalans** (ins-ti-*tut* des-*tu*-dis ca-ta-*lans*; Instituto de Estudios Catalanes), corporación dedicada a la investigación científica superior, principalmente de todos los elementos de la cultura catalana; desde esa institución promulgó sus obras fundamentales:

» ***Normes ortogràfiques*** (1913) — *Normas ortográficas*

» ***Diccionari ortogràfic*** (1917) — *Diccionario ortográfico*

» ***Gramática catalana*** (1918) — *Gramática catalana*

» ***Diccionari general de la llengua catalana*** (1932) — *Diccionario general de la lengua catalana*

Fabra es el responsable de la **normativització del català** (nur-ma-ti-vit-sa-si-o del ca-ta-*la*; normativización del catalán), pues deseaba **"una llengua nacional apta per a tots els usos"** (*u*-na *llen*-gua na-si-u-*nal* *ap*-ta per a tots els *u*-sus; una lengua nacional apta para todos los usos).

Su concepto de lengua y patria:

» **La nostra Pàtria, per a nosaltres, és el territori on es parla la llengua catalana (...) composta de grans regions —Principat, València, Balears i Rosselló—, cadascuna amb interessants característiques pròpies; cal observar en tots els ordres llur personalitat, que ens dóna una tan gran riquesa d'aspectes** (la *nos*-tra *pa*-tri-a per a nu-*sal*-tres es el te-rri-*to*-ri on es *par*-la la *llen*-gua ca-ta-*la*-na com-*pos*-ta de grans re-yi-*ons* prin-si-*pat* va-len-si-*a* ba-le-*ars* i ru-se-*llo* ca-das-*cu*-na am bin-te-re-*sans* ca-rac-te-*ris*-ti-ques *pro*-pi-es cal up-ser-*va* en tots el *or*-dres llurr per-su-na-li-*tat* quens *do*-na *u*-na tan gran ri-*que*-sa das-*pec*-tes; nuestra Patria, para nosotros, es el territorio donde se habla la lengua catalana (...) compuesta de grandes regiones —Principado, Valencia, Baleares y Rosellón—, cada una con interesantes características propias; conviene observar en todos los órdenes su personalidad, que nos da tan grande riqueza de aspectos).

Más catalanes universales

Ahora te presento una lista más completa de hombres y mujeres, catalanes todos, célebres por su labor.

Personaje	**Profesión**
Antoni Puigvert (1905-1990)	**metge uròleg** (*me*-che u-*ro*-lec; médico urólogo)
Antoni Tàpies (1923-2012)	**pintor** (pin-*to*; pintor)
Carles Buïgas (1898-1979)	**enginyer** (en-chi-*ne*; ingeniero)
Charlie Rivel (1896-1983)	**pallasso** (pa-*lla*-su; payaso)
Ignasi Barraquer (1884-1965)	**oftalmòleg** (uf-tal-*mo*-lec; oftalmólogo)
Ildefons Cerdà (1815-1876)	**urbanista** (ur-ba-*nis*-ta; urbanista)
Jacint Verdaguer (1845-1902)	**poeta** (pu-*e*-ta; poeta)
Joan Oró (1923-2004)	**bioquímic** (bi-u-*qui*-mic; bioquímico)
Josep Carreras (1946)	**tenor** (te-*nor*; tenor)
Josep Lluís Sert (1902-1983)	**arquitecte** (ar-qui-*tec*-te; arquitecto)
Josep Pla (1897-1981)	**escriptor** (es-crip-*to*; escritor)
Josep Puig i Cadafalch (1867-1956)	**arquitecte i polític** (ar-qui-*tec*-te i pu-*li*-tic; arquitecto y político)
Josep Trueta (1897-1977)	**cirurgià** (si-rur-yi-*a*; cirujano)
Lluís Domènech i Montaner (1850-1923)	**arquitecte i polític** (ar-qui-*tec*-te i pu-*li*-tic; arquitecto y político)
Mercè Rodoreda (1908-1983)	**novel·lista** (nu-vel-*lis*-ta; novelista)
Montserrat Caballé (1933)	**soprano** (so-*pra*-no; soprano)
Narcís Monturiol (1819-1885)	**inventor** (in-ven-*to*; inventor)

Salvador Dalí (1904-1989)	**pintor** (pin-*to*; pintor)
Salvador Espriu (1913-1985)	**poeta, dramaturg i novel·lista** (pu-*e*-ta dra-ma-*turg* i nu-vel-*lis*-ta; poeta, dramaturgo y novelista)
Xavier Cugat (1900-1990)	**músic i dibuixant** (*mu*-sic i di-bu-*shan*; músico y dibujante)

EN ESTE CAPÍTULO

Oportunidades para hablar en catalán

Maneras divertidas de mejorar tu catalán

Aprender catalán es fácil si sabes cómo

Capítulo 18
Diez formas de acelerar el aprendizaje del catalán

En este momento supongo que estás pensando: "¿Cómo puedo mejorar mi catalán?" No dudo ni por un momento que en este punto y final de tu *Catalán para Dummies* todavía quieres llegar más lejos. Has comprado este libro, lo has leído de cabo a rabo, más o menos con detenimiento, más o menos a tu aire, y te ha gustado (al menos un poco). He supuesto todo esto porque ahora estás leyendo este capítulo. Por consiguiente, ha llegado el momento de proponerte diez métodos para acelerar tu aprendizaje. Además, estoy seguro de que aprovecharás esta ocasión para obtener nuevos conocimientos y experiencias inolvidables.

Habla con ellos

Nunca debes desperdiciar la oportunidad de hablar en catalán con los hablantes de esta lengua. Con tus amigos, con desconocidos, en el trabajo, en las tiendas y mercados, en el restaurante, en el banco, con el médico, en los hoteles..., ¡en cualquier parte! Practica con ellos y ganarás amigos. Di, por ejemplo: **Bon dia! Quin dia més maco que fa avui, oi?** (bon *di*-a quin *di*-a mes *ma*-cu que fa a-*vui* oi; ¡buenos días! ¡Qué día tan bonito hace hoy!) a quien te encuentres por la calle. (Si no se te ocurren más ideas vuelve a los capítulos 3 y 4, donde se cuenta cómo empezar a hablar en catalán.) Una buena manera de iniciar una conversación es interesarte por un tema y arrancar la charla. No hace falta ser un experto pero, por ejemplo, cuando te encuentres en un restaurante pide la carta y lanza una pregunta interesante: **Si demano capó rostit, què m'aconsella: un vi blanc afruitat o un xampany brut?** (si de-*ma*-nu ca-*po* rus-*tit* que ma-cun-*se*-lla un vi blanc a-frui-*tat* o un cham-*pañ* brut; si tomo capón rustido, ¿qué me aconseja: vino blanco afrutado o champán brut?)

¿Sabías que cada vez que empiezas a hablar con alguien estás recibiendo al instante una lección de catalán sin que te cueste un euro? Derrocha palabras y no te detengas. Lánzate a hablar en catalán, y no pretendas hablarlo como un nativo de buenas a primeras. Pronto te darás cuenta de que en la calle se aprende más rápidamente catalán de lo que esperabas.

Organiza tu propia clase o grupo de trabajo

Reúne a tus colegas que están aprendiendo catalán junto con amigos que lo hablen desde hace tiempo, incluso con catalanes de toda la vida, y practicad juntos conversaciones. Haced un grupito y reuníos en un bar, en un ambiente distendido, tomando unas cervezas o un refresco, el sitio ideal para hablar de todo. Podéis comentar la última novedad cinematográfica, el tema político del día o incluso una lección cualquiera de *Catalán para Dummies*, pero también de asuntos personales o de lo que se os ocurra. Lo importante es charlar. Este método es una buena manera de aprender sin el esfuerzo y la atención que requiere una clase con un profesor. Te sorprenderá descubrir que se trata de un método divertido y eficiente.

También puedes organizar un intercambio de idiomas. Por ejemplo si tu dominas inglés, contacta con algún catalán que desee aprenderlo a cambio de su ayuda en catalán. Internet y las redes sociales pueden ser de gran utilidad para encontrar colegas.

Mira cine y series de TV en catalán

El sitio `http://www.paisos-catalans.tv/` es un portal que te permite ver todos los canales de televisión que existen en lengua catalana. Pruébalo y visiona los programas que te resulten más atractivos o interesantes. Si vives en Cataluña, podrás ver diversos canales de televisión en catalán. Empieza con las películas, hoy día la tecnología te permite poner subtítulos en castellano si todavía no dominas el catalán; pero te recomiendo que no lo hagas. Te asombrará lo que alcanzas a comprender al cabo de un rato de estar escuchando. El cine y la televisión te proporcionan además un lenguaje gestual y corporal muy útil para comprender lo que está ocurriendo. Pero si te compras un DVD con tu película o serie favorita (existen infinidad dobladas al catalán) podrás mejorar tu rendimiento de una manera muy lúdica y didáctica. Podrás visionar las escenas una y otra vez para practicar tu pronunciación. Además, puedes poner la pausa si necesitas tomar nota de alguna expresión nueva para ti. Toma nota de palabras, frases o expresiones coloquiales y luego pégalas en una pizarra de corcho, para tenerlas siempre a la vista.

Luego sal con tus amigos y cuéntales en catalán la extraordinaria película que acabas de ver: ***Everest* és una pel·lícula molt bona, us la recomano, encara que és molt dura. Conta la història d'unes expedicions al cim de l'Everest que van acabar molt malament; està basada en un fet real...** (e-ve-*res* es *u*-na pel-*li*-cu-la mol *bo*-na, us la re-cu-*ma*-nu en-*ca*-ra ques mol *du*-ra *con*-ta la his-*to*-ri-a *du*-nes ex-pe-di-si-*ons* al sim de le-ve-*res* que van a-ca-*ba* mol ma-la-*men* es-*ta* ba-*sa*-da en un fet re-*al*; *Everest* es una película muy buena, os la recomiendo, aunque es muy dura. Cuenta la historia de unas expediciones en la cima del Everest que acabaron muy mal; está basada en un hecho real...)

Asiste a una obra de teatro

Consulta la **cartellera de teatre** (car-te-*lle*-ra de te-*a*-tre; cartelera de teatro) de cualquier periódico catalán. Si vives en Barcelona consulta la guía *TimeOut* y observarás que la lista de obras teatrales es extensa. Una buena obra de teatro hará que te olvides de todo y te concentres en un universo de palabras y magia en el escenario. No hay duda de que es una buena manera de acelerar tu conocimiento del catalán. Los actores imitan con esmero y emoción la realidad de la vida misma, interpretan historias prestadas en las que puedes reconocerte o reconocer a los que te rodean. Dicho de otro modo: es donde se concentran en una hora y media todas las situaciones que has estudiado en tu *Catalán para Dummies.* Además, en el teatro tienes una ventaja: los actores vocalizan muy bien, pronuncian a la perfección el catalán, lo que te será de gran utilidad. Aprende de ellos. Son los mejores profesores del mundo.

Cuélate en un evento social

¿Quién no recuerda aquella famosa escena de *The 39 Steps* (***Els trenta-nou graons***; els tren-ta-*nou* gra-*ons*; *Los 39 escalones*), de Alfred Hitchcock, donde el protagonista, tratando de huir, se cuela en un mitin político? Entonces el presentador del evento lo confunde con el candidato i el pobre se ve obligado a improvisar un discurso enardecedor sin saber nada del tema. Muchas veces he deseado probar este pequeño desafío para escabullirme del trabajo y colarme en una conferencia sin que me hayan invitado, aunque en realidad estaría en un aprieto si tuviera que improvisar un discurso. Pero para ti, que tienes necesidad de expresarte en catalán, sería una oportunidad ineludiblemente estupenda. (¡Es broma!)

Lo cierto es que asistir a un evento social, un acto académico, una rueda de prensa o la presentación de un libro, donde se hable solo en catalán, te traerá una experiencia nueva, al mismo tiempo fascinante e instructiva. Esto es lo que te recomiendo, deja por un momento este libro, a tus amigos y compañeros, y adéntrate en el fabuloso mundo del aprendizaje al vuelo. Sal a cazar palabras y conversaciones. Siéntate entre el público y goza viendo lo que ocurre, qué dicen los ponentes o moderadores y los invitados, cómo reacciona el público, qué comentarios se murmullan, y presta atención en el momento de los aplausos. Aunque no hayas entendido todas las palabras, seguro que sabrás de qué ha tratado el asunto en líneas generales. Cuando el acto concluya, comenta en el refrigerio (si lo hay) lo que te ha parecido con tus semejantes, no te cortes, aunque digas el tópico: **Ha estat molt interessant!** (a es-*tat* mol in-te-re-*san*; ¡qué interesante!) habrás triunfado. Cuéntale luego a tu pareja, a tus amigos o compañeros de trabajo tu experiencia.

Canta en la ducha o en cualquier parte

Siempre he pensado que una buena manera de aprender un idioma consiste en saberse canciones de memoria, cantándolas, naturalmente. Como yo destrozo las canciones porque canto como un grillo, no me queda más remedio que desfogarme en la ducha (que es como cantar bajo la lluvia). Te recomiendo que hagas lo mismo. Dicen que la melodía y la letra se gravan en la mente, de manera que puedes cantar de corrido en catalán como un auténtico nativo. Además, sabiéndote canciones de memoria aprendes vocabulario nuevo, y sobre todo expresiones populares y frases hechas que no conocías. En internet puedes encontrar las letras de muchísimas canciones mientras escuchas cómo suena en tu programa preferido (iTunes, Spotify...).

Descubrirás que en catalán también puedes encontrar las canciones que te gustan. Por ejemplo, a mí me encanta el pop, el folk, el country o el rock. Por eso soy fan de Tomeu Penya, Lax'n'Busto, Manel, Antònia Font, Els Amics de les Arts o Mishima. Pero si eres de los nostálgicos, no te olvides de los cantautores que encabezaron el movimiento de la **Nova Cançó** (*no*-va can-*so*; Nueva Canción) en la década de los sesenta: Serrat, Raimon, Maria del Mar Bonet o Lluís Llach, entre otros muchos. Escúchalos y descúbrelos. Con ellos aprenderás un montón de lecciones y te pasarás la vida cantando...

Amb aquest aire de metec,
jueu errant i pastor grec,
i els meus cabells als quatre vents.

Así canta Marina Rosell una conocida canción de Moustaki: (am a-*quet ai*-re de me-*tec* ju-*eu* e-*rran* i pas-*to* grec iels meus ca-*beys* als *cua*-tre vens; con mi cara de extranjero, de judío errante, de pastor griego, y mis cabellos a los cuatro vientos).

Lee libros, aunque sean cortos

La lectura es imprescindible para fijar el idioma que estés aprendiendo. ¿Se te había ocurrido que puedes releer tus novelas favoritas en catalán? Como ya sabrás el argumento en castellano (o en otro idioma) te será más fácil proseguir la lectura en catalán. Por ejemplo, has leído muchas veces *Diez negritos* de Agatha Christie porque resulta que es tu novela favorita. Pues no hay nada mejor que volverla a leer, pero en catalán: ***Deu negrets (I aleshores no en quedà cap)*** (deu ne-*grets* ia les-*o*-res non que-*da* cap; *Diez negritos (y entonces no quedó ninguno)*).

Si acaso la lectura no es lo tuyo también puedes engancharte con libros breves o incluso destinados al público infantil y juvenil. Esta clase de obras están pensadas para comenzar a aprender un idioma, son de literatura sencilla, a menudo con ilustraciones, con frases esenciales pero de gran trasfondo. A mí me chiflan los libros infantiles porque en ellos descubro aventuras maravillosas que ya tenía olvidadas, como las fábulas de Esopo o las aventuras de Robinson Crusoe. Con estos libros se me aparece la memoria involuntaria, como decía Marcel Proust al comerse su famosa magdalena y recordar su más tierna infancia. Volvamos pues al pasado maravilloso de los niños y descubriremos asimismo una literatura fascinante. Más adelante puedes leer la Biblia en catalán, si te apetece. También está traducida.

Apúntate a un curso de baile

No te apuntes a un curso de catalán porque no hay tiempo en tu ajetreada vida. Por eso te has comprado *Catalán para Dummies*, con el fin de aprender por tu cuenta. En cambio, seguro que te sobrará tiempo para apuntarte a un curso de baile para pasártelo en grande y encontrar a tu media naranja. Los catalanes son muy aficionados al baile. Por eso existen numerosas asociaciones donde mover el esqueleto. Desde los **esbarts de dansaires** (es-*bars* de dan-*sai*-res; asociación de danzantes) donde aprender la famosísima sardana y otras danzas populares, hasta los **balls de saló** (balls de sa-*lo*; bailes de salón) para practicar el **txa-txa-txa** (cha-cha-cha), el **bugui-bugui** (*bu*-gui *bu*-gui; boogie-woogie) o el swing. Apúntate a un curso de baile según el estilo que te guste. Bailando conocerás gente y será una buena oportunidad de hablar en catalán.

Haz amigos, conoce a la gente

No tienes que acercarte a alguien y decirle: *¡Hola!, ¿quieres ser mi amigo?* Para ganar amigos, primero sonríe. Luego, y con el fin de entablar amistad con alguna persona de habla catalana, invítala a comer o a tomar una copa en un lugar agradable: **Em permet que el convidi?** (em per-*met* quel cun-*vi*-di; ¿me permite invitarle?) Nadie en su sano juicio puede rechazar una proposición semejante. Es un modo de empezar. Luego improvisa, pero no pares de hablar y de hacer preguntas.

Aunque para hacer amigos que te presten su ayuda hablándote en catalán, aconsejándote y corrigiéndote tus pequeños tropiezos lingüísticos, no hay nada más fácil que pedírselo a cualquiera. En el mercado, en el autobús, de compras en las tiendas. A menudo los propios catalanes son los que suelen hablar en castellano con un hablante castellano. Entonces solo tienes que decirles lo que quieren oír de mil amores: **Em pot parlar en català, per favor?** (em pot par-*la* en ca-ta-*la* per fa-*vor*; ¿me puede hablar en catalán, por favor?), o bien: **Estic aprenent català i m'agrada molt practicar-lo, oi que m'ajudarà?** (es-*tic* a-pre-*nen* ca-ta-*la* i ma-*gra*-da mol prac-ti-*car*-lo oi que ma-ju-da-*ra*; estoy aprendiendo catalán y me gustaría practicarlo, ¿me ayudará, verdad?) Con estas simples frases no solo ganarás amigos sino que completarás tu aprendizaje rápidamente.

Hazte socio de un club

En Cataluña especialmente, y en general en la mayor parte de los Países Catalanes, existen numerosos clubes. El asociacionismo es una costumbre muy arraigada y ser socio de un club catalán, un **centre social**, **esportiu** o **cívic** (*sen*-tre su-ci-*al* es-por-*tiu* *si*-vic; centro social, deportivo o cívico) es la manera definitiva de hacer amistades con las cuales no te quedará más remedio que hablar en catalán, que es lo que deseas, de un modo familiar y agradable. Puedes apuntarte, por ejemplo, a un club de montaña.

Te encuentras en una tierra donde el montañismo es una tradición más que centenaria. La práctica del senderismo, la escalada, la conquista de los picos cobra una gran importancia en el territorio catalán desde fines del siglo XIX, con la creación del **Centre Excursionista de Catalunya** y otros clubes. En el excursionismo se desarrolla no solo un deporte sino también una actividad cultural y una manera de conocer a fondo una región. La montaña, por tanto, te ofrece el espacio ideal para conocer a los catalanes. Es también un modo de integrarte y de rematar definitivamente tu catalán. Aunque si lo tuyo no es el monte, entonces puedes apuntarte a un gimnasio o un club de tenis. También hallarás sintonía.

7 Apéndices

Apéndice A

Verbos irregulares en catalán

La tabla que te presento a continuación es una herramienta útil de consulta sobre los verbos irregulares más usuales del catalán, o los que presentan cambios ortográficos en algunas de sus formas, aunque no sean propiamente "irregulares", como ocurre con la mayoría de los de la primera conjugación. Así, cuando necesites conjugar un verbo para construir tus frases, utiliza este apéndice.

Está clasificada según las tres conjugaciones verbales (primera, segunda y tercera conjugación). Primero presenta el verbo en infinitivo y luego conjuga solo el presente del indicativo.

Para más información acerca de los verbos irregulares consulta el capítulo 2.

TABLA A **Verbos irregulares del catalán**

Conjugación	Infinitivo	Presente de indicativo
1.ª	**anar** (ir)	vaig, vas, va, anem, aneu, van
	començar (comenzar)	començo, comences, comença, comencem, comenceu, comencen
	estar (estar)	estic, estàs, està, estem, esteu, estan
	picar (picar)	pico, piques, pica, piquem, piqueu, piquen
	pujar (subir)	pujo, puges, puja, pugem, pugeu, pugen
	regar (regar)	rego, regues, rega, reguem, regueu, reguen

Conjugación	Infinitivo	Presente de indicativo
2ª	**aparèixer** (aparecer)	aparec, apareixes, apareix, apareixem, apareixeu, apareixen
	beure (beber)	bec, beus, beu, bevem, beveu, beuen
	cabre (caber)	cabo, caps, cap, cabem, cabeu, caben
	caure (caer)	caic, caus, cau, caiem, caieu, cauen
	conèixer (conocer)	conec, coneixes, coneix, coneixem, coneixeu, coneixen
	coure (cocer)	coc, cous, cou, coem, coeu, couen
	creure (creer)	crec, creus, creu, creiem, creieu, creuen
	ésser (ser)	sóc, ets, és, som, sou, son
	fer (hacer)	faig, fas, fa, fem, feu, fan
	haver (haber)	he, has, ha, hem, heu, han
	jeure (estar echado, yacer)	jec, jeus, jeu, jaiem, jaieu, jeuen
	moldre (moler)	molc, mols, mol, molem, moleu, molen
	néixer (nacer)	neixo, neixes, neix, naixem, naixeu, neixen
	poder (poder)	puc, pots, pot, podem, podeu, poden
	prendre (tomar, coger)	prenc, prens, pren, prenem, preneu, prenen
	riure (reír)	ric, rius, riu, riem, rieu, riuen
	saber (saber)	sé, saps, sap, sabem, sabeu, saben
	seure (sentar)	sec, seus, seu, seiem, seieu, seuen
	treure (sacar)	trec, treus, treu, traiem, traieu, treuen
	veure (ver)	veig, veus, veu, veiem, veieu, veuen
	viure (vivir)	visc, vius, viu, vivim, viviu, viuen
	voler (querer)	vull, vols, vol, volem, voleu, volen
3ª	**collir** (coger)	cullo, culls, cull, collim, colliu, cullen
	dir (decir)	dic, dius, diu, diem, dieu, diuen
	escopir (escupir)	escupo, escups, escup, escopim, escopiu, escupen
	sortir (salir)	surto, surts, surt, sortim, sortiu, surten
	tenir (tener)	tinc, tens, té, tenim, teniu, tenen
	tossir (toser)	tusso, tusses, tus, tossim, tosssiu, tussen

Apéndice B

Mini-diccionario catalán-castellano

a peu (a peu): a pie

a vegades (a ve-*ga*-des): a veces

abans (a-*bans*): antes

abans-d'ahir (a-*bans* da-*i*): anteayer

abonament (a-bu-na-*men*): abono

abric (a-*bric*): abrigo

adéu (a-*deu*): adiós

adreça (a-*dre*-sa): dirección

afaitar (a-fai-*ta*): afeitar

agafar (a-ga-*fa*): tomar, coger

agulla (a-*gu*-lla): aguja

ahir (a-*i*): ayer

aigua (*ai*-gua): agua

així (a-*shi*): así

això (a-*sho*): esto, eso

ajornar (a-yur-*na*): aplazar

ajudar (a-yu-*da*): ayudar

al voltant (al vul-*tan*): alrededor

al·lèrgia (al-*ler*-yi-a): alergia

albergínia (al-ber-*yi*-ni-a): berenjena

aleshores (a-les-*o*-res): entonces

alhora (a-lo-ra): a la vez

allò (a-*llo*): aquello

allotjament (a-llu-cha-*men*): alojamiento

almenys (al-*meñs*): al menos

amanida (a-ma-*ni*-da): ensalada

amanir (a-ma-*ni*): aliñar

amb (am): con

ametlla (a-*met*-lla): almendra

amic (a-*mic*): amigo

ampolla (am-*po*-lla): botella

amunt (a-*mun*): arriba

anar (a-*na*): ir

andana (an-*da*-na): andén

anell (a-*ney*): anillo

aniversari (a-ni-ver-*sa*-ri): cumpleaños

anul·lació (a-nul-la-si-*o*): anulación

anxova (an-*sho*-va): anchoa

any (añ): año

aparell (a-pa-*rey*): aparato

aprendre (a-*pen*-dre): aprender

ara (*a*-ra): ahora

arbre (*a*-bre): árbol

arracada (a-rra-*ca*-da): pendiente

arrebossat (a-rre-bu-*sat*): rebozado

arròs (a-*rros*): arroz

arxiu (ar-*shiu*): archivo

ascensor (as-sen-*so*): ascensor

assaig (a-*sach*): ensayo

assecadora (a-se-ca-*do*-ra): secadora

assegurança (a-se-gu-*ran*-sa): seguro

assumpte (a-*sum*-te): asunto

avall (a-*vay*): abajo

avantatge (a-van-*ta*-che): ventaja

aviat (a-vi-*at*): pronto

avui (a-*vui*): hoy

bacallà (ba-ca-*lla*): bacalao

baix (bash): bajo

baixar (ba-*sha*): bajar

balcó (bal-*co*): balcón

ballar (ba-*lla*): bailar

banc (banc): banco

bany (bañ): baño

barat (ba-*rat*): barato

basquetbol (*bas*-quet-*bol*): baloncesto

bastant (bas-*tan*): bastante

bé (be): bien

beguda (be-*gu*-da): bebida

ben (ben): bien

bena (*be*-na): venda

berenar (be-re-*na*): merendar; merienda

bestreta (bes-*tre*-ta): anticipo

beure (*beu*-re): beber

bitllet (bit-*llet*): billete

blat de moro (blat de *mo*-ru): maíz

blau (blau): azul

bolet (bu-*let*): seta

bombeta (bum-*be*-ta): bombilla

bossa (*bo*-sa): bolsa

botiga (bu-*ti*-ga): tienda

braç (bras): brazo

brusa (*bru*-sa): blusa

bugaderia (bu-ga-de-*ri*-a): lavandería

bullir (bu-*lli*): hervir

bústia (*bus*-ti-a): buzón

butxaca (bu-*cha*-ca): bolsillo

cabell (ca-*bey*): cabello

cadira (ca-*di*-ra): silla

caixa d'estalvis (*ca*-sha des-*tal*-vis): caja de ahorros

caixer (ca-*she*): cajero

calaix (ca-*lash*): cajón

calces (*cal*-ses): bragas

calçotets (cal-su-*tets*): calzoncillos

calent (ca-*len*): caliente

caliu (ca-*liu*): rescoldo

cama (*ca*-ma): pierna

cambrer (cam-*bre*): camarero

cancel·lar (can-sel-*la*): cancelar

canell (ca-*ney*): muñeca (parte del cuerpo)

canvi (*can*-vi): cambio

canviar (cam-vi-*a*): cambiar

cap (cap): cabeza, jefe

cap a (cap a): hacia

cap de setmana (cap de sem-*ma*-na): fin de semana

carbassó (car-ba-*so*): calabacín

carn (carn): carne

carrer (ca-*rre*): calle

carxofa (car-*sho*-fa): alcachofa

cassola (ca-*so*-la): cazuela

cervesa (cer-*ve*-sa): cerveza

cigró (si-*gro*): garbanzo

cistella (sis-*te*-lla): canasta

clau (clau): clavo; llave

cobert (cu-*bert*): cubierto

coca (*co*-ca): torta

codi postal (*co*-di pus-*tal*): código postal

coixí (cu-*shi*): almohada

col·legi (cul-*le*-yi): colegio

colze (*col*-se): codo

coll (coy): cuello

comanda (cu-*man*-da): pedido

començament (cu-men-sa-*men*): principio

començar (cu-mem-*sa*): empezar

company (cum-*pañ*): compañero

compte (*com*-te): cuenta

concert (cun-*sert*): concierto

conèixer (cu-*ne*-she): conocer

conill (cu-*niy*): conejo

connectar (cun-nec-*ta*): conectar

conversa (cun-*ver*-sa): conversación

cop (cop): golpe

cor (cor): corazón

corretja (cu-*rre*-cha): correa

cosir (cu-*si*): coser

cotó fluix (cu-*to* flush): algodón

cotxe (*co*-che): coche

coure (*cou*-re): cocer

cremar (cre-*ma*): quemar

cru (cru): crudo

cua (cua): cola

cuina (*cui*-na): cocina

cuit (cuit): cocido

cullera (cu-*lle*-ra): cuchara

cursa (*cur*-sa): carrera

d'hora (*do*-ra): temprano

dada (*da*-da): dato

dalt (dal): arriba

damunt (da-*mun*): encima

darrere (da-*rre*-re): detrás

data (*da*-ta): fecha

davant (da-*van*): delante

de cop i volta (de cop i *vol*-ta): de repente

de debò (de de-*bo*): de verdad

de franc (de franc): gratis

de mica en mica (de *mi*-ca en *mi*-ca): poco a poco

de pressa (de *pre*-sa): deprisa

de seguida (de se-*gui*-da): enseguida

de tant en tant (de tan en tan): de vez en cuando

de veritat (de ve-ri-*tat*): de verdad

deixar (de-*sha*): dejar

demà (de-*ma*): mañana

demà passat (de-*ma* pa-*sat*): pasado mañana

demanar (de-ma-*na*): pedir

dent (den): diente

descompte (des-*com*-te): descuento

despenjar (des-pen-*cha*): descolgar

despesa (des-*pe*-sa): gasto

després (des-*pres*): después

déu (deu): dios

dinar (di-*na*): comida

diners (di-*nes*): dinero

dins (dins): dentro

dir (di): decir

dir-se (*dir*-se): llamarse

dit (dit): dedo

diürn (di-*urn*): diurno

dolç (dols): dulce

dona (*do*-na): mujer

doncs (dons): pues

dret (dret): derecho

duana (du-*a*-na): aduana

dubte (*dub*-te): duda

embarassada (em-ba-ra-*sa*-da): embarazada

embenar (em-be-*na*): vendar

embolicar (em-bu-li-*ca*): envolver

emplenar (em-ple-*na*): rellenar

encara (en-*ca*-ra): aún, todavía

encara que (en-*ca*-ra que): aunque

encàrrec (en-*ca*-rrec): recado, encargo

endemà (en-de-*ma*): el día siguiente

engegar (en-ye-*ga*): encender

entrepà (en-tre-*pa*): bocadillo

equipatge (e-qui-*pa*-che): equipaje

esborrador (es-bu-rra-*do*): borrador

esborrar (es-bu-*rra*): borrar

escala (es-*ca*-la): escalera

escalfador (es-cal-fa-*do*): calentador

escalfar (es-cal-*fa*): calentar

escola (es-*co*-la): escuela

escoltar (es-cul-*ta*): escuchar

escopinya de gallet (es-cu-*pi*-ña de ga-*llet*): berberecho

escriure (es-*criu*-re): escribir

escudella catalana (es-cu-*de*-lla ca-ta-*la*-na): cocido catalán

escuradents (es-*cu*-ra-*dens*): palillo

església (es-*gle*-si-a): iglesia

esmorzar (es-mur-*sa*): desayuno

espatllar (es-pat-*lla*): estropear

esport (es-*port*): deporte

esquena (es-*que*-na): espalda

esquerre (es-*que*-rre): izquierdo

estalvi (es-*tal*-vi): ahorro

estimar (es-ti-*ma*): amar, querer, preferir

estisores (es-ti-*so*-res): tijeras

estiu (es-*tiu*): verano

estona (es-*to*-na): rato

estovalles (es-tu-*va*-lles): mantel

excel·lent (ec-sel-*len*): excelente

exercici (ec-ser-*si*-si): ejercicio

faixa (*fa*-sha): faja

farcit (far-*sit*): relleno

farmaciola (far-ma-si-*o*-la): botiquín

febre (*fe*-bre): fiebre

fer (fe): hacer

fer mal (fe mal): doler

ferida (fe-*ri*-da) herida

fill (fiy): hijo

finestra (fi-*nes*-tra): ventana

finestreta (fi-nes-*tre*-ta): ventanilla

fins a (fins a): hasta

fins i tot (fins i tot): incluso

flam (flam): flan

força (*for*-sa): fuerza

formatge (fur-*ma*-che): queso

forn de pa (forn de pa): panadería

forquilla (fur-*qui*-lla): tenedor

fosc (fosc): oscuro

fred (fret): frío

fregit (fre-*yit*): frito

fruita (*frui*-ta): fruta

full (fuy): hoja

gaire (*gai*-re): mucho

gairebé (*gai*-re-*be*): casi

ganivet (ga-ni-*vet*): cuchillo

gel (yel): hielo

gelat (ye-*lat*): helado

genoll (ye-*noy*): rodilla

gens (yens): nada

germà (yer-*ma*): hermano

gerro (*ye*-rru): jarro

got (got): vaso

graella (gra-*e*-lla): parrilla

greu (greu): grave

groc (groc): amarillo

guix (guish): yeso

habitació (a-bi-ta-si-*o*): habitación

handbol (an-*bol*): balonmano

herba (*er*-ba): hierba

home (*o*-me): hombre

hoquei (u-*quei*): hockey

índex (*in*-dex): índice

infermer (in-fer-*me*): enfermero

ingrés (in-*gres*): ingreso

injecció (in-yec-si-*o*): inyección

iogurt (iu-*gurr*): yogur

ja (ya): ya

jaqueta (ya-*que*-ta): chaqueta

joc (yoc): juego

jugar (yu-*ga*): jugar

litre (*li*-tre): litro

llapis (*lla*-pis): lápiz

llarg (llarc): largo

llegir (lle-*yi*): leer

llegum (lle-*gum*): legumbre

llençol (llen-*sol*): sábana

llentia (llen-*ti*-a): lenteja
llet (llet): leche
lletra (*lle*-tra): letra
lleure (*lleu*-re): ocio
llibre (*lli*-bre): libro
lliçó (lli-*so*): lección
llimona (lli-*mo*-na): limón
llista (*llis*-ta): lista
llit (llit): cama
lliurar (lliu-*ra*): entregar
lliure (*lliu*-re): libre
lloc (lloc): sitio, lugar
llogar (llu-*ga*): alquilar
lloguer (llu-*gue*): alquiler
lluç (llus): merluza
llum (llum): luz
lluny (lluñ): lejos

mà (ma): mano
maduixa (ma-*du*-sha): fresa
mai (mai): nunca
malalt (ma-*lal*): enfermo
malaltia (ma-lal-*ti*-a): enfermedad
malament (ma-la-*men*): mal
malgrat (mal-*grat*): a pesar de
mandonguilla (man-dun-*gui*-lla): albóndiga
mantega (man-*te*-ga): mantequilla
mare (*ma*-re): madre
mareig (ma-*rech*): mareo
marxar (mar-*cha*): marchar
massa (*ma*-sa): demasiado
matalàs (ma-ta-*las*): colchón
mateix (ma-*tesh*): mismo
matí (ma-*ti*): mañana
matinada (ma-ti-*na*-da): madrugada
mató (ma-*to*): requesón
mel (mel): miel
melmelada (mel-me-*la*-da): mermelada
menjador (men-ya-*do*): comedor
menjar (men-*ya*): comer
menys (meñs): menos
més aviat (mes a-vi-*at*): más bien
metge (*me*-che): médico
mica (*mi*-ca): poco, algo
migdia (mich-*di*-a): mediodía
millor (mi-*llo*): mejor
missatge (mi-*sa*-che): mensaje
mitjó (mi-*cho*): calcetín
moble (*mo*-bble): mueble
molt (mol): muy, mucho
mongeta (mun-*che*-ta): judía, alubia
motxilla (mu-*chi*-lla): mochila
muller (mu-*lle*): esposa
mut (mut): mudo

nas (nas): nariz
nen (nen): niño
ningú (nin-*gu*): nadie
nit (nit): noche
noi (noi): chico
només (nu-*mes*): solo

obrir (u-*brir*): abrir
oïda (u-*i*-da): oído
oli (*o*-li): aceite
oliva (u-*li*-va): aceituna
ombra (*om*-bra): sombra
omplir (um-*pli*): llenar
on (on): dónde
orella (u-*re*-lla): oreja
os (os): hueso
ou (ou): huevo

pa (pa): pan
pagament (pa-ga-*men*): pago
palla (*pa*-lla): paja

paper (pa-*per*): papel

paraigua (pa-*rai*-gua): paraguas

parc (parc): parque

pare (*pa*-re): padre

parlar (par-*la*): hablar

passejar (pa-se-*ya*): pasear

pastís (pas-*tis*): pastel

pebre (*pe*-bre): pimienta

pebrot (pe-*brot*): pimiento

peix (pesh): pescado, pez

penja-robes (pen-cha-*ro*-bes): perchero

penjar (pen-*cha*): colgar

perdre (*per*-dre): perder

pernil (per-*nil*): jamón

perquè (per-*que*): porque

perruqueria (pe-rru-que-*ri*-a): peluquería

petit (pe-*tit*): pequeño

peu (peu): pie

picant (pi-*can*): picante

pilota (pi-*lo*-ta): pelota

pinta (*pin*-ta): peine

pinya (*pi*-ña): piña

pitjor (pi-*cho*): peor

platja (*pla*-cha): playa

ploure (*plou*-re): llover

pluja (*plu*-ya): lluvia

pols (pols): polvo

pollastre (pu-*llas*-tre): pollo

poma (*po*-ma): manzana

porc (porc): cerdo

porta (*por*-ta): puerta

posar (pu-*sa*): poner

postres (*pos*-tres): postre

potser (put-*se*): quizás

prendre (*pen*-dre): tomar, coger, quitar

préssec (*pre*-sec): melocotón

prestatge (pres-*ta*-che): estante

préstec (*pres*-tec): préstamo

preu (preu): precio

prop (prop): cerca

prou (prou): bastante

pujar (pu-*ya*): subir

qualsevol (qual-se-*vol*): cualquiera, cualquier

quan (quan): cuando

quant (quan): cuánto

quantitat (quan-ti-*tat*): cantidad

queixa (*que*-sha): queja

queixal (que-*shal*): muela

raïm (ra-*im*): uva

rap (rap): rape

ratolí (ra-tu-*li*): ratón

rebre (*re*-bre): recibir

rebut (re-*but*): recibo

recollir (re-cu-*lli*): recoger

refredat (re-fre-*dat*): resfriado

rellotge (re-*llo*-che): reloj

remei (re-*mei*): remedio

rentadora (ren-ta-*do*-ra): lavadora

rentaplats (ren-ta-*plats*): lavavajillas

rentar (ren-*ta*): lavar

res (res): nada

respondre (res-*pon*-dre): responder

resposta (res-*pos*-ta): respuesta

retard (re-*tarr*): retraso

rètol (*re*-tul): letrero

riu (riu): río

robatori (ru-ba-*to*-ri): robo

roda (*ro*-da): rueda

rodalia (ru-da-*li*-a): cercanías

rostit (rus-*tit*): asado

sabata (sa-*ba*-ta): zapato

sabatilla (sa-ba-*ti*-lla): zapatilla

safata (sa-*fa*-ta): bandeja

salsitxa (sal-*si*-cha): salchicha
samarreta (sa-ma-*rre*-ta): camiseta
segell (se-*yey*): sello
segons (se-*gons*): según
seient (se-*ien*): asiento
sempre (*sem*-pre): siempre
sense (*sen*-se): sin
setrilleres (se-tri-*lle*-res): vinagreras, aceiteras
sexe (*sec*-se): sexo
signar (sig-*na*): firmar
signatura (sic-na-*tu*-ra): firma
sopar (su-*pa*): cenar
sortida (sur-*ti*-da): salida
sortir (sur-*ti*): salir
sostenidors (sus-te-ni-*dos*): sujetador
sota (*so*-ta): debajo
sovint (su-*vin*): a menudo
suc (suc): zumo
sucre (*su*-cre): azúcar
suor (su-*o*): sudor

tall (tay): corte
tallar (ta-*lla*): cortar
també (tam-*be*): también
tancar (tan-*ca*): cerrar
tarda (*tar*-da): tarde
taronja (ta-*ron*-cha): naranja
taronjada (ta-ron-*cha*-da): naranjada
tastar (tas-*ta*): probar
taula (*tau*-la): mesa
taulell (tau-*ley*): mostrador
temps (tems): tiempo
tendre (*ten*-dre): tierno
tenir (te-*ni*): tener
termini (ter-*mi*-ni): plazo
terrassa (te-*rra*-sa): terraza
tirabuixó (ti-ra-bu-*sho*): sacacorchos
tisores (ti-*so*-res): tijeras
tomàquet (tu-*ma*-quet): tomate
torçar (tur-*sa*): torcer
torrada (tu-*rra*-da): tostada
tothom (tu-*tom*): todos
tovalló (tu-va-*llo*): servilleta
tovallola (tu-va-*llo*-la): toalla
tramesa (tra-*me*-sa): envío
treure (*treu*-re): sacar
trobar (tru-*ba*): encontrar
trucada (tru-*ca*-da): llamada
trucar (tru-*ca*): llamar
truita (*trui*-ta): tortilla

ull (uy): ojo
ulleres (u-*lle*-res): gafas
urgència (ur-*yen*-si-a): urgencia
urgent (ur-*yen*): urgente

vaixell (va-*shey*): barco
vedella (ve-*de*-lla): ternera
vegada (ve-*ga*-da): vez
venda (*ven*-da): venta
vendre (*ven*-dre): vender
ventre (*ven*-tre): vientre
veritat (ve-ri-*tat*): verdad
vermell (ver-*mey*): rojo
vespre (*ves*-pre): atardecer
veure (*veu*-re): ver
viatge (vi-*a*-che): viaje
viure (*viu*-re): vivir
voler (vu-*le*): querer

xai (shai): cordero
xampinyó (sham-pi-*ño*): champiñón
xampú (sham-*pu*): champú
xandall (shan-*day*): chándal
xarampió (sha-ram-pi-*o*): sarampión
xarop (sha-*rop*): jarabe

xarxa (*shar*-sha): red

xec (shec): cheque

xiulet (shiu-*let*): silbato

xocolata (shu-cu-*la*-ta): chocolate

xoriç (shu-*ris*): chorizo

zebra (*se*-bra): cebra

zel (sel): celo

zum-zum (sum-sum): zumbido

Mini-diccionario castellano-catalán

a la vez: **alhora** (a-*lo*-ra)
a menudo: **sovint** (su-*vin*)
a pesar de: **malgrat** (mal-*grat*)
a pie: **a peu** (a peu)
a veces: **a vegades** (a ve-*ga*-des)
abajo: **avall** (a-*vay*)
abono: **abonament** (a-bu-na-*men*)
abrigo: **abric** (a-*bric*)
abrir: **obrir** (u-*brir*)
aceite: **oli** (*o*-li)
aceiteras: **setrilleres** (se-tri-*lle*-res)
aceituna: **oliva** (u-*li*-va)
adiós: **adéu** (a-*deu*)
aduana: **duana** (du-*a*-na)
afeitar: **afaitar** (a-fai-*ta*)
agua: **aigua** (*ai*-gua)
aguja: **agulla** (a-*gu*-lla)
ahora: **ara** (*a*-ra)
ahorro: **estalvi** (es-*tal*-vi)
al menos: **almenys** (al-*meñs*)
albóndiga: **mandonguilla** (man-dun-*gui*-lla)
alcachofa: **carxofa** (car-*sho*-fa)
alergia: **al·lèrgia** (al-*ler*-yi-a)
algo: **mica** (*mi*-ca)
algodón: **cotó fluix** (cu-*to* flush)
aliñar: **amanir** (a-ma-*ni*)
almendra: **ametlla** (a-*met*-lla)
almohada: **coixí** (cu-*shi*)
alojamiento: **allotjament** (a-llu-cha-*men*)
alquilar: **llogar** (llu-*ga*)
alquiler: **lloguer** (llu-*gue*)
alrededor: **al voltant** (al vul-*tan*)
amar: **estimar** (es-ti-*ma*)
amarillo: **groc** (groc)
amigo: **amic** (a-*mic*)
anchoa: **anxova** (an-*sho*-va)
andén: **andana** (an-*da*-na)
anillo: **anell** (a-*ney*)
anteayer: **abans-d'ahir** (a-*bans* da-*i*)
antes: **abans** (a-*bans*)
anticipo: **bestreta** (bes-*tre*-ta)
anulación: **anul·lació** (a-nul-la-si-*o*)
año: **any** (añ)
aparato: **aparell** (a-pa-*rey*)
aplazar: **ajornar** (a-yur-*na*)
aprender: **aprendre** (a-*pen*-dre)
aquello: **allò** (a-*llo*)
árbol: **arbre** (*a*-bre)
archivo: **arxiu** (ar-*shiu*)
arriba: **amunt** (a-*mun*) / **dalt** (dal)
arroz: **arròs** (a-*rros*)
asado: **rostit** (rus-*tit*)
ascensor: **ascensor** (as-sen-*so*)
así: **així** (a-*shi*)
asiento: **seient** (se-*ien*)
asunto: **assumpte** (a-*sum*-te)
atardecer: **vespre** (*ves*-pre)
aún: **encara** (en-*ca*-ra)
aunque: **encara que** (en-*ca*-ra que)
ayer: **ahir** (a-*i*)
ayudar: **ajudar** (a-yu-*da*)
azúcar: **sucre** (*su*-cre)

azul: **blau** (blau)

bacalao: **bacallà** (ba-ca-*lla*)

bailar: **ballar** (ba-*lla*)

bajar: **baixar** (ba-*sha*)

bajo: **baix** (bash)

balcón: **balcó** (bal-*co*)

baloncesto: **basquetbol** (bas-quet-*bol*)

balonmano: **handbol** (an-*bol*)

banco: **banc** (banc)

bandeja: **safata** (sa-*fa*-ta)

baño: **bany** (bañ)

barato: **barat** (ba-*rat*)

barco: **vaixell** (va-*shey*)

bastante: **bastant** (bas-*tan*) / **prou** (prou)

beber: **beure** (*beu*-re)

bebida: **beguda** (be-*gu*-da)

berberecho: **escopinya de gallet** (es-cu-*pi*-ña de ga-*llet*)

berenjena: **albergínia** (al-ber-*yi*-ni-a)

bien: **bé** (be) / **ben** (ben)

billete: **bitllet** (bit-*llet*)

blusa: **brusa** (*bru*-sa)

bocadillo: **entrepà** (en-tre-*pa*)

bolsa: **bossa** (*bo*-sa)

bolsillo: **butxaca** (bu-*cha*-ca)

bombilla: **bombeta** (bum-*be*-ta)

borrador: **esborrador** (es-bu-rra-*do*)

borrar: **esborrar** (es-bu-*rra*)

botella: **ampolla** (am-*po*-lla)

botiquín: **farmaciola** (far-ma-si-*o*-la)

bragas: **calces** (*cal*-ses)

brazo: **braç** (bras)

buzón: **bústia** (*bus*-ti-a)

cabello: **cabell** (ca-*bey*)

cabeza: **cap** (cap)

caja de ahorros: **caixa d'estalvis** (*ca*-sha des-*tal*-vis)

cajero: **caixer** (ca-*she*)

cajón: **calaix** (ca-*lash*)

calabacín: **carbassó** (car-ba-*so*)

calcetín: **mitjó** (mit-*yo*)

calentador: **escalfador** (es-cal-fa-*do*)

calentar: **escalfar** (es-cal-*fa*)

caliente: **calent** (ca-*len*)

calle: **carrer** (ca-*rre*)

calzoncillos: **calçotets** (cal-su-*tets*)

cama: **llit** (llit)

camarero: **cambrer** (cam-*bre*)

cambiar: **canviar** (cam-vi-*a*)

cambio: **canvi** (*can*-vi)

camiseta: **samarreta** (sa-ma-*rre*-ta)

canasta: **cistella** (sis-*te*-lla)

cancelar: **cancel·lar** (can-sel-*lar*)

cantidad: **quantitat** (quan-ti-*tat*)

carne: **carn** (carn)

carrera: **cursa** (*cur*-sa)

casi: **gairebé** (*gai*-re-*be*)

cazuela: **cassola** (ca-*so*-la)

cebra: **zebra** (*se*-bra)

celo: **zel** (sel)

cenar: **sopar** (su-*pa*)

cerca: **prop** (prop)

cercanías: **rodalia** (ru-da-*li*-a)

cerdo: **porc** (porc)

cerrar: **tancar** (tan-*ca*)

cerveza: **cervesa** (cer-*ve*-sa)

champiñón: **xampinyó** (sham-pi-*ño*)

champú: **xampú** (sham-*pu*)

chándal: **xandall** (shan-*day*)

chaqueta: **jaqueta** (ya-*que*-ta)

cheque: **xec** (shec)

chico: **noi** (noi)

chocolate: **xocolata** (shu-cu-*la*-ta)

chorizo: **xoriç** (shu-*ris*)

cocer: **coure** (*cou*-re)

coche: **cotxe** (*co*-che)

cocido: **cuit** (cuit)

cocido catalán: **escudella catalana** (es-cu-*de*-lla ca-ta-*la*-na)

cocina: **cuina** (*cui*-na)

código postal: **codi postal** (*co*-di pus-*tal*)

codo: **colze** (*col*-se)

coger, quitar: **agafar** (a-ga-*fa*) / **prendre** (*pen*-dre)

cola: **cua** (cua)

colchón: **matalàs** (ma-ta-*las*)

colegio: **col·legi** (cul-*le*-yi)

colgar: **penjar** (pen-*cha*)

comedor: **menjador** (men-cha-*do*)

comer: **menjar** (men-*cha*)

comida: **dinar** (di-*na*)

compañero: **company** (cum-*pañ*)

con: **amb** (am)

concierto: **concert** (cun-*sert*)

conectar: **connectar** (cun-nec-*ta*)

conejo: **conill** (cu-*niy*)

conocer: **conèixer** (cu-*ne*-she)

conversación: **conversa** (cun-*ver*-sa)

corazón: **cor** (cor)

cordero: **be** (be) / **xai** (shai)

correa: **corretja** (cu-*rre*-cha)

cortar: **tallar** (ta-*lla*)

corte: **tall** (tay)

coser: **cosir** (cu-*si*)

crudo: **cru** (cru)

cualquier: **qualsevol** (qual-se-*vol*)

cualquiera: **qualsevol** (qual-se-*vol*)

cuando: **quan** (quan)

cuánto: **quant** (quan)

cubierto: **cobert** (cu-*bert*)

cuchara: **cullera** (cu-*lle*-ra)

cuchillo: **ganivet** (ga-ni-*vet*):

cuello: **coll** (coy)

cuenta: **compte** (*com*-te)

cumpleaños: **aniversari** (a-ni-ver-*sa*-ri)

dato: **dada** (*da*-da)

de repente: **de cop i volta** (de cop i *vol*-ta)

de verdad: **de debò** (de de-*bo*) / **de veritat** (de ve-ri-*tat*)

de vez en cuando: **de tant en tant** (de tan en tan)

debajo: **sota** (*so*-ta)

decir: **dir** (di)

dedo: **dit** (dit)

dejar: **deixar** (de-*sha*)

delante: **davant** (da-*van*)

demasiado: **massa** (*ma*-sa)

dentro: **dins** (dins)

deporte: **esport** (es-*port*)

deprisa: **de pressa** (de *pre*-sa)

derecho: **dret** (dret)

desayuno: **esmorzar** (es-mur-*sa*)

descolgar: **despenjar** (des-pen-*cha*)

descuento: **descompte** (des-*com*-te)

después: **després** (des-*pres*)

detrás: **darrere** (da-*rre*-re)

día siguiente: **endemà** (en-de-*ma*)

diente: **dent** (den)

dinero: **diners** (di-*nes*)

dios: **déu** (deu)

dirección: **adreça** (a-*dre*-sa)

diurno: **diürn** (di-*urn*)

doler: **fer mal** (fe mal)

dónde: **on** (on)

duda: **dubte** (*dub*-te)

dulce: **dolç** (dols)

ejercicio: **exercici** (ec-ser-*si*-si)

embarazada: **embarassada** (em-ba-ra-*sa*-da)

empezar: **començar** (cu-mem-*sa*)

encargo: **encàrrec** (en-*ca*-rrec)

encender: **engegar** (en-che-*ga*)

encima: **damunt** (da-*mun*)
encontrar: **trobar** (tru-*ba*)
enfermedad: **malaltia** (ma-lal-*ti*-a)
enfermero: **infermer** (in-fer-*me*)
enfermo: **malalt** (ma-*lal*)
ensalada: **amanida** (a-ma-*ni*-da)
ensayo: **assaig** (a-*sach*)
enseguida: **de seguida** (de se-*gui*-da)
entonces: **aleshores** (a-les-*o*-res)
entregar: **lliurar** (lliu-*ra*)
envío: **tramesa** (tra-*me*-sa)
envolver: **embolicar** (em-bu-li-*ca*)
equipaje: **equipatge** (e-qui-*pa*-che)
escalera: **escala** (es-*ca*-la)
escribir: **escriure** (es-*criu*-re)
escuchar: **escoltar** (es-cul-*ta*)
escuela: **escola** (es-*co*-la)
espalda: **esquena** (es-*que*-na)
esposa: **muller** (mu-*lle*)
estante: **prestatge** (pres-*ta*-che)
esto, eso: **això** (a-*sho*)
estropear: **espatllar** (es-pat-*lla*)
excelente: **excel·lent** (ec-sel-*len*)

faja: **faixa** (*fa*-sha)
fecha: **data** (*da*-ta)
fiebre: **febre** (*fe*-bre)
fin de semana: **cap de setmana** (cap de sem-*ma*-na)
firma: **signatura** (sic-na-*tu*-ra)
firmar: **signar** (sic-*na*)
flan: **flam** (flam)
fresa: **maduixa** (ma-*du*-sha)
frío: **fred** (fret)
frito: **fregit** (fre-*yit*)
fruta: **fruita** (*frui*-ta)
fuerza: **força** (*for*-sa)

gafas: **ulleres** (u-*lle*-res)
garbanzo: **cigró** (si-*gro*)
gasto: **despesa** (des-*pe*-sa)
golpe: **cop** (cop)
gratis: **de franc** (de franc)
grave: **greu** (greu)

habitación: **habitació** (a-bi-ta-si-*o*)
hablar: **parlar** (par-*la*)
hacer: **fer** (fe)
hacia: **cap a** (cap a)
hasta: **fins a** (fins a)
helado: **gelat** (ye-*lat*)
herida: **ferida** (fe-*ri*-da)
hermano: **germà** (yer-*ma*)
hervir: **bullir** (bu-*lli*)
hielo: **gel** (yel)
hierba: **herba** (*er*-ba)
hijo: **fill** (fiy)
hockey: **hoquei** (u-*quei*)
hoja: **full** (fuy)
hombre: **home** (*o*-me)
hoy: **avui** (a-*vui*)
hueso: **os** (os)
huevo: **ou** (ou)

iglesia: **església** (es-*gle*-si-a)
incluso: **fins i tot** (fins i tot)
índice: **índex** (*in*-dex)
ingreso: **ingrés** (in-*gres*)
inyección: **injecció** (in-yec-si-*o*)
ir: **anar** (a-*na*)
izquierdo: **esquerre** (es-*que*-rre)

jamón: **pernil** (per-*nil*)
jarabe: **xarop** (sha-*rop*)
jarro: **gerro** (*ye*-rru)
jefe: **cap** (cap)
judía: **mongeta** (mun-*che*-ta)

juego: **joc** (yoc)

jugar: **jugar** (yu-*ga*)

lápiz: **llapis** (*lla*-pis)

largo: **llarg** (llarc)

lavadora: **rentadora** (ren-ta-*do*-ra)

lavandería: **bugaderia** (bu-ga-de-*ri*-a)

lavar: **rentar** (ren-*ta*)

lavavajillas: **rentaplats** (*ren*-ta-*plats*)

lección: **lliçó** (lli-*so*)

leche: **llet** (llet)

leer: **llegir** (lle-*yi*)

legumbre: **llegum** (lle-*gum*)

lejos: **lluny** (lluñ)

lenteja: **llentia** (llen-*ti*-a)

letra: **lletra** (*ye*-tra)

letrero: **rètol** (*re*-tul)

libre: **lliure** (*lliu*-re)

libro: **llibre** (*lli*-bre)

limón: **llimona** (lli-*mo*-na)

lista: **llista** (*llis*-ta)

litro: **litre** (*li*-tre)

llamada: **trucada** (tru-*ca*-da)

llamar: **trucar** (tru-*ca*)

llamarse: **dir-se** (*dir*-se)

llave: **clau** (clau)

llenar: **omplir** (um-*pli*)

llover: **ploure** (*plou*-re)

lluvia: **pluja** (*plu*-ja)

lugar: **lloc** (lloc)

luz: **llum** (llum)

madre: **mare** (*ma*-re)

madrugada: **matinada** (ma-ti-*na*-da)

maíz: **blat de moro** (blat de *mo*-ru)

mal: **malament** (ma-la-*men*)

mano: **mà** (ma)

mantel: **estovalles** (es-tu-*va*-lles)

mantequilla: **mantega** (man-*te*-ga)

manzana: **poma** (*po*-ma)

mañana: **demà** (de-*ma*) / **matí** (ma-*ti*)

marchar: **marxar** (mar-*cha*)

mareo: **mareig** (ma-*rech*)

más bien: **més aviat** (mes a-vi-*at*)

médico: **metge** (*me*-che)

mediodía: **migdia** (*mich*-*di*-a)

mejor: **millor** (mi-*llo*)

melocotón: **préssec** (*pre*-sec)

menos: **menys** (meñs)

mensaje: **missatge** (mi-*sa*-che)

merendar: **berenar** (be-re-*na*)

merluza: **lluç** (llus)

mermelada: **melmelada** (mel-me-*la*-da)

mesa: **taula** (*tau*-la)

miel: **mel** (mel)

mismo: **mateix** (ma-*tesh*)

mochila: **motxilla** (mu-*chi*-lla)

mostrador: **taulell** (tau-*ley*)

mudo: **mut** (mut)

mueble: **moble** (*mo*-bble)

muela: **queixal** (que-*shal*)

mujer: **dona** (*do*-na)

muñeca (parte del cuerpo): **canell** (ca-*ney*)

muy: **molt** (mol)

nada: **gens** (yens) / **res** (res)

nadie: **ningú** (nin-*gu*)

naranja: **taronja** (ta-*ron*-cha)

naranjada: **taronjada** (ta-ron-*cha*-da)

nariz: **nas** (nas)

niño: **nen** (nen)

noche: **nit** (nit)

nunca: **mai** (mai)

ocio: **lleure** (*lleu*-re)

oído: **oïda** (u-*i*-da)

ojo: **ull** (uy)

oreja: **orella** (u-*re*-lla)

oscuro: **fosc** (fosc)

pan: **pa** (pa)

padre: **pare** (*pa*-re)

pago: **pagament** (pa-ga-*men*)

paja: **palla** (*pa*-lla)

palillo: **escuradents** (es-*cu*-ra-*dens*)

panadería: **forn de pa** (forn de pa)

papel: **paper** (pa-*per*)

paraguas: **paraigua** (pa-*rai*-gua)

parque: **parc** (parc)

parrilla: **graella** (gra-*e*-lla)

pasado mañana: **demà passat** (de-*ma* pa-*sat*)

pasear: **passejar** (pa-se-*ya*)

pastel: **pastís** (pas-*tis*)

pedido: **comanda** (cu-*man*-da)

pedir: **demanar** (de-ma-*na*)

peine: **pinta** (*pin*-ta)

pelota: **pilota** (pi-*lo*-ta)

peluquería: **perruqueria** (pe-rru-que-*ri*-a)

pendiente: **arracada** (a-rra-*ca*-da)

peor: **pitjor** (pi-*cho*)

pequeño: **petit** (pe-*tit*)

perchero: **penja-robes** (pen-cha-*ro*-bes)

perder: **perdre** (*per*-dre)

pescado: **peix** (pesh)

pez: **peix** (pesh)

picante: **picant** (pi-*can*)

pie: **peu** (peu)

pierna: **cama** (*ca*-ma)

pimienta: **pebre** (*pe*-bre)

pimiento: **pebrot** (pe-*brot*)

piña: **pinya** (*pi*-ña)

playa: **platja** (*pla*-cha)

plazo: **termini** (ter-*mi*-ni)

poco: **mica** (*mi*-ca)

poco a poco: **de mica en mica** (de *mi*-ca en *mi*-ca)

pollo: **pollastre** (pu-*llas*-tre)

polvo: **pols** (pols)

poner: **posar** (pu-*sa*)

porque: **perquè** (per-*que*)

postre: **postres** (*pos*-tres)

precio: **preu** (preu)

préstamo: **préstec** (*pres*-tec)

principio: **començament** (cu-men-sa-*men*)

probar: **tastar** (tas-*ta*)

pronto: **aviat** (a-vi-*at*)

puerta: **porta** (*por*-ta)

pues: **doncs** (dons)

queja: **queixa** (*que*-sha)

quemar: **cremar** (cre-*ma*)

querer: **estimar** (es-ti-*ma*) / **voler** (vu-*le*)

queso: **formatge** (fur-*ma*-che)

quitar: **prendre** (*pen*-dre)

quizás: **potser** (put-*se*)

rape: **rap** (rap)

rato: **estona** (es-*to*-na)

ratón: **ratolí** (ra-tu-*li*)

rebozado: **arrebossat** (a-rre-bu-*sat*)

recado: **encàrrec** (en-*ca*-rrec)

recibir: **rebre** (*re*-bre)

recibo: **rebut** (re-*but*)

recoger: **recollir** (re-cu-*lli*)

red: **xarxa** (*shar*-sha)

rellenar: **emplenar** (em-ple-*na*)

relleno: **farcit** (far-*sit*)

reloj: **rellotge** (re-*llo*-che)

remedio: **remei** (re-*mei*)

requesón: **mató** (ma-*to*)

rescoldo: **caliu** (ca-*liu*)

resfriado: **refredat** (re-fre-*dat*)

responder: **respondre** (res-*pon*-dre)

respuesta: **resposta** (res-*pos*-ta)

retraso: **retard** (re-*tart*)

río: **riu** (riu)

robo: **robatori** (ru-ba-*to*-ri)

rodilla: **genoll** (ye-*noy*)

rojo: **vermell** (ver-*mey*)

rueda: **roda** (*ro*-da)

sábana: **llençol** (llen-*sol*)

sacacorchos: **tirabuixó** (ti-ra-bu-*sho*)

sacar: **treure** (*treu*-re)

salchicha: **salsitxa** (sal-*si*-cha)

salida: **sortida** (sur-*ti*-da)

salir: **sortir** (sur-*ti*)

sarampión: **xarampió** (sha-ram-pi-*o*)

secadora: **assecadora** (a-se-ca-*do*-ra)

según: **segons** (se-*gons*)

seguro: **assegurança** (a-se-gu-*ran*-sa)

sello: **segell** (se-*yey*)

servilleta: **tovalló** (tu-va-*llo*)

seta: **bolet** (bu-*let*)

sexo: **sexe** (*sec*-se)

siempre: **sempre** (*sem*-pre)

silbato: **xiulet** (shiu-*let*)

silla: **cadira** (ca-*di*-ra)

sin: **sense** (*sen*-se)

sitio: **lloc** (lloc)

solo: **només** (nu-*mes*)

sombra: **ombra** (*om*-bra)

subir: **pujar** (pu-*ja*)

sudor: **suor** (su-*o*)

sujetador: **sostenidors** (sus-te-ni-*dos*)

también: **també** (tam-*be*)

tarde: **tarda** (*tar*-da)

temprano: **d'hora** (*do*-ra)

tenedor: **forquilla** (fur-*qui*-lla)

tener: **tenir** (te-*ni*)

ternera: **vedella** (ve-*de*-lla)

terraza: **terrassa** (te-*rra*-sa)

tiempo: **temps** (tems)

tienda: **botiga** (bu-*ti*-ga)

tierno: **tendre** (*ten*-dre)

tijeras: **estisores** (es-ti-*so*-res) / **tisores** (ti-*so*-res)

toalla: **tovallola** (tu-va-*llo*-la)

todavía: **encara** (en-*ca*-ra)

todos: **tothom** (tu-*tom*)

tomar: **prendre** (*pen*-dre)

tomate: **tomàquet** (tu-*ma*-quet)

torcer: **torçar** (tur-*sa*)

torta: **coca** (*co*-ca)

tortilla: **truita** (*trui*-ta)

tostada: **torrada** (tu-*rra*-da)

urgencia: **urgència** (ur-*yen*-si-a)

urgente: **urgent** (ur-*yen*)

uva: **raïm** (ra-*im*)

vaso: **got** (got)

venda: **bena** (*be*-na)

vendar: **embenar** (em-be-*na*)

vender: **vendre** (*ven*-dre)

venta: **venda** (*ven*-da)

ventaja: **avantatge** (a-van-*ta*-che)

ventana: **finestra** (fi-*nes*-tra)

ventanilla: **finestreta** (fi-nes-*tre*-ta)

ver: **veure** (*veu*-re)

verano: **estiu** (es-*tiu*)

verdad: **veritat** (ve-ri-*tat*)

vez: **vegada** (ve-*ga*-da)

viaje: **viatge** (vi-*a*-che)

vientre: **ventre** (*ven*-tre)

vinagreras: **setrilleres** (se-tri-*lle*-res)

vivir: **viure** (*viu*-re)

ya: **ja** (ya)

yeso: **guix** (guish)

yogur: **iogurt** (iu-*gurr*)

zapatilla: **sabatilla** (sa-ba-*ti*-lla)

zapato: **sabata** (sa-*ba*-ta)

zumbido: **zum-zum** (sum-sum)

zumo: **suc** (suc)

Apéndice C

Lo que puedes encontrar en internet para saber más catalán

Internet es sin duda una herramienta muy útil para obtener recursos lingüísticos que pueden mejorar tu aprendizaje del catalán. Desde un resumen básico de gramática (para profundizar en el funcionamiento del lenguaje) hasta métodos de autoaprendizaje sencillos, pasando por opciones que te permitirán saber cómo se debe pronunciar una palabra o bien cómo se tiene que hacer un plural complicado. También me parece interesante tener a mano un diccionario normativo del catalán, para hacer búsquedas en línea. Y todavía más: ¿no sabes cómo se traduce *Alejo* en catalán? Pues si consultas el sitio adecuado sabrás que es *Aleix*, y así con todos los nombres propios de persona de la *a* la *z*. Aún más: si quieres saber cómo traducir cualquier nombre de lugar de cualquier parte del mundo deberás hallar el sitio web preciso.

Pero de entre la marea de páginas que ofrecen posibilidades de aprender catalán para todos, catalanes e hispanohablantes, me remito solo a aquellas que son oficiales y, por tanto, que considero de utilidad pública.

El portal lingüístico del catalán

http://esadir.cat

La **Corporació Catalana de Mitjans Audiovisuals** (cur-pu-ra-si-*o* ca-ta-*la*-na de mi-*chans* au-di-u-vi-su-*als*; Corporación Catalana de Medios Audiovisuales) ha creado **És a dir** (es a di; es decir), un portal lingüístico donde se da información sobre casi todo, por lo que se convierte en uno de los mejores portales con múltiples recursos para aprender y ahondar en todos los ámbitos de la lengua catalana: gramática, léxico, topónimos, nombres propios, películas en catalán, etc. Muchas veces te habrás preguntado cómo se escribe *Tumbuctú* en catalán porque no te hubieras imaginado que puede hacerse en diferentes formas: *Tombouctou* (la más general) o bien *Timbuctú* o *Timbuktú*. Este portal puede ayudarte a dar en el clavo, pero también te serán útiles los recursos que te describo más adelante (en la *Viquipèdia* o en la *Gran Enciclopèdia Catalana* en línea).

Aunque este portal se dirigía en un principio a redactores, locutores o dobladores, también es útil para cualquier persona interesada en el uso de la lengua, para que obtengas respuestas concisas a las dudas más habituales.

Un práctico resumen de gramática

http://www.ub.edu/slc/autoaprenentatge/gramatik/

En 2003 la Universidad de Barcelona realizó un práctico resumen de la gramática básica del catalán que pretende ser además un curso de autoaprendizaje para internet. Está ordenado por temas, que se muestran en páginas de diseño sencillo y muy visual, tipo ficha. Puede ser el complemento perfecto para ampliar el capítulo 2 de *Catalán para Dummies*.

Los sonidos del catalán, una web para aprender a pronunciar el catalán

http://www.ub.edu/sonscatala/ca

Els sons del català (els sons del ca-ta-*la*; los sonidos del catalán) es una web interactiva, iniciativa de la Universidad de Barcelona, que te permite escuchar y repasar desde cualquier ordenador las pronunciaciones que te resultan más difíciles, y repetirlas tantas veces como quieras de una manera muy gráfica. Para que aprendas a distinguir de una vez por todas entre **jutge**, **dutxa** y **fluixa** (*yu*-che *du*-cha *flu*-sha; juez, ducha y floja).

Nombres propios de persona castellano-catalán

https://es.wikibooks.org/wiki/Catalán/Nombres_propios_de_persona

Wikilibros tiene una sencilla página para encontrar los nombres propios de persona más comunes en catalán a partir de su equivalente en castellano. Una herramienta que puede serte de utilidad para poner nombre a tus descendientes. De paso también puedes aprovechar la ocasión para adentrarte en el entorno Wikilibros, un proyecto de Wikimedia para crear libros y manuales de aprendizaje.

Herramientas de lenguaje

http://www.einesdellengua.com

Eines de Llengua (*ei*-nes de *llen*-gua; herramientas de lengua) es un excelente portal donde encontrar datos diversos. Cuenta con más de 2.000 fichas de dudas y terminología. Vocabularios diversos, desde términos nuevos incorporados recientemente hasta un interesante diccionario del vino, además enlaces a blogs lingüísticos, herramientas y utilidades de lengua, etc. Un buen sitio para curiosear y perderse.

Refranero catalán-castellano

http://refranyer.dites.cat

Este sitio muestra una recopilación del refranero catalán con los equivalentes en castellano. Incluye variantes y la explicación del significado de cada refrán, porque, como bien sabes, cada uno habla como quien es, es decir: **cadascú parla la seva llengua** (ca-das-*cu par*-la la *se*-va *llen*-gua). Blog personal de Víctor Pàmies i Riudor.

Para aprender la lengua y la cultura catalanas

http://www.intercat.cat/ca/index.jsp
Intercat es un conjunto de recursos electrónicos para aprender la lengua y la cultura catalanas, especialmente pensado para estudiantes que visitan las universidades catalanas, aunque tú también puedes echarle un vistazo.

El servicio lingüístico de la UOC

http://www.uoc.edu/serveilinguistic/home/index.html
El **Servei Lingüístic** de la **Universitat Oberta de Catalunya** (UOC) ofrece servicios de correcciones y traducciones en diferentes lenguas, pero además posee páginas que te serán muy útiles, como por ejemplo un compendio de dudas frecuentes, ordenadas de la *a* a la *z*, o enlaces a vocabularios diversos, como el no menos interesante vocabulario de bares y restaurantes, para estar al día de todo.

Los diccionarios básicos del catalán

Para consultar cualquier palabra o duda necesitarás evidentemente consultar el diccionario. Yo lo uso constantemente. A veces me doy cuenta de que solo usamos el diccionario los lingüistas o profesores, es decir, los que ya conocemos a fondo una lengua. En cambio la gente corriente, los estudiantes o discípulos de un nuevo idioma no lo usan casi para nada, craso error. Tampoco hay que leer el diccionario como si se tratara de una novela (ejercicio que te recomiendo si quieres divertirte porque te apasionan las palabras, o simplemente porque eres un Dummy friki); pero sí hay que consultar el diccionario a menudo, al menos por lo siguiente: a) porque no sabes cómo se escribe una palabra, si lleva acento o no, si va con *h* con ele geminada, o acaso no sabes cómo hacer su plural; b) porque desconoces su significado, y d) porque corres el riesgo de confundir su significado. Por todo esto, y algunas cosas más que podría comentarte, debes usar el diccionario si estás aprendiendo el catalán. Además, como es sabido que todas las palabras no caben en un diccionario, te recomiendo también que le eches mano a algún que otro diccionario temático o especializado. Aquí te presento la relación de los más esenciales.

» **DIEC 2**: `http://dlc.iec.cat/` Este es el sitio web del *Diccionari de la llengua catalana* del Institut d'Estudis Catalans, el texto canónico, normativo y de referencia. En una palabra, el diccionario general de la lengua catalana actualizado periódicamente.

» **ENCICLOPÈDIA.CAT**: `http://www.enciclopedia.cat/` Es el buscador de contenidos de referencia en catalán, un portal organizado en cuatro áreas: Diccionarios, Enciclopedia, Obras Temáticas y Anuario 2014. De libre acceso están la *Gran Enciclopèdia Catalana* (el diccionario enciclopédico universal, destacada obra de referencia de la situación cultural, social y económica de los Países Catalanes) y el *Gran Diccionari de la Llengua Catalana* (el más extenso y completo).

» **VIQUIPÈDIA**: https://ca.wikipedia.org/wiki/Portada La enciclopedia de contenido libre también está en catalán desde 2001; cuenta ya con 481.662 artículos.

» **TERMCAT**: `http://www.termcat.cat/ca/` El TERMCAT es el centro de terminología de la lengua catalana, creado en 1985 por la Generalitat de Catalunya y el Institut d'Estudis Catalans. Sirve para conocer la terminología de los sectores especializados. Lo puedes consultar más adelante.

El Consorci per a la Normalització Lingüística

`http://www.cpnl.cat/`

Fem bategar el català (fem ba-te-*ga* el ca-ta-*là*; que el catalán palpite), este es el lema de este portal institucional (CPNL), que tiene como finalidad fomentar el conocimiento, el uso y la divulgación de la lengua catalana.

Además de presentar información de cursos de catalán y asesoramiento lingüístico a la sociedad, me parece muy interesante la atención dirigida a los usuarios en las típicas PMF (preguntas más frecuentes). En este apartado se pueden encontrar soluciones para traducir un texto al catalán o a otra lengua, la revisión de tus escritos, cómo encontrar modelos de documentos en catalán, etcétera, etcétera. En una palabra, todo aquello que puedes encontrar de útil en línea para aprender y perfeccionar tu dominio del catalán.

Los blogs lingüísticos y la prensa en línea

Hoy en día existen blogs personales o institucionales con opiniones y contenidos muy interesantes sobre la lengua catalana. Asimismo te recomiendo examinar la prensa en catalán disponible en la red. Es una buena manera de adentrarte en el catalán a través de una diversidad de temas.

- **El Català Suma** (http://blogspersonals.ara.cat/elcatalasuma/) Blog de la Plataforma per la Llengua, una ONG que promueve la lengua catalana como herramienta de cohesión social.
- **Vocabulària (UB)** (http://www.ub.edu/xdl/vocabularia/) Blog de los Serveis Lingüístics de la Universitat de Barcelona que tiene el objetivo de difundir todas las herramientas terminológicas de utilidad si eres estudiante universitario. Aquí se encuentran apuntes con comentarios lingüísticos sobre expresiones de uso frecuente y apuntes de publicaciones recientes, además de diccionarios y herramientas de redacción.

Prensa en línea:

- **VILAWEB** (http://www.vilaweb.cat/)
- **ARA.CAT** (http://www.ara.cat/)
- **EL PUNTAVUI** (http://www.elpuntavui.cat/barcelona.html)

Apéndice D

Palabras y expresiones para olvidar

Aquí vas a encontrar una lista con los principales barbarismos del catalán, es decir, las palabras provenientes de otras lenguas, generalmente calcos del castellano (pero también del inglés o el francés), que no se consideran asimiladas al catalán y, por lo tanto, son incorrectas, aunque desgraciadamente abundan y son demasiado oídas entre los propios hablantes catalanes. Por si fuera poco, también se suman a esta lista negra palabras que, aun siendo catalanas, presentan formas incorrectas. Mi consejo es que si oyes por ahí alguno de estos términos o expresiones, proclama que son ERRORES y adelántate a corregirlos. Vas a ser la admiración de todos.

Dicho de otro modo, aquí te presento un vocabulario de barbarismos ordenado alfabéticamente. En negrita y en primer lugar va el término incorrecto, seguido en letra redonda de la forma correcta. Si la palabra o expresión resultan algo complicadas, te lo aclaro con un ejemplo, junto con su pronunciación y traducción al castellano, para que no te olvides... ¡de hablar bien!

a aquestes alçades: a hores d'ara. *A hores d'ara ja deu haver arribat a Nova York* (a *o*-res *da*ra ya deu a-*ve* a-rri-*bat* a *no*-va yorc; a estas alturas ya debe estar en Nueva York).

a simple vista: a ull nu. *Les estrelles es veuren a ull nu* (les es-*tre*-lles es *ve*-uen a ull nu; las estrellas se ven a simple vista).

abarcar: abraçar. *Abraçar el tronc d'un arbre* (a-bra-*sa* el tronc dun *a*-bre; abarcar el tronco de un árbol).

acantilat: penya-segat. *Els penya-segats de la Costa Brava* (els *pe*-ña se-*gats* de la *cos*-ta *bra*-va; los acantilados de la Costa Brava).

acera: vorera (vu-*re*-ra; acera).

aconteixement: esdeveniment. *Els esdeveniments polítics* (els es-de-ve-ni-*mens* pu-*li*-tics; los acontecimientos políticos).

adelantar: avançar (a-van-*sa*; adelantar).

agobiar: atabalar. *Aquests nens no paren de cridar: m'atabalen!* (a-*quets* nens no *pa*-ren de cri-*da* ma-ta-*ba*-len; estos niños no paran de chillar: ¡me agobian!)

agulletes: cruiximent. *Ahir vaig anar al gimnàs i avui tinc cruiximent d'ossos* (a-*i* vach a-*na* al gim-*nas* i a-*vui* tinc cru-shi-*men do*-sus; ayer fui al gimnasio y hoy tengo agujetas.

airbag: coixí de seguretat (cu-*shi* de se-gu-re-*tat*; peto de seguridad).

al caure la nit: a entrada de fosc. *Vam arribar a Marsella a entrada de fosc* (vam a-rri-*ba* a mar-*se*-lla a en-*tra*-da de fosc; llegamos a Marsella al caer la noche).

al tanto: a l'aguait. *Estar a l'aguait* (es-*ta* a la-*guait*; estar atento).

algo: alguna cosa (al-*gu*-na *co*-sa; algo).

almeja: cloïssa (clu-*i*-sa; almeja).

apoiar: recolzar. *Posa l'escala que recolzi a la paret* (*po*-sa les-*ca*-la que re-*col*-si a la pa-*ret*; pon la escalera apoyada en la pared).

apretar: **1** estrènyer. *Estrènyer entre els braços* (es-*tre*-ñe *en*-trels *bra*-sus; apretar entre los brazos). **2** prémer. *Prémer el gallet* (*pre*-mel ga-*llet*; apretar el gatillo).

assafata: hostessa (us-*te*-sa; azafata).

audífon: audiòfon (au-di-*o*-fun; audífono).

averiguar: esbrinar (es-bri-*na*; averiguar).

babor: babord. *El costat de babord i el costat d'estribord d'un vaixell* (el cus-*tat* de ba-*bor* i el cus-*tat* des-tri-*bor* dun va-*shey*; el lado de babor y el lado de estribor de un barco).

bactèria: bacteri. *El bacteri causant del còlera* (el bac-*te*-ri cau-*san* del co-le-ra; la bacteria causante del cólera).

baffle: caixa acústica (*ca*-sha a-*cus*-ti-ca; caja acústica).

balonmano: hanbold (an-*bol*; balonmano).

barco: vaixell (va-*shey*; barco).

berberetxo: catxel (ca-*chel*; berberecho).

biombo: paravent (pa-ra-*ven*; biombo).

birlar: pispar. *Li van pispar la cartera a l'autobús* (li van pis-*pa* la car-*te*-ra a lau-tu-*bus*; le birlaron la cartera en el autobús).

bocadillo: entrepà (en-tre-*pa*; bocadillo).

bocina: *botzina* (but-*si*-na; bocina).

bolsa: borsa. *La caiguda de la borsa fa trontollar l'economia* (la cai-*gu*-da de la *bor*-sa fa trun-tu-*lla* le-cu-nu-*mi*-a; la caída de la bolsa tambalea la economía).

bolso: bossa (*bo*-sa; bolso).

boqueró: seitó. *Seitó fregit* (sei-*to* fre-*git*; boquerones fritos).

borrador: **1** esborrador (es-bu-rra-*do*; borrador). **2** esborrany. *Va fer un esborrany de l'acord* (va fe un es-bu-*rrañ* de la-*cor*; realizó un borrador del acuerdo).

botiquín: farmaciola (far-ma-si-*o*-la; botiquín).

bronca: renyina. *Hi ha hagut una renyina entre veïns* (ia-*gut u*-na re-*ñi*-na en-tre ve-*ins*; ha habido bronca entre vecinos).

cadera: maluc. *El jugador s'ha fet mal al maluc dret* (el yu-gado sa fet mal al ma-*luc* dret; el jugador se ha hecho daño en la cadera derecha).

calentador: escalfador (es-cal-fa-*do*; calentatador).

calentar: escalfar (es-cal-*fa*; calentar).

càmara: cambra. *La cambra de comerç* (la *cam*-bra de cu-*mers*; la cámara de comercio).

camarer: cambrer. *Treballa de cambrer* (tre-*ba*-lla de cam-*bre*; trabaja de camarero).

camarot: cabina. *Reservar una cabina doble en un vaixell* (re-ser-*va* u-na ca-*bi*-na *do*-ple en un va-*shey*; reservar un camarote doble en un barco).

camilla: llitera (lli-*te*-ra; camilla).

cana: cabell blanc. *Cap amb cabells blancs* (cap am ca-*beys* blancs; cabeza con canas).

candau: cadenat (ca-de-*nat*; candado).

canica: bala. *Jugar a bales* (yu-*ga* a *ba*-les; jugar a las canicas).

canyeria: canonada (ca-nu-*na*-da; cañería).

carajillo: cigaló (si-ga-*lo*; carajillo).

colmado: adrogueria (a-dru-gue-*ri*-a; colmado).

com abans, quan abans: com més aviat. *Com més aviat millor* (com mes a-vi-*at* mi-*llo*; cuanto antes).

conseguir: aconseguir (a-cun-se-*gui*; conseguir).

cubito: glaçó. *Posar glaçons a la beguda per refredar-la* (pu-*sa* gla-*sons* a la be-*gu*-da per re-fre-*dar*-la; añadir cubitos a una bebida para enfriarla).

cuidado!: compte! (*com*-te; ¡cuidado!)

culebron: fulletó. *Aquesta telesèrie és un fulletó* (a-*ques*-ta *te*-le-*se*-ri-e es un fu-lle-*to*; esta telenovela es un culebrón).

curva: revolt. *Els revolts d'una carretera* (els re-*vols du*-na ca-rre-*te*-ra; las curvas de una carretera).

de braços creuats: de braços plegats (de *bra*-sus ple-*gats*; de brazos cruzados).

de capa caiguda: a mal borràs. *Ja fa temps que la seva empresa va a mal borràs* (ya fa tems que la *se*-va em-*pre*-sa va a mal bu-*rras*; hace tiempo que su empresa anda de capa caída).

de peu: dret (dret; de pie).

de quan en quan: de tant en tant. *Menjo xocolata de tant en tant* (*men*-yu xu-cu-*la*-ta de tan en tan; como chocolate de vez en cuando).

de repent: de sobte. *De sobte, la Maria es va posar a cridar* (de *sop*-te la ma-*ri*-a es va pusa a cri-*da*; de repente, María comenzó a chillar).

desarrollar: desenvolupar (de-sen-vu-lu-*pa*; desarrollar).

desmadre: disbauxa (dis-*bau*-sha; desmadre).

despedida: comiat (cu-mi-*at*; despedida).

despedir: acomiadar. *Acomiadar un treballador* (a-cu-mi-a-*da* un tre-ba-lla-*do*; despedir a un trabajador).

direcció: adreça (lugar donde se vive). *He d'escriure a la Marta, saps la seva adreça?* (e des-*criu*-re a la *mar*-ta saps la *se*-va a-*dre*-sa; tengo que escribir a Marta, ¿sabes su dirección?)

disfrutar: divertir-se. *Ens hem divertit molt a la discoteca* (ens em di-ver-*tit* mol a la dis-cu-*te*-ca; nos hemos divertido mucho en la discoteca).

eclipse: eclipsi (e-*clip*-si; eclipse).

edat mitja: edat mitjana (e-*dat* mi-*cha*-na; edad media).

èlite: elit (e-*lit*; élite).

embrague: embragatge (em-bra-*ga*-che; embrague).

empapar: amarar. *Amarar una esponja* (a-ma-*ra* u-nes-*pon*-ya; empapar una esponja).

empenyar: empenyorar. *Empenyorar el rellotge* (em-pe-ñu-*ra* el re-*llo*-che; empeñar el reloj).

emplear: emprar. *Cal emprar una bona eina* (cal em-*pra u*-na *bona ei*-na; es necesario emplear una buena herramienta).

encimera: placa de focs (*pla*-ca de focs; encimera).

encostipar-se: constipar-se (cuns-ti-*par*-se; acatarrarse).

enfermetat: malaltia (ma-lal-*ti*-a; enfermedad).

enterar-se: assabentar-se. *Me'n vaig assabentar pels diaris* (men vach a-sa-ben-*ta* pels di-*a*-ris; me enteré por los periódicos).

envoltori: embolcall (em-bul-*cay*; envoltorio).

enxufar: endollar (en-du-*lla*; enchufar).

fallo: errada. *En aquest text hi ha moltes errades* (en a-*quet* tex ia *mol*-tes e-*rra*-des; en este texto hay muchos errores).

fer el primo: fer el préssec (fel *pre*-sec; hacer el primo).

fiambrera: carmanyola (car-ma-*ño*-la; fiambrera).

forro: folre (*fol*-re; forro).

fulano: tal. *En tal i en tal altre* (en tal i en tal *al*-tre; fulano y mengano).

gafe: malastruc (ma-las-*truc*; gafe).

gamusa: camussa (ca-*mu*-sa; gamuza).

gasto: despesa. *Tenim el viatge i totes les despeses pagats* (te-*nim* el vi-*a*-che i *to*-tes les des-*pe*-ses pa-*gats*; tenemos el viaje con todos los gastos pagados).

gatillo: gallet (ga-*llet*; gatillo)

gavinet: ganivet (ga-ni-*vet*; cuchillo)

glaciar: glacera (gla-*se*-ra; glaciar).

globo: globus. *Globus terraqüi* (*glo*-bus te-*rra*-qui; globo terráqueo).

golfo: perdulari (per-du-*la*-ri; golfo, pillo).

gordo: gras (gras; gordo).

gorrero: gorrer (gu-*rre*; gorrero).

gorro: casquet (cas-*quet*; gorro).

graffiti: grafit (gra-*fit*; grafiti).

grassa: greix (gresh; grasa).

guardaropia: guarda-roba (*guar*-da *ro*-ba; guardarropía).

guarro: porc. *En Carles, menjant és un porc* (en *car*-les men-*yan* es un porc; Carlos, comiendo es un guarro).

hardware: maquinari (ma-qui-*na*-ri; hardware, equipo físico).

haver-hi que: haver-se de. *No s'ha de fer res* (no sa de fe res; no hay que hacer nada).

hombro: espatlla. *Ample d'espatles* (*am*-ple des-*pat*-lles; ancho de hombros).

hospedar: allotjar. *Allotjar uns parents* (a-llu-*cha* uns pa-*rens*; hospedar a unos parientes).

humillar: humiliar (u-mi-li-*a*; humillar).

iema: rovell (ru-*vey*; yema).

imborrable: inesborrable (i-nes-bu-*rra*-ble; imborrable).

inalàmbric: sense fil. *Un micròfon sense fil* (un mi-*cro*-fun *sen*-se fil; micrófono inalámbrico).

ingenier: enginyer. *Enginyer industrial* (en-yi-*ñe* in-dus-tri-*al*; ingeniero industrial).

ingertar: empeltar (em-pel-*ta*; injertar).

ingle: engonal (en-gu-*nal*; ingle).

insertar: inserir (in-se-*ri*; insertar).

interfono: intercomunicador (inter-cu-mu-ni-ca-*do*; interfono).

invadir: envair. *Els alemanys envaïren França* (els a-le-*mañs* en-va-*i*-ren *fran*-sa; los alemanes invadieron Francia).

invernader: hivernacle (i-ver-*na*-cle; *invernadero*).

inverossímil: inversemblant (in-ver-sem-*blan*; inverosímil).

jabalí: senglar (sen-*gla*; jabalí).

jaque: escac. *Escac i mat!* (es-*cac* i mat; jaque mate).

jefatura: prefectura (pre-fec-*tu*-ra; jefatura).

jefe: cap. *Cap d'estació* (cap des-ta-si-*o*; jefe de estación).

jeta: barra. *Quina barra que té!* (qui-na *ba*-rra que te; ¡vaya jeta tiene!)

joystick: palanca de control (pa-*lan*-ca de cun-*trol*; joystick, palanca de mando).

làbia: parola. *Tenir molta parola* (te-*ni mol*-ta pa-*ro*-la; tener labia).

làmpara: làmpada (*lam*-pa-da; lámpara).

lio: embolic. *Armar un embolic* (ar-*ma* un em-bu-*lic*; armar un lío).

llavero: clauer (cla-*ue*; llavero).

lograr: aconseguir (a-cun-se-*gui*; lograr).

manantial: deu. *S'han eixugat totes les deus* (san e-shu-*gat to*-tes les deus; se han secado todos los manantiales).

mando: comandament. *El comandament a distància d'un televisor* (el cu-man-da-*men* a dis-*tan*-si-a dun te-le-vi-*so*; el mando a distancia de un televisor).

mansana: illa de cases (*i*-lla de *ca*-ses; manzana).

melena: cabellera (ca-be-*lle*-ra; melena).

membret: capçalera. *La carta porta la capçalera de l'Ajuntament* (la *car*-ta *por*-ta la cap-sa-*le*-ra de la-yun-ta-*men*; la carta lleva el membrete del Ayuntamiento).

mermelada: melmelada (mel-me-*la*-da; mermelada).

muleta: crossa. *Caminava amb crosses* (ca-mi-*na*-va am *cro*-ses; andaba con muletas).

munyeca: canell. *Es va trencar el canell* (es va tren-*ca* el ca-*ney*; se rompió la muñeca).

nàilon: niló (ni-*lo*; nailon, nilón).

no hi ha dret!: no s'hi val! (no si val; ¡no hay derecho!)

nombrar: anomenar. *Durant la conversa et van anomenar tres vegades* (du-*ran* la cun-*ver*-sa et van a-nu-me-*na* tres ve-*ga*-des; durante la conversación te nombraron tres veces).

nòria: sínia (*si*-ni-a; noria).

ojalà!: tant de bo! *Tant de bo que aprovi l'examen* (tan de bo que a-*pro*-vi lec-*sa*-men; ¡ojalá apruebe el examen!)

oncle avi: besoncle (bes-*on*-cle; tío abuelo).

ordenador: ordinador (ur-di-na-*do*; ordenador).

otorgar: atorgar. *Atorgar un favor* (a-tur-*ga* un fa-*vor*; otorgar un favor).

overbooking: sobrereserva (so-bre-re-*ser*-va; sobrerreserva, sobreventa).

pajarita: corbatí (cur-ba-*ti*; pajarita).

palco: llotja. *Una llotja de platea* (*u*-na *llo*-cha de pla-*te*-a; un palco de platea).

palomites: crispetes (cris-*pe*-tes; palomitas).

panyal: bolquer (bul-*que*; pañal).

papilles: farinetes (fa-ri-*ne*-tes; papilla).

parte: comunicat. *Un comunicat mèdic* (un cu-mu-ni-*cat me*-dic; un parte médico).

parxe: pegat (pe-*gat*; parche).

patada: puntada de peu (pun-*ta*-da de peu; puntapié).

patejar: córrer. *Vaig córrer tota la ciutat* (vach *co*-rre *to*-ta la siu-*tat*; me pateé toda la ciudad).

patós: barroer. *És molt barroer en la seva feina* (es mol ba-rru-*e* en la *se*-va *fei*-na; es muy patoso en su trabajo).

peató: vianant (vi-a-*nan*; peatón).

pegament: goma d'enganxar (*go*-ma den-gan-*sha*; pegamento).

pepinillo: cogombret (cu-gum-*bret*; pepinillo).

pepino: cogombre (cu-*gom*-bre; pepino).

pesadilla: malson (mal-*son*; pesadilla).

pèsam: condol (cun-*dol*; pésame).

pico: escaig. *Li dec 10 euros i escaig* (li dec deu *eu*-rus i es-*cah*; le debo 10 euros y pico).

piropo: floreta. *Li agrada tirar floretes a les dones* (li a-*gra*-da ti-*ra* flu-*re*-tes a les *do*-nes; le gusta echar piropos a las mujeres).

quartel: caserna (ca-*ser*-na; cuartel).

quarto: cambra (*cam*-bra, cuarto, habitación).

que va!: i ca! *Dius que guanyarà el doble que tu? I ca!* (dius que gua-ña-*ra* el *do*-ple que tu i ca; ¿dices que va a ganar el doble que tu? ¡Qué va!)

quilat: quirat. *Or de divuit quirats* (or de di-*vuit* qui-*rats*; oro de dieciocho quilates).

quiniela: travessa (tra-*ve*-sa; quiniela).

rapapolvo: arrambatge. *Li va clavar un arrambatge que el va deixar blau* (li va cla-*va* un a-rram-*ba*-che quel va de-*sha* blau; le pegó un rapapolvo que se quedó tieso).

rato: estona (es-*to*-na; rato).

redada: batuda (ba-*tu*-da; redada).

reflexar: reflectir (re-flec-*ti*; reflejar).

rehén: ostatge (us-*ta*-che; rehén).

reprise: represa. *El motor del meu cotxe no té prou represa* (el mu-*tor* del meu *co*-che no te prou re-*pre*-sa; el motor de mi coche no tiene suficiente aceleración).

retrassar: retardar (re-tar-*da*; retrasar).

revanxa: revenja (re-*ven*-ya; revancha).

saborejar: assaborir. *Assaborir un vi* (a-sa-bu-*ri* un vi; saborear un vino).

seguro: assegurança (a-se-gu-*ran*-sa; seguro).

self-service: autoservei (*au*-tu-ser-*vei*; autoservicio).

seqüestrar: segrestar (se-gres-*ta*; secuestrar).

sillín: selló. *Hauries d'abaixar el selló de la bicicleta* (hau-*ri*-es da-ba-*sha* el se-*llo* de la bi-si-*cleta*; deberías bajar el sillín de la bicicleta).

skinhead: cap rapat (cap ra-*pat*; cabeza rapada).

software: programari (pru-gra-*ma*-ri; software).

solventar: resoldre (re-*sol*-dre; solventar).

soplet: bufador (bu-fa-*do*; soplete).

sostens: sostenidor (sus-te-ni-*do*; sostén, sujetador).

souvenir: record (re-*cor*; recuerdo).

spot: espot (es-*pot*; spot).

stand: estand (es-*tan*; estand).

suar la gota gorda: suar la cansalada (su-*a* la can-sa-*la*-da; sudar la gota gorda).

sublevar-se: revoltar-se (re-vul-*tar*-se; sublevarse).

suero: sèrum (*se*-rum; suero).

susto: sobresalt (*so*-bre-*sal*; susto).

tabic: envà (en-*va*; tabique).

taco: renec. *Dir renecs* (di re-*necs*; soltar tacos).

taladre: trepant (tre-*pan*; taladro).

tamany: mida (*mi*-da; tamaño).

tarro: pot. *Un pot de mel* (un pot de mel; un tarro de miel).

telearrastre: teleesquí, telearrossegador (*te*-les-*qui* *te*-le-a-rru-se-ga-*do*; telesquí, telearrastre).

telesilla: telecadira, telesella (te-le-ca-*di*-ra te-le-*se*-lla; telesilla).

tenir que: haver de. *He de fer una cosa* (e de fe *u*-na *co*-sa; tengo que hacer una cosa).

tia àvia: bestia (bes-*ti*-a; tía abuela).

tiburó: tauró (tau-*ro*; tiburón).

tipo: tipus (*ti*-pus; tipo).

tocino: cansalada (can-sa-*la*-da; tocino).

toldo: tendal (ten-*dal*; toldo).

tonelada: tona (*to*-na; tonelada).

tope: topall (tu-*pay*; tope).

tormenta: tempestat (tem-pes-*tat*; tormenta).

traicionar: trair (tra-*i*; traicionar).

tuberia: canonada (ca-nu-*na*-da; tubería).

vale!: d'acord!, entesos! (da-*cor* en-*te*-sus; ¡vale!)

valla: tanca (*tan*-ca; valla).

vanguàrdia: avantguarda (a-van-*guar*-da; vanguardia).

veleta: penell (pe-*ney*; veleta).

verbena: revetlla. *La revetlla de Sant Joan* (la re-*vet*-lla de san ju-*an*; la verbena de San Juan).

vernissar: envernissar (en-ver-ni-*sa*; barnizar).

verossímil: versemblant (ver-sem-*blan*; verosímil).

vèrtig: vertígen (ver-*ti*-gen; vértigo).

vinagreres: setrilleres (se-tri-*lle*-res; vinagreras).

virgueria: filigrana. *El moble que vaig fer era una filigrana* (el *mo*-ple que vach fer *e*-ra *u*-na fi-li-*gra*-na; el mueble que hice fue una virguería).

vivenda: habitatge (a-bi-*ta*-che; vivienda).

xapussa: nyap. *Qui ha fet aquest nyap?* (qui a fet a-*quet* ñap; ¿quién ha hecho esta chapuza?)

xasco: miquel. *Donar un miquel* (du-*na* un mi-*quel*; dar un chasco).

xiringuito: baret. *Trobem-nos al baret de la platja* (tru-*bem*-nus al ba-*ret* de la *pla*-cha; nos encontraremos en el chiringuito de la playa).

xiripa: xamba. *Ha guanyat per xamba* (a gua-*ñat* per *xam*-ba; ha ganado de chiripa).

xispa: espurna (es-*pur*-na; chispa).

xiste: acudit (a-cu-*dit*; chiste).

xivato: bocamoll (bo-ca-*moy*; chivato).

xollo: ganga (*gan*-ga; chollo).

xorrada: collonada (cu-llu-*na*-da; chorrada).

xulo: fanfarró (fam-fa-*rro*; chulo).

xupar: xuclar (shu-*cla*; chupar).

Apéndice E

Respuestas a los juegos y ejercicios divertidos

Esta es tu oportunidad de descubrir los aciertos que has realizado en las secciones de juegos y ejercicios divertidos. ¿Has acertado todas las respuestas? ¡Bien! Ya tienes un sobresaliente. ¡Felicidades! ¿Has fallado solo unas pocas veces, o quizás más de lo que esperabas? No importa. Retrocede y haz un repaso, e inténtalo de nuevo hasta obtener la mejor calificación posible.

Capítulo 3

Completa con las palabras adecuadas

(1) sóc en

(2) sóc en (...) / aquest és

(3) ets / presento

(4) sóc la / en

(5) tens

(6) en tinc / té

(7) ets

(8) sóc

Capítulo 4

El pronóstico del tiempo

(1) ennuvolat

(2) sol

(3) molt ennuvolat i ruixats

(4) sol i pluja

(5) sol

Capítulo 5

El árbol genealógico al completo

Andreu + Maria

Mercè + Josep / Montserrat + Salvador / Rosa

Sara, Judit i Manel

Marçal

Capítulo 6

Plano de la ciudad

(1) tiri (vagi) / a l'esquerra

(2) agafi (pugi) / a mà dreta (a la dreta) / fins al final

(3) a prop

(4) tiri (vagi, segueixi) cap / primera / amunt (recte)

Capítulo 7

Las estancias y los objetos de una casa

(1) dormitori (finestra, llit, tauleta de nit, catifa, coixí)

(2) bany (lavabo, mirall, banyera, dutxa)

(3) menjador (taula, cadires, llum, quadre)

(4) cuina (cuina, calaixos, aigüera)

(5) rebedor (penja-robes)

(6) façana (porta, finestra, persiana)

Capítulo 8

Los oficios y las profesiones

(1) metge / metgessa

(2) pagès / pagesa

(3) fuster

(4) missatger

(5) manobre

(6) advocat

(7) lampista (electricista)

(8) comptable

Capítulo 9

Relacionar con flechas

1 bistec de vedella

2 lluç

3 maduixes

4 fuet

5 pa

6 ceba

7 torró

8 braç de gitano

9 formatge

10 escarola

11 faves

12 salsitxes

pastisseria	8
forn o fleca	5
carnisseria	1
queviures	7
peixateria	2
fruiteria	3
verdureria	6, 10, 11
xarcuteria	12, 4
formatgeria	9

Capítulo 10

Los medios de transporte

(1) avió

(2) tren

(3) metro

(4) autobús

(5) vaixell

(6) cotxe

(7) carretera

(8) autopista

(9) duana

(10) senyal de trànsit

Capítulo 11

(Ejercicio de respuesta libre)

Aceptar y rechazar invitaciones

—Hi aniràs, a l'exposició fotgràfica?

—Ho sento, però no hi puc anar. I tu?

—Jo tampoc. No m'agrada gens la fotografia esportiva. I tu, Mireia, que hi aniràs?

—I tant! Que interessant!

Capítulo 12

El bufet lliure

(1) Pa amb tomàquet

(2) Amanida

(3) Paella

(4) Bistec de vedella

(5) Pollastre a l'ast

(6) Lluç al forn

(7) Vi

(8) Aigua

(9) Pastís de xocolata

(10) Fruita

Capítulo 13

(Ejercicio de respuesta libre)

Capítulo 14

(Ejercicios de respuesta libre)

Ejemplo ejercicio 1:

Montserrat

M'agrada	**No m'agrada**
La muntanya	Els animals
El paisatge	Els turistes
Les roques	...
Les ermites	...

Ejemplo ejercicio 2:

Divendres, 17 d'agost

Hola,

T'escric des de Sofia, a Bulgaria.

M'agraden les muntanyes d'aquí, dels Balcans, perquè s'hi respira un aire pur i les aigües dels rierols són cristal·lines. Aquí s'està més bé que a Barcelona, no fa gaire calor, més aviat fresca. Cada dia em llevo d'hora, esmorzo i me'n vaig d'excursió a la muntanya. Dino un pícnic, i després de fer una breu migdiada, continuo caminant fins al vespre, per arribar de nou a l'hotel.

Això és vida!

Una abraçada,

Marc

Capítulo 15

Respuestas correctas

(1) b

(2) a

(3) b

(4) b

(5) a

(6) c

(7) b

(8) b

Apéndice F

Guía para las conversaciones del audio

A continuación aparece la lista de pistas con las indicaciones fonéticas del capítulo 1 y de los diálogos que se encuentran a partir del capítulo 3 en las secciones "Hablando se entiende la gente". ¡Con un poco de práctica estarás hablando catalán en un abrir y cerrar de ojos!

Pista 1: Introducción y guías de pronunciación (capítulo 1)

Pista 2: Saludos y despedidas (capítulo 3)

Pista 3: Otros saludos y despedidas (capítulo 3)

Pista 4: Más saludos y despedidas (capítulo 3)

Pista 5: ¡Y todavía más saludos y despedidas! (capítulo 3)

Pista 6: Presentación personal (capítulo 3)

Pista 7: Hábitos personales (capítulo 4)

Pista 8: Primera conversación sobre el tiempo (capítulo 4)

Pista 9: Segunda conversación sobre el tiempo (capítulo 4)

Pista 10: Invitación a tomar algo juntos (capítulo 4)

Pista 11: Diálogos telefónicos (capítulo 4)

Pista 12: Presentación de los miembros de la familia (capítulo 5)

Pista 13: Juan presenta su novia a su familia (capítulo 5)

Pista 14: Presentación de la familia de Rosa María (capítulo 5)

Pista 15: Diálogo sobre las próximas vacaciones (capítulo 6)

Pista 16: Indicaciones para llegar a un sitio determinado (capítulo 6)

Pista 17: Las estancias de la casa (capítulo 7)

Pista 18: Conversación en una agencia inmobiliaria (capítulo 7)

Pista 19: Charla sobre el trabajo entre viejos amigos (capítulo 8)

Pista 20: Al empezar en un nuevo empleo... (capítulo 8)

Pista 21: Compra de comestibles (capítulo 9)

Pista 22: Preferencias sobre productos comestibles (capítulo 9)

Pista 23: Compra de ropa (capítulo 9)

Pista 24: Equipaje perdido... (capítulo 10)

Pista 25: Cambio de dinero (capítulo 10)

Pista 26: Reserva para la ópera (capítulo 11)

Pista 27: Planes para la tarde del domingo (capítulo 11)

Pista 28: Reserva telefónica para ir a un restaurante (capítulo 12)

Pista 29: Solicitud de mesa en un restaurante, sin reserva (capítulo 12)

Pista 30: Recomendación del camarero a sus comensales (capítulo 12)

Pista 31: Indicaciones para preparar una receta catalana (capítulo 12)

Pista 32: Un accidente en el trabajo (capítulo 13)

Pista 33: Andrés va al médico (capítulo 13)

Pista 34: Planes para el próximo fin de semana (capítulo 14)

Pista 35: Reserva de una habitación de hotel (capítulo 14)

Pista 36: Otra reserva en un hotel (capítulo 14)

Pista 37: De visita en un parque natural (capítulo 15)

Índice

A

B

D

E

N

O

P